AMEN: WIE DIE LUFT ZUM ATMEN

Dein Weg ins Gebet und in die Gemeinschaft mit Gott

Jill Weber

Aus dem kanadischen Englisch von Silke Gabrisch

SCM
R.Brockhaus

SCM

Stiftung Christliche Medien

SCM R.Brockhaus ist ein Imprint der SCM Verlagsgruppe, die zur Stiftung Christliche Medien gehört, einer gemeinnützigen Stiftung, die sich für die Förderung und Verbreitung christlicher Bücher, Zeitschriften, Filme und Musik einsetzt.

MIX
Papier aus verantwortungsvollen Quellen
FSC® C014496
FSC www.fsc.org

Max-Eyth-Str. 41 · 71088 Holzgerlingen
Internet: www.scm-brockhaus.de · E-Mail: info@scm-brockhaus.de

Originally published in English under the title *Even the Sparrow*
in the United Kingdom by Muddy Pearl in 2019.

Übersetzung: Silke Gabrisch
Lektorat: Esther Schuster
Cover design by Lindy Martin
Umschlaggestaltung: Sybille Koschera, Stuttgart.
Satz: typoscript GmbH, Walddorfhäslach
Druck und Bindung: GGP Media GmbH, Pößneck
Gedruckt in Deutschland
ISBN 978-3-417-26930-7
Bestell-Nr. 226.930

INHALT

VORWORT

Stadtmissionarin. Gebetsheldin. Mystikerin. Aktivistin. Theologin. Mutter. Freundin. Ich könnte mit dieser Aufzählung noch weitermachen. Jill Weber hat viel Tiefe und Weite in ihr eines, wunderschönes Leben gepackt. Sie lebt es. Vielleicht ist es das, was ich an diesem Buch am meisten liebe.

Ich habe schon viel über Jill gehört. Von Freunden und Menschen, an denen sie in all den Jahren, die sie sich nun schon in das Reich Gottes investiert, Spuren hinterlassen hat. Eine kanadische Prophetin, Predigerin, Gebetskriegerin und Aktivistin. Immer wieder haben mich Menschen gefragt, ob ich eigentlich Jill kenne, und ich habe immer geantwortet, dass ich wünschte, das wäre der Fall. So wie die Menschen über sie sprachen, wollte ich sie unbedingt kennenlernen. Jahre später bekam ich eine Einladung, genau das zu tun – Jill kennenzulernen. Und nun bin ich faszinierter denn je. Jill hat eine angenehme Art, sie selbst zu sein. Sie fühlt sich wohl in ihrer Haut. Etwas von ihrer Gewissheit, dass Gott in jeder Phase des Lebens gegenwärtig ist, stimmt auch mich zuversichtlich. Jill bewirkt nicht, dass ich mehr wie sie sein möchte – sie bewirkt, dass ich mehr ich selbst sein will. Und das Geheimnis dahinter ist Jesus. Dessen sind Jill und ich sicher.

Viele Menschen können eloquent von Gott und ihren Gedanken über das geistliche Leben schwärmen, aber sie stellen sich nicht dem Morast und Moder ihres echten Lebens. Jill denkt nicht nur über Gott nach – sie erlebt ihn. Sie glaubt nicht nur an Jesus – sie folgt ihm nach. Für sie bedeutete das eine Abkehr vom Schema F. Jenseits der sozial aufsteigenden Massen hat sie sich ins Leben Christi hinabbegeben. Das hat ihr ermöglicht, sich auf ein risikoreiches, ungewöhnliches und wunderschönes Leben einzulassen, das von tiefen Beziehungen und Begegnungen mit Gott und anderen bereichert wird. Das Betrachten eines Lebens, das von Leid, Freude, Schmerz, Schönheit, Hoffnung, Wahrheit, Visionen, Gefühlen, Freunden, Ablehnung und Angst überquillt, erlaubt mir etwas. Es erlaubt mir, menschlich zu sein. Es erlaubt mir, ein Mensch zu sein, der einem lebendigen Gott begegnen kann. Es erlaubt mir, diesem lebendigen Gott im Alltäglichen zu begegnen – einem Gott, der im Hier und Jetzt gegenwärtig ist. Gegenwärtiger, als wir uns je vorzustellen wagen.

Ich weiß nicht, in welchem Lebensabschnitt Sie sich gerade befinden. Ich stelle mir junge Erwachsene vor, die lernen wollen, wie man betet. Dieses Buch wird euch helfen. Dieses Leben wird es euch vormachen. Ich sehe jemanden vor meinem inneren Auge, der schon länger im Dienst für Gott steht und mit tiefen Zweifeln und Ängsten kämpft, die ihn inmitten seiner Pflichten als Pastor immer wieder heimsuchen. Dieses Buch wird Ihnen helfen. Dieses Leben wird es Ihnen vormachen. Ich sehe Menschen, die Religion satthaben, die von Kirche, wie wir sie kennen, Abstand genommen haben und sich fragen, ob sie Gott wiederfinden können. Dieses Buch wird Ihnen helfen. Dieses Leben wird es Ihnen vormachen. Menschen jeder Couleur, Außenseiter und Anzugträger, Leiter und Teenager, Frauen und Männer, Ungläubige und Christen, werden in diesen Geschichten – in diesem Leben – eine Einladung finden, den Gott zu entdecken, der schon jetzt mit ihnen ist. Wenn man diesen gegenwärtigen Gott findet, wird man sein Leben verlieren.

Jill hilft uns zu verstehen, dass wir davor keine Angst haben müssen. Dieses Leben-Verlieren ist die beste Art und Weise – die einzige –, um unser wahres Selbst zu finden. Nur so können wir uns in unserer eigenen Haut wohlfühlen, und zwar in jeder Phase unseres Lebens, weil wir wissen, dass die über 2000 Jahre alten Worte Jesu einen Bezug zu unserem hektischen und beunruhigenden Tempo, um mit dieser Welt Schritt zu halten, haben. Selbst der Spatz wird von einem liebenden Vater gefüttert, umsorgt, gehalten und versorgt. Wer das verstanden hat, kann loslassen und Gott das Ruder überlassen. Jill weiß das, lebt das und lädt Sie dazu ein, sich ihr anzuschließen.

Danielle Strickland

Referentin, Autorin und Fürsprecherin für soziale Gerechtigkeit

EINFÜHRUNG

Kürzlich starb eine meiner Freundinnen an einer Krankheit – eine junge Frau, die in den Anfängen unseres Gebetshauses den Lobpreis geleitet hatte. Rebekah war ein Singvogel, ein süßer Spatz, der sein Nest nah an den Altären Gottes gebaut hatte. Ihr plötzlicher Tod brachte uns alle ins Taumeln. Trauer ergriff mich zu unerwarteten Zeiten und an unerwarteten Orten und verwandelte mich mitten in Lebensmittelläden und auf Parkplätzen zu einem verquollenen Etwas. Da ich mittlerweile umgezogen bin und einen Ozean entfernt lebe, kann ich nicht an ihrer Trauerfeier teilnehmen. Stattdessen schicke ich meiner einstigen Lebensgemeinschaft eine kleine Beileidsbekundung.

Während ich überlege, was ich über Rebekahs Leben sagen möchte, denke ich an die vielen Male, die sie sich ans Klavier setzte, lächelte, über die Tasten strich und dann zu spielen und zu singen begann. Sie transportierte uns alle in eine andere Sphäre. Ich stelle fest, dass ich mich auf ein Bild im Buch der Offenbarung beziehe, das mir angemessen scheint: Rebekah war eine Tür zum Himmel und eine Stimme, die »Komm hier herauf« sagte (Offenbarung 4,1).

So sind unsere Geschichten. Türen zum Himmel. Orte des Verschmelzens, wo das Ewige ins Jetzt hineinbricht. Unsere Geschichten rufen uns nach oben, dazu, unseren Blick vom Boden unter unseren Füßen zu erheben und hinaus auf einen weiteren Horizont zu richten. Sie können uns und andere in eine andere Sphäre versetzen.

Jesus beherrschte die Kunst, geistliche Wahrheiten mit irdischen Dingen in Beziehung zu setzen und dabei durch gewöhnliche Geschichten über alltägliches Leben auf den Himmel hinzuweisen. Der Apostel Paulus forderte die noch jungen Gemeinden dazu auf, dasselbe zu tun, als er ihnen schrieb. Ihr seid ein Brief Christi, sagte er, »von uns geschrieben, aber nicht mit Tinte, sondern mit dem Geist des lebendigen Gottes: nicht auf Steintafeln, sondern in die Herzen der Menschen« (2. Korinther 3,3). Geschichten haben Bedeutung. Meine Geschichte hat Bedeutung. Genau wie Rebekahs. Und Ihre.

Das hier ist meine Geschichte – zumindest ein Teil davon. Wie können Sie sich ihr nähern? Manche Leute sind Katzen-, andere Hundemenschen. Wenn man eine Katze füttert, gibt man das Essen in eine Schale und nach einer Weile schleicht die Samtpfote vorbei und beäugt es. Wird es für gut und fertig befunden, schlendert sie hinüber, genehmigt sich einen oder zwei Bissen und legt sich dann in die Sonne, um zu verdauen und zu dösen. Wenn man für ein paar Tage wegfährt, weiß man, dass man Futter in den Napf geben kann und die Katze nach und nach davon naschen wird, ganz nach Bedarf. Vollkommen anders ist es bei Hunden. Sie sind grundverschieden. Kaum hat man Futter in die Schüssel gegeben, kommen sie herbeigelaufen und verschlingen ihren Inhalt mit ein paar begeisterten Happsen. Lässt man einen Hund mit einer Schüssel Futter ein paar Tage allein, wird er schon mittags am Verhungern sein. Ich habe Menschen nie verstanden, die wie Katzen essen, und ich gehöre definitiv nicht zu ihnen. Wenn ich eine Freundin von mir besuche, sehe ich Woche für Woche dieselbe Pralinenschachtel in ihrem Regal. Man stelle sich das mal vor!

Auf ähnliche Weise sind manche Menschen »Katzenleser« und andere »Hundeleser«. Manche von Ihnen werden von diesem Buch kosten, innehalten, es beiseitelegen und darüber nachdenken. Vielleicht sogar ein bisschen schnurren. Andere werden es eilig und begeistert verschlingen. Keine der beiden Herangehensweisen ist falsch. Ich bin zuversichtlich, dass es beiden schmecken wird. Dennoch hoffe ich, dass die schnellen Esser für einen Nachschlag zurückkommen und etwas Zeit mit den Abschnitten zur Reflexion am Ende der Kapitel verbringen, die mit »Einladung« überschrieben sind. Sie sollen Ihnen dabei helfen, über Ihre eigene Geschichte nachzudenken – Ihr

Leben und Ihre Reise mit Gott. Ich stelle Ihnen verschiedene Gebetsformen oder andere geistliche Übungen vor, die Ihnen vielleicht unbekannt, aber tief in der christlichen Tradition verwurzelt sind. Manche Einladungen sind sehr praktisch, während andere Ihnen helfen sollen, Ihren inneren Raum zu erforschen, und wieder andere, Ihre Beziehung zu Gott zu vertiefen.

Stellen Sie sich beim Lesen vor, ich sitze mit Ihnen in meinem Büro. Die Einrichtung ist einfach, schlicht, abgesehen von zwei Gemälden an den Wänden: Kopien von Rembrandts »Die Rückkehr des verlorenen Sohnes« und Klimts »Der Kuss«. Auf dem Bücherregal, inmitten verschiedener Bände, liegt ein kleines Vogelnest, das ich aus dem Garten gerettet habe – eine Webarbeit aus Ästen, Moos und Vogelgefieder. Sie sitzen in einem gemütlichen Sessel mit aufgeschütteltem Kissen und einer kleinen Häkeldecke für den Fall, dass Ihnen kalt wird. Wir halten beide ein warmes Getränk in der Hand. Ich bin der Typ Sojalatte, zuckerfrei mit Haselnussgeschmack, extra heiß. Vielleicht ist Ihnen Tee lieber? Ich entzünde die Kerze auf dem kleinen, runden Tisch, der zwischen uns steht – eine Erinnerung an die Gegenwart Jesu in unserer Mitte. Wir sitzen ein, zwei Minuten und trinken in kleinen Schlückchen. Wir atmen nur und lassen uns an dem stillen Ort unserer Seele nieder, um auf seine Einladung zu hören, wie auch immer sie heute für uns aussehen mag.

Dieses Buch hat 40 Kapitel (keine Sorge – sie sind kurz!), damit Sie es während der Passionszeit oder anderen Einkehrzeiten verwenden können, wenn Sie möchten. Ich bete dafür, dass Sie, während Sie diese Geschichte lesen und über Ihre eigene nachdenken, einen Blick auf Gottes Wirken erhaschen können und seine Stimme hören, die Sie zu ihm ruft.

1

HÖREN UND FOLGEN

Meine Schafe hören auf meine Stimme; ich kenne sie, und sie folgen mir. Ich schenke ihnen das ewige Leben, und sie werden niemals umkommen. Niemand wird sie mir entreißen.

Johannes 10,27-28

Es ist ein grauer, regnerischer Tag. Ich habe mich hinten in den Umzugslaster gekuschelt, den wir in einen fahrbaren Gebetsraum verwandelt haben. Abwartend. Diese Augenblicke mag ich am meisten. Wenn ich Raum für Gott mache. Ihn darum bitte, ihn zu füllen, wie immer er möchte.

Plötzlich springen vier junge Männer in den Laster, halb nackt und sternhagelvoll. Sie sind um die zwanzig – große, stramme Kerle. Tätowiert, wild dreinblickend und kämpferisch.

»Ich werd das so was von machen – ich werd beten!«, erklärt der eine. Später finde ich heraus, dass er als »Ratchet« – Knarre – bekannt ist. Mein Puls rast, während Adrenalin durch meinen Körper jagt. Meine erste Reaktion ist es, rüberzurutschen und mich auf meinen Rucksack zu setzen, in dem sich mein Portemonnaie und mein Handy befinden. Hoffentlich werde ich nicht ausgeraubt.

Mir ist bewusst, dass es hier vielleicht um Territorialfragen geht. Der Gebetstruck parkt in einer Gasse im Stadtzentrum. Wir stehen hinter dem *Living Rock* (dt. »Lebendiger Fels«), einem örtlichen Jugendzentrum. Die Teens tolerieren die Anwesenheit des Lasters beim Hintereingang, aber wann immer wir irgendein Hinweisschild vor dem Zentrum anbringen, wird es abgerissen oder zerstört. Das ist ihr Gebiet. Der Laster ist jedoch mein Zuständigkeitsbereich. Also eigentlich der von Gott, aber in diesem Augenblick bin ich diejenige, der er den Hut aufgesetzt hat.

»Also, meine Herren, ihr seid im Gebetstruck. Sollen wir beten?« Ich höre mich viel mutiger an, als ich mich fühle. Der Anführer schwankt hinüber auf die eine Seite des Lasters, schnappt sich einen der Filzstifte, die herumliegen, und schmiert das Erkennungszeichen seiner Gang schwungvoll an die Wand. Er tritt einen Schritt zurück, um sein Werk zu begutachten, und grinst seinen Kameraden zu. »Fantastisch«, sage ich. »Wir haben nette, alte Damen, die zum Beten in den Laster kommen. Jetzt werden sie für eure Gang beten!«

Ein anderer Junge schnappt sich einen Stift und schreibt den Namen seines Sohnes und von dessen Mutter auf. Wenig später sind sie alle am Kritzeln.

Außer einem.

Er ist noch jung, aber sein Gesicht weist bereits Spuren des Lebens auf der Straße auf. Pockennarbig, dreckig und stoppelig.

»Können Sie mir helfen, die hier zu lesen?«, fragt er und deutet auf die Gebete, die auf den Wänden des Trucks stehen.

Er buchstabiert die Wörter, die er kennt, und zusammen entziffern wir die tief empfundenen Botschaften.

»Mama, ich kann nicht aufhören, um dich zu weinen.«

»Ich liebe dich. Einfach. Das ist alles.«

»Betet für alle und alles.«

Am Ende ihres Besuchs sitzen die Jungs und ich im Kreis – mit geneigten Köpfen und geschlossenen Augen. Wir beten für zwei von ihnen, die unbedingt einen Rehaplatz wollen, aber bisher keinen bekommen haben. »Das Gras ist mir egal. Aber das harte Zeug bringt mich um – …«

Nach einem herzhaften »Amen« springen sie auf, verlassen den Wagen und rasen über den Parkplatz wie ein verspieltes Rudel Wölfe, heulend und kreischend. Ich atme erleichtert auf und schüttele die Anspannung ab. Das hätte böse ausgehen können. Richtig böse. Aber stattdessen ging es gut aus. Wie meine Freundin Sue mit ihrem britischen Akzent sagen würde: »Zutiefst gut.«

Am nächsten Morgen bin ich schon früh auf meinem Posten und Ratchet kommt mit schnellen Schritten auf mich zu – ich sitze vor dem Truck auf einem Gartenstuhl am Straßenrand. Er fläzt sich auf den Stuhl neben mich und wir schauen uns den Sonnenaufgang an, während er anfängt zu reden: »Ich hab früher in Toronto gelebt, aber viele meiner Freunde starben in Kämpfen zwischen den Gangs. Hey, willste mal meine Narben sehen?« Ich bin zunächst sprachlos, aber bevor ich antworten kann, zieht er schon sein Hemd hoch. »Hier hab ich ein Messer reingekriegt. Und hier, und hier. Und hier hat mich meine Freundin mit einem Schraubenzieher aufgespießt!«

Nachdem die Narben gebührend betrachtet und bewundert wurden, lehnt er sich wieder im Stuhl zurück. »Eigentlich würde ich gern Arzt werden«, sagt er. »Aber die Schule ist verdammt hart. Und Lehrer sind blöd!« Wir sitzen eine Weile schweigend da. Ich stelle Fragen. Er redet. Über alles und nichts. »Hey, willste 'n Lied hören? Hat ziemlich viele Schimpfwörter, aber 'ne echt krasse Message.«

Ratchet holt seinen iPod hervor und wirft mir einen der Ohrstöpsel zu. Er ist pink und mit Strasssteinchen besetzt – wie man sie im Billigladen kaufen kann. Den anderen steckt er sich ins Ohr und zusammen lauschen wir der Musik, bewegen uns ein bisschen zu ihrem Rhythmus, schauen der Stadt beim Erwachen zu.

Danach sehe ich Ratchet hin und wieder in der Gegend. Manchmal ignoriert er mich. Dann wieder, vor allem wenn er etwas angetrunken ist, läuft er zu mir her und verbeugt sich vor mir oder umarmt mich kurz. »Hey, da ist ja die Gebetsfrau!« Manchmal sehe ich ihn auch monatelang nicht. Ich frage mich, ob er im Gefängnis sitzt. Schließlich verschwindet er ganz – ist vielleicht aus der Stadt abgehauen. Hoffentlich nichts Schlimmeres.

Ich hätte niemals gedacht, dass mich meine berufliche Laufbahn zu einem Umzugslaster in einer Gasse im Stadtzentrum von Hamilton führen würde. Nicht jeder Teenager strebt an, mit betrunkenen Verbrechertypen in provisorischen städtischen Kirchenräumen herumzualbern.

Wie um alles in der Welt bin ich hier gelandet?

Es ist bereits dunkel und ich bin 14 Jahre alt. Alleine wandere ich durch den Wald. Alles, was ich von meiner Umgebung erkennen kann, sind Baumsilhouetten – schweigende Wächter in der Dämmerung. Ich suche mir einen Baum aus und mache es mir zwischen seinen knorrigen Wurzeln bequem. »Geht allein nach draußen und betet«, hat unser Freizeitleiter gesagt. Ich weiß nicht so genau, was er meint. Oder besser: Ich weiß nicht so genau, wie ich seine Aufforderung umsetzen soll. Gebet ist wie eine von den Fremdsprachen für mich, die man nur in schlechten Kung-Fu- oder Godzilla-Filmen hört. Abgesehen vom Aufsagen des Vaterunsers in der Schule habe ich weder Erfahrungen mit dem Gebet gemacht noch selbst jemals eines gesprochen. Unsicher, was ich tun oder was ich sagen soll, beschließe ich, mich zuerst einmal vorzustellen. Ich schaue nach oben – denn schließlich befindet sich da ja Gott, oder? »Hi, ich bin Jill«, sage ich.

Es dauert Jahre, bevor ich in Worte fassen kann, was als Nächstes passiert – und noch länger, bevor ich es verstehe. Ehrlich gesagt, weiß ich nicht einmal, ob ich es heute tue …

… mit einem Mal befinde ich mich nicht mehr allein unter diesem Baum. Seine Gegenwart ist unsichtbar, aber greifbar. Angenehm. Ich kann ihr Gewicht auf mir spüren. Körperlose, formlose Substanz. Sie wirkt eigentlich weder bösartig noch freundlich. Einfach … da. Jemand ist da.

Ich tue, was jeder vernünftige Teenager tut, wenn er unsichtbaren Wesen im Dunklen begegnet. Ich verziehe mich schleunigst in meine Hütte, aufgewühlt und mit vielen Fragen. Was. War. Das?

Am nächsten Tag wird uns auf der Freizeit das Evangelium erklärt – wer Jesus ist – und wir werden dazu eingeladen, ihm nachzufolgen.

Ich versuche bereits ungefähr ein Jahr lang herauszufinden, wer dieser Jesus-Typ ist, und zwar seit mein Vater begonnen hat, in die Kirche zu gehen. Er wurde Christ, nachdem er den Sinn des Lebens in Alltagspsychologie und transzendentaler Meditation gesucht hatte. Die Transaktionsanalyse[1] ist damals groß in Mode, und Schlagworte wie »Ich bin okay, du bist okay«, »Erwachsenen-, Eltern- und Kind-Ich« und »innerer Antreiber« sind in aller Munde. Ich stelle mir Jesus daher irgendwie als mein Erwachsenen-Ich vor. Er soll mir dabei helfen, aufmerksam zuzuhören und reflektiert zu reden.

An jenem Tag finde ich heraus, dass der Jesus der Bibel ganz anders ist. Jetzt ist es eigentlich total einfach. Die einzige unsichtbare Person, die ich kenne (und das erst seit Kurzem), ist Gott. Und wenn Gott mich will – wie könnte ich da Nein sagen? Wenn der Schöpfer des Universums eine persönliche Einladung ausspricht, ist es ziemlich krass unhöflich, sie abzulehnen. Deshalb sage ich Ja zu der unsichtbaren Gegenwart. Ich sage Ja zu dem Versuch, Jesus lebenslang zu lieben, auf ihn zu hören und ihm zu folgen.

30 Jahre später …

»Und, was machst du so?« Es ist eine ganz normale Frage. Die Antwort bringt mich immer in Verlegenheit. Normalerweise halte ich inne, taxiere mein Gegenüber und überlege, welches die beste Art und Weise ist, dieses ungewöhnliche Leben, das ich führe, zu beschreiben. Manchmal sage ich, dass ich Stadtmissionarin oder Pastorin bin. Manchmal antworte ich, dass ich Gebetsmissionarin bin. Dann wieder, dass ich Äbtissin einer neuen klösterlichen Gemeinschaft bin oder eine Musikionarin. Alles stimmt.

Die tiefste Wahrheit?

Ich bin eine Liebende. Eine Zuhörerin und Nachfolgerin. Zumindest versuche ich, das zu sein.

Ich bin neun und streife durch den Wald, dieses Mal nicht allein. Ich mochte Wandern schon immer. Wälder sind voller Schönheit und Geheimnis und mein Herz fühlt sich in ihnen zu Hause. Die Haut von Baumschatten gesprenkelt, begutachte ich die Steine, die aus dem Fluss herausragen. »Tritt da hin und da hin und da hin.« Meine Führerin dreht sich um und deutet auf die Reihe von sicheren Inseln. »Vorsicht, dieser hier ist ein bisschen rutschig.« Ich habe ein Auge auf meiner Führerin , das andere auf den Steinen. Ich zögere. Langsam und bedächtig sein bedeutet trockene Turnschuhe. »Wunderbar. Der noch und der, und jetzt nimm meine Hand. Du hast es geschafft!« Sie umarmt mich anerkennend und wir klettern gemeinsam die Uferböschung hoch.

Dem Anführer folgen. Ein Kinderspiel. Gespielt auf Wanderungen und in Schulhöfen.

»Kommando: Bimperle.«

»Kommando: Hoch!«

»Tief! – Halt, stopp! Ich habe nicht ›Kommando‹ gesagt!«

Doch wie bei den Kämpfen von Wolfswelpen ist unser Kinderspiel ein Übungsfeld und bereitet uns aufs Erwachsenenalter vor. Ich frage mich manchmal, ob wir nicht alles, was wir unbedingt über die Nachfolge Jesu wissen müssen, schon im Kindergarten lernen.

John Dawson ist einer der Mitbegründer von Jugend mit einer Mission, einer der größten Missionsorganisationen der Welt. Er ist weltweit tätig und immense Verantwortung lastet auf seinen Schultern. Auf einer Konferenz hörte ich ihn einmal etwas ganz wunderbar Befreiendes sagen: »Jeden Morgen klettere ich wie ein kleines Kind aus dem Bett.« Sein Erfolgsrezept, sein Schlüssel zu einem Lebensstil, der in einer komplexen Welt funktioniert? Kindliche Naivität.

»Meine Schafe hören meine Stimme«, sagte Jesus. »Ich kenne sie und sie folgen mir« (Johannes 10,27). Hören und folgen. Mehr muss ich nicht können. Letzen Endes bin ich von vielen Unwägbarkeiten umgeben. Mein Leben ist mir zu groß und ich weiß nicht, wie ich es steuern soll. Hören und Folgen sind schlussendlich die Trittsteine, die mich von dieser ersten Begegnung unter dem Baum zu einer Gasse voller Mülltonnen gebracht haben. Es war eine faszinierende (und manchmal gefährliche) Reise.

EINLADUNG

Wie geht beten? Schnell verkomplizieren wir Gebet – wir wollen es »richtig« machen. Wir wollen, dass unsere Gebete effektiv sind. Ich werde oft gefragt, ob Gebet funktioniert. Ich stelle dann eine Gegenfrage: »Ein Gespräch mit deinem Mann oder deiner Familie – funktioniert das?«

Gebet ist kein Werkzeug oder ein mechanischer Prozess. Wir können die Effizienz nicht messen. Es ist keine Technik, die wir uns aneignen, damit wir die gewünschten Ergebnisse erhalten. Gebet ist schlicht und einfach: Gespräch und Gemeinschaft mit dem Gott, der uns mehr liebt, als wir je hoffen, und der uns näher ist, als wir uns je vorstellen könnten.

Die einzige Möglichkeit, beim Gebet zu versagen? Nicht zu beten.

Gebet ist einfach. Paradoxerweise ist es auch geheimnisvoll. Eines der wunderbaren Geheimnisse des Gebets ist, dass Gott der große

Initiator ist. In 1. Johannes 4,19 heißt es: »Wir wollen lieben, weil er uns zuerst geliebt hat.« Und in Johannes 6,44 sagt Jesus: »Niemand kann zu mir kommen, wenn der Vater, der mich gesandt hat, ihn nicht zu mir zieht …«

Unser Interesse an Gott und unsere Sehnsucht nach ihm zeigen, dass er bereits in unserem Leben am Werk ist und uns zu sich zieht. Dass Sie dieses Buch gekauft und zu lesen begonnen haben, liegt darin begründet, dass Gott selbst Sie auf eine Reise eingeladen hat. Er hat Ihr Herz auf Pilgern eingestellt.

Nehmen Sie sich Zeit, um über die folgenden Fragen nachzudenken. Es ist hilfreich, wenn Sie Ihre Gedanken in einem Tagebuch niederschreiben.

Denken Sie an die letzten Tage zurück und bitten Sie Gott, Ihnen zu zeigen, wo er Sie gerade zu sich ziehen will. Wie könnte Gott den Kontakt und das Gespräch mit Ihnen initiiert haben? Manchmal ist es schlicht das, was wir »Alltagsgeschenke« nennen – allgemeine Zeichen seiner Güte für uns alle, wie der Sonnenaufgang jeden Tag. Oder gibt es Momente in Ihrem Tagesablauf, wo Gott vielleicht Ihre Aufmerksamkeit erregen möchte? Situationen? Gespräche? Ungewöhnliche Vorkommnisse?

Was würde passieren, wenn Sie sich in die Stille zurückziehen und eine Unterhaltung mit Gott beginnen würden? Wenn Sie noch nie mit ihm gesprochen haben, stellen Sie sich vor! Wenn es schon eine Weile her ist, wäre jetzt ein großartiger Moment, um wieder ins Gespräch mit ihm zu kommen.

Am Ende jeder Einladung finden Sie ein Gebet von mir, das Sie zu Ihrem eigenen machen können, wenn Sie möchten.

Jesus,
danke, dass du uns liebst – dass du uns schon immer liebst.
Danke, dass du uns auch gerade jetzt umwirbst – dass du uns zu Gemeinschaft und Gespräch einlädst. Danke für den Hunger und

die Sehnsucht, die du in uns gelegt hast, und für die Wege, auf denen du uns zu dir ziehst.
Hilf uns, heute deine Gegenwart und dein Wirken in unserem Leben zu erkennen.

2

BERUFUNG

Denn wir sind Gottes Schöpfung. Er hat uns in Christus Jesus neu geschaffen, damit wir die guten Taten ausführen, die er für unser Leben vorbereitet hat.

Epheser 2,10

Ich liebe Tiere. Als Kind will ich Tierärztin werden. Es ist mein innigster Wunsch. Wir haben eine fröhliche, aber nicht sehr intelligente, gelbe Labradorhündin namens Brandy, die wir im selben Jahr anschaffen, in dem wir meinen kleinen Bruder bekommen. Mir ist Brandy lieber. Sie ist süßer und kuscheliger und schreit viel weniger.

Brandy soll nachts im Untergeschoss bleiben, aber ich kann den Gedanken, dass sie da unten ganz alleine ist, nicht ertragen. Sie ist einsam! Sie braucht mich! Ihre Kiste hat Welpen-, nicht Kleinkindgröße, deshalb hänge ich mich über eine Seitenwand, den Po in der Luft, die Decke über uns beide wie ein Zelt gebreitet. Wir sind versteckt und ich bin sicher, dass meine Übertretung nicht entdeckt werden wird. Meine Wange ist warm und es kitzelt, als der Welpe mich mit seiner Nase anstupst und sich an mich kuschelt. Wir atmen zusammen und seufzen zusammen.

Ich bin im Himmel und beschließe, dass Tiere mein Ding sind. Ich habe nicht die geringste Ahnung, wie meine Eltern herausfinden, wo ich bin, aber schon sehr bald werde ich aus dem Himmel geworfen und in mein einsames Bett zurückgeschickt.

Viele Jahre später nehme ich in der achten Klasse an einem speziellen Programm für begabte Kinder teil. Wir haben besondere Veranstaltungen außerhalb des Lehrplans und ich mache alles mit, was im Bereich Tiere und Tiermedizin angeboten wird. So kommt es, dass ich in einem Stall der *University of Manitoba* stehe. Meine Aufgabe? Eine Operation an einem lebenden Schwein durchführen. Mir wird gesagt, dass ich entweder einen Kaiserschnitt oder eine Ovarektomie durchführen werde – eine Geburt oder eine Sterilisation. Einen schlaffen Eierstock in der Hand zu halten, hat irgendwie nicht den gleichen Charme, wie Babys auf der Welt willkommen zu heißen, aber leider habe ich den falschen Zeitpunkt erwischt und keine Ferkel sind reif zum Pflücken.

Als ich über die Schwelle des Stalls schreite, kommt mir eine Welle warmer, übel riechender Luft entgegen. Der Gestank von Fäkalien, Stroh und warmem Schwein überrollt mich, verfängt sich in meinem Hals. Ich kann ihn auf meiner Zunge schmecken. Als Stadtkind habe ich bisher nur Schweine im Streichelzoo und als Illustrationen in einem meiner Lieblings-Kinderbücher gesehen, *Schweinchen Wilbur und seine Freunde*. Während ich mich nach Wilburs Cousin umblicke, mache ich große Augen, als ich etwas entdecke, das wie riesige, pinke Pferde aussieht. Pferde? Nein, Moment. Bei genauerer Betrachtung handelt es sich in der Tat um Schweine, aber viel, viel größer, als ich sie mir vorgestellt habe.

Meine Patientin, die ich Wilma nenne, ist schon auf den provisorischen Operationstisch geschnallt. Aus einer Infusionsflasche tropft langsam ein Anästhetikum in einen Schlauch, der an ihrem Bein befestigt ist. Während ihre haarige Brust sich hebt und senkt, schlummert Wilma vor sich hin, und ich lege einen Ganzkörperoverall aus Papier, eine Maske und OP-Handschuhe an.

Der diensthabende Tierarzt zieht das Tablett mit Instrumenten heran. »Hier ist dein Skalpell.« Er legt es mir in die schweißigen

Finger. »Ich habe die Schnittlinie auf die Flanke des Schweins gemalt, du musst also nur das Messer einführen und nach unten schneiden.« Ich lege meine flache linke Hand auf Wilmas Bauch, um uns beide zu stabilisieren, und mache den ersten Schnitt. Eigentlich gar nicht so anders, als Schinken zu schneiden, oder?

Nur dass Schinken nicht quiekt und tritt.

Wilma tritt mich am Oberschenkel und windet sich auf dem Tisch. Später entdecke ich, dass sie mich mit einem tellergroßen blauen Fleck geziert hat, der mich noch Wochen begleiten wird. Der Tierarzt stürzt zum Infusionsschlauch und ich humpele aus der Gefahrenzone. »Mist! Geben wir dem Narkosemittel noch etwas mehr Zeit zum Wirken.«

Schon bald beruhigt sich Wilma und ich piekse mit dem Skalpell in ihre Seite, um sicherzugehen, dass sie komplett betäubt ist. Keine Reaktion. »Alles klar, dann mal los.« Der Tierarzt geht in den Anleitemodus über und beginnt, mich mit Wilmas Innenleben vertraut zu machen. »Das sind die Därme. Ja, davon gibt's 'ne Menge. Achte darauf, sie nicht mit dem Skalpell zu erwischen, sonst bringst du sie um.« Mehr Druck geht kaum!

Wir wühlen herum, bis wir die Gebärmutter finden, und folgen dann den Eileitern bis zu den Eierstöcken, die an ihren Enden baumeln. Meine Arme sind warm und nass. »Na also. Schneid sie einfach durch ... Gut. Du hast es geschafft.« Die Organe rutschen aus meinen Händen in die bereitgestellte Metallschale. »Jetzt lass mich dir zeigen, wie man näht. Führ die Nadel hier ein und da durch und zieh dann. Und noch mal ... Ein paar Mal noch ... Gut. Fertig! Jetzt machen wir alles wieder zu. Pass auf den Darm auf!« Wir suchen uns den Weg aus Wilmas höhlenartigem Körper zurück und nähen ihn dabei zu.

Nachdem meine allererste Operation erfolgreich abgeschlossen ist, lasse ich eine eilose und dösende Wilma auf dem Tisch zurück und gehe in den Waschraum, um mich zu »ent-schweinen«. Ich ziehe meine Sachen aus und schrubbe, schrubbe, schrubbe, danke dem Tierarzt und gehe zum nächsten Teil meines Tags über.

Praktischerweise findet das jährliche *Language Arts Festival* auch an der *University of Manitoba* statt. Ich nehme in diesem Jahr daran teil und verbringe den Nachmittag damit, von einem Unterrichtsraum in den nächsten zu ziehen und Lyrik sowie Kurzgeschichten vorzutragen. Dabei gewinne ich das eine oder andere Abzeichen. Fühle mich zufrieden und dankbar. Welches Kind darf sonst schon am selben Tag morgens eine Operation an einem Schwein durchführen und nachmittags bei einem Lyrikwettbewerb mitmachen?

In den Unterrichtsräumen sind die Stühle um mich herum leer, aber das fällt mir nicht auf. Auf der Fahrt nach Hause mit den Klassenkameraden sind die Autofenster heruntergekurbelt, selbst auf der Autobahn, aber auch das nehme ich nicht wahr, während ich meinen Tagträumen von einer Zukunft als weltberühmter Tierärztin und Autorin nachhänge. So wie James Herriot, der britische Tierarzt und Autor der Bücher, die später zur Serie »Der Doktor und das liebe Vieh« wurden. Erst als ich nach Hause komme, wird mir bewusst, dass mein Leben vorbei ist. »Hey Mum!« Ich schlage die Eingangstür zu und ziehe meine Schuhe aus. »Cooler Tag!« Die Stimme meiner Mutter schwebt von der Küche durchs ganze Haus. »Jill, was um alles in der Welt hast du gemacht? Du stinkst!«

Ich erstarre. Ein großer Stein plumpst in die Tiefen meines Magens.

Ich stinke?

Während des Vormittags im Stall muss ich mich an den Gestank gewöhnt haben. Eine Wolke von Wilma und ihren Freunden ist mir den ganzen Tag wie die Zeichentrickfigur Pig Pen bei Charlie Brown gefolgt. Ich befand mich in seliger Unkenntnis über das Tiefdruckgebiet, das mich umgab. Stinke-Schweinchen-Jill, die in Universitäts-Unterrichtsräumen vorne steht und Lyrik vorliest. Stinke-Schweinchen-Jill in einer Wagenladung mit ihren Freunden. Ex-Freunden, vermutlich, nach heute.

Ich befinde mich in der Hölle und bin nicht mehr so sicher, ob Tiere mein Ding sind. Nach der längsten, schrubbeligsten Dusche der Geschichte beschließe ich, dass das Vernünftigste ist, mich für immer in meinem Zimmer zu verstecken und Homeschooling zu machen.

Es ist jedoch nicht der Stink-Vorfall, der meine kurze Karriere als Tierärztin beendet. Es war jene schicksalhafte Nacht unter dem Baum – die Nacht der unsichtbaren, aber unmissverständlichen Begegnung –, die die weitere Entwicklung meines Herzens und Lebens veränderte. Es sind diese Entscheidungen, die wir treffen – die schicksalhaften Jas. Nicht nur besondere Momente und Herzensregungen, sondern tatsächliche Vorgänge, die die Wirklichkeit neu formen und eine neue Zukunft entfalten.

Ich schleiche mich zurück zur Schule und werde Teil des Schülerbibelkreises. Nach der Bekehrung ist mein Ruf ruiniert. Er war bereits angeschlagen, war ich doch eine übergewichtige Klugscheißerin. Nun, da ich religiös geworden bin, nennen sie mich den langhaarigen Jesus Freak. Eins, zwei drei – vorbei: Ich bin offiziell kein Date-Material. Deshalb beschließe ich, dass ich gleich mit der Handvoll schrulliger Jünger abhängen kann, die sich am Mittwoch in der Mittagspause zum Beten treffen.

Da ist Patrick, schlank und androgyn. Eine Haarsträhne hängt ihm bis zum Kinn und verdeckt ein mit Lidstrich versehenes Auge. (Es waren die Tage von Boy George.) Es wird getuschelt, er sei bisexuell. Während der Gebetstreffen kritzelt und krakelt er in seinem großen, schwarzen Skizzenbuch herum. Schwarz und Lila sind die Farben seiner Wahl.

Dann ist da Andrew, der hart daran arbeitet, sich einen dünnen Schnurrbart und einen Kinnbart stehen zu lassen. Seine Gemeinde nennt sich *The Church of God of Prophecy* (Dt. »Die Gemeinde des

Gottes der Prophetie«). Ernst und hingegeben kniet er vor seinem Stuhl und seine Gebete sind laut, inbrünstig und voller Wiederholungen. »Vater, wir lieben dich, Vater, und Vater, wir bitten, Vater, dass du die Schule segnest, Vater. Vater, bitte hilf uns allen bei den Prüfungen, Vater, wir segnen die Familien von allen, Vater …«

Und da ist Joel: umgänglich, intelligent und offen. Seine Kinderlähmung macht sein Grinsen und seinen linken Arm schief. Man kann seinen schlurfenden, schleppenden Gang schon von Weitem ausmachen. In einer Mittagspause fällt er die Treppe herunter und bleibt bewusstlos in einer Blutlache liegen. Wie Gaffer, die an einem Unfall auf der Autobahn vorbeikommen, umzingeln wir ihn neugierig, bis die Sanitäter ihn wachkriegen und wegbringen. Ein paar Tage später ist er zurück, torkelt durch die Schule und zeigt, wo er genäht wurde.

Die drei Musketiere brauchen einen Viehtreiber und, schwuppdiwupp, habe ich die Leitung. Was mir an biblischem Wissen fehlt, mache ich mit meiner Unternehmungslust, meinem Organisationstalent und meinen Keks-Backkünsten wett. Offenbar habe ich eine Begabung als Leiterin.

Als christliche Leiterin. Soll ich Pastorin werden? Pfarrerin Jill? Bäffchen und Talar eingeschlossen? Es wäre möglich.

Ich beginne meine Erkundungen damit, die Pastoren in meinem Leben mit derselben Neugier und Intensität zu beobachten, mit der wir Amöben unter dem Mikroskop im Biologieunterricht sezieren.

Da ist Reverend Ian, Pastor unserer Gemeinde und Vater von Drillingen. Ich kann mich lebhaft an eine seiner Sonntagspredigten erinnern (es muss wohl um Halloween herum gewesen sein). Die Drillinge sind damals drei und stellen identische Löwenkostüme zur Schau – mit allem, was dazugehört: bemähnten Kapuzen, angemalten Nasen und Schnurrhaaren. Der Kindergottesdienst muss etwas früher zu Ende gewesen sein, denn mitten in der Predigt werden die Löwen losgelassen. Fauchend und kichernd überrennen sie den

Altar und gehen dann dazu über, ihren Vater zu erklettern, als wäre er ein ausladender Baum in der Serengeti. Ian versucht mutig, mit seiner Predigt weiterzumachen, aber die Wirkung seiner Worte wird durch das Schauspiel drei kleiner Löwen, die an seinem Talar baumeln, gedämpft.

Und dann ist da Reverend Frances, die Pfarrerin einer Gemeinde aus der Nachbarschaft, über die ich definitiv zu viel weiß. An einem ungewöhnlich feucht-heißen Tag besuche ich ihren Gottesdienst und habe die bedauerliche Gelegenheit, auf der Empore direkt neben der Kanzel zu sitzen. Als Frances ihre locker vom Talar bedeckten Arme am Ende zum Segen hebt, befinde ich mich zufälligerweise genau im richtigen Winkel, um zu sehen, dass sie sich für die … ähm … luftigere Variante darunter entschieden hat.

Frances hat trotz ihrer minimalistischen Kleidungstendenzen einen sehr guten Rat bezüglich einer Laufbahn im geistlichen Dienst. »Das Seminar wird dir ehrlich gesagt nichts Brauchbares beibringen.« Wir teilen uns gerade eine Pommes an der örtlichen Imbissbude. »An meinem ersten Sonntag in meinem neuen Pfarrbezirk musste ich ein Baby beerdigen. Ein Baby! Das kam in meiner theologischen Ausbildung nicht vor! Hier ist mein Rat für dich: Wenn du dich in den vollzeitlichen Dienst gerufen fühlst, lauf in die entgegengesetzte Richtung. Wenn du wirklich dort sein sollst, wirst du so oder so irgendwie dort landen.«

Ian hilft mir ebenfalls sehr, als ich ihn zu dem Thema befrage. »Unser Vorbild ist Jesus. Und Jesus hat dienende Leiterschaft vorgelebt. Wenn ich vor der Gemeinde stehe, stelle ich mich mir in ein Handtuch gehüllt vor, genau wie Jesus, als er seinen Jüngern die Füße wusch.«

»Und wenn man Pastoralassistentin ist?« Meiner Vorstellung nach fängt man klein an und arbeitet sich dann im Pfarrbetrieb hoch.

»Ach, wenn du Assistentin bist, bedeutet das nur, dass du ein kleineres Handtuch umhast.« Er grinst.

Meine Erkundung wird von dem Eignungstest befeuert, den wir bei der Berufsorientierung an der Schule machen. Viele Multiple-Choice-Fragen helfen uns, unsere Interessen und Begabungen herauszufinden. Die Antworten werden in den Computer getippt. Eingegeben und verarbeitet, spuckt das Orakel der Weisheit dann die Ergebnisse aus. Der Ausdruck ist auf Computerpapier der alten Art, ein langes, faltbares Blatt mit perforierten Rändern. Darauf befindet sich eine Liste mit den am besten zu uns passenden Berufen. Dieses Blatt Papier wird unser Berufsleben bestimmen.

Zwei Optionen konkurrieren ganz oben auf meinem Zettel miteinander: Pastorin und Gärtnerin. *Was für eine komische, unwahrscheinliche Kombination*, denke ich. Ich habe keine Ahnung, wie zutreffend die Vorhersage sein wird.

EINLADUNG

In Epheser 2,10 heißt es: »Denn wir sind Gottes Schöpfung (oder: Werk). Er hat uns in Christus Jesus neu geschaffen, damit wir die guten Taten ausführen, die er für unser Leben vorbereitet hat.« Das griechische Wort für »Werk« lautet *poiema*. Davon leitet sich Poesie ab – wir sind Gottes Gedicht. Sein Kunstwerk. Sein Meisterstück. Wir sind auf erstaunliche, ausgezeichnete Weise gemacht, erklärt der Psalmist (Psalm 139,14).

Im Wort »Berufung« steckt »Ruf«. Gott ruft uns dazu, die Einzigartigkeit auszuleben, mit der er uns geschaffen und geformt hat. Er ruft uns auch dazu, seine Pläne und Ziele nicht nur für uns selbst zu leben, sondern für seine allumfassenden Pläne und Ziele für die gesamte Schöpfung.

Berufung hat mit Zuhören zu tun. Ich muss meinem Leben zuhören und versuchen zu verstehen, um was es wirklich geht.[2]

Nehmen Sie sich etwas Zeit, um Ihrem eigenen Leben zuzuhören. Erkunden Sie die Leidenschaften und Sehnsüchte Ihrer Kindheit, Ihre Eigenheiten und Persönlichkeit, Ihre Erfahrungen, gute wie schlechte. Vielleicht schreiben Sie es in Ihrem Tagebuch auf. Möglicherweise finden Sie es sogar hilfreich, Ihre Überlegungen zu malen, indem Sie Bilder oder Symbole verwenden. Wie könnten Ihre Leidenschaften, Ihre Persönlichkeit und Ihre Erfahrungen Ihren Ruf und Ihre Berufung prägen?

Alles in allem können Sie es folgendermaßen gut herausfinden: Die Art von Werk, zu dem Gott Sie normalerweise beruft, ist die Art von Werk, die Sie am meisten tun müssen und die die Welt am meisten braucht. Der Ort, an den Gott Sie ruft, ist der Ort, an dem Ihre größte Freude auf die größte Not der Welt trifft.[3]

Bei der vorigen Frage haben Sie Ihre Leidenschaften, Ihre Persönlichkeit, Ihre Erfahrungen identifiziert. Wo könnten diese Gaben auf die Nöte, die Sie um sich herum wahrnehmen, treffen?

Jesus,
ich bin so dankbar dafür, wie ich bin, wie du mich einzigartig gebildet und geschaffen hast. Deine Werke sind wunderbar. Mach mich sensibel für deinen Ruf in meinem Leben und hilf mir, mutig zu reagieren, wenn du mich einlädst, dir zu folgen.

3

OKAY, UND JETZT?

Lass mich schon am Morgen deine Gnade erfahren, denn ich vertraue auf dich. Zeige mir einen Weg, den ich gehen soll, denn ich habe dich darum gebeten.

Psalm 143,8

Mit 19 beginnt meine Karriere als Berufschristin. »Welche Art von Arbeit willst du tun?«, fragt Reverend Ian. »Schreib einfach alles auf, schick es an unseren Gemeindebund und warte ab, ob sich irgendwelche Gemeinden für dich interessieren. Am besten lernt man, wenn man etwas praktisch tut.«

Meine Anzeige sieht wohl irgendwie so aus:

> Stelle gesucht:
> Begeisterte, naive und idealistische junge Erwachsene sucht Anstellung im Pastoralbereich, völlig jenseits ihres Könnens, ihrer Ausbildung und Fähigkeiten. Arbeite für Kost und Logis.

Eine mutige (oder gutgläubige) Gemeinde in Ottawa erkennt ein gutes Angebot, wenn es sich ihr bietet, und schnappt sich mich. Meine Stellenbezeichnung? Pastoralassistentin.

»Ich nenne dich so, damit du auch mal vorne die Gottesdienstleitung übernehmen kannst, ohne dass die Leute deshalb gleich mosern.« Reverend Gordon ist ein schlaksiger Niederländer mit einer nüchternen Art, die mit einer spitzbübischen Ader gepaart ist. Meine Hauptaufgabe ist es, Angebote für Jugendliche zu entwickeln. Reverend Gordon hat jede Menge zu tun, daher lässt er mir freie Hand, um zu experimentieren, kreativ zu sein und einfach mal zu machen.

Eine Familie aus der Gemeinde nimmt mich auf. Eine andere Familie stellt mir ein Auto zur Verfügung. Es ist eine echte Jugendleiterkarre, angemessen klapprig. Die Fenster haben sich im heruntergelassenen Zustand verklemmt, was ein wenig heikel im bitteren kanadischen Winter ist. Die Hintertüren sind zugeschweißt, sodass die Jugendlichen über den Beifahrersitz klettern müssen, um einzusteigen. Sie ist der Hit bei den Teens und ich nenne sie Bessie. Ich lerne viel in meinem sechsmonatigen Einsatz:

- Wenn man ein Gebet in Jesu Namen beendet, sagt man nicht »in Jesuses Namen«.
- Ein Erdnussbuttersandwich ist ein schlechter Ersatz für Abendmahloblaten. Wer hätte gedacht, dass bereits der Geruch jemanden ins Krankenhaus bringen könnte?
- Cola der Marke Jolt hat doppelt so viel Koffein wie normale Cola. Ein Sixpack bringt mich durch die meisten Wochenenden, aber bei Jugendfreizeiten mit Übernachtung brauche ich zwei davon. Ich ignoriere meine zuckenden Augenlider und zitternden Hände und schütte eine nach der anderen in mich hinein, damit ich energiegeladen, munter und vergnügt bin.
- Jugendliche interessieren sich tatsächlich dafür, Nachfolger Jesu zu sein und andere dafür zu gewinnen. Ich biete ihnen eine Menge verschiedener Themen an, mit denen sie sich beschäftigen können – Dating, Musik, Medien. »Wir wollen etwas über Evangelisation lernen«, antworten sie. »Wie möchten mit unseren Freunden über Jesus reden können.«

Ein paar Monate nachdem ich in der Gemeinde angefangen habe, sitze ich mit einem Haufen Teenager in einer Küche. Wir stylen Jeans um – mit Löchern an den Knien und Fransen. Dann bemalen wir sie mit Stofffarbe. Es sind ja die späten 1980er-Jahre: die Ära von Cyndi Lauper, Madonna und MC Hammer, der uns in seinem Lied »Pray« dazu ermahnt zu beten, damit wir den Tag schaffen. Über die Gesäßtaschen schreibe ich in glitzerndem Gold Worte aus 2. Korinther 12,9: »Meine Gnade ist alles, was du brauchst. Meine Kraft zeigt sich in deiner Schwäche.« Sie sollen für mich zentral werden und mein Leben beeinflussen. Ich hänge mich an diesen Vers, so wie jene engen Jeans an meinem Hinterteil kleben.

Ich fühle mich unbedarft – habe keine Ahnung, was ich da eigentlich mache. Ich bin wie eine Teenie-Mutter – ein Kind, das Kinder großzieht. Manche der Teens in der Jugendgruppe sind nur ein paar Monate jünger als ich und andere wirken definitiv reifer. Ich bin der Sache nicht gewachsen und habe zu kämpfen. Es fühlt sich wieder wie zu den Zeiten meiner Rettungsschwimmerausbildung an. Um Kraft und Kondition zu trainieren, müssen wir zehn Minuten lang im tiefen Teil des Beckens schwimmen und dabei die ganze Zeit einen 4,5 kg schweren Ziegelstein über Wasser halten. Unsere Beine paddeln wie verrückt und das Wasser schäumt, während wir versuchen, nicht unterzugehen und unsere Last hochzuhalten.

Ich bin verzweifelt. Ich will nicht ertrinken und die wachsende Schar von Jugendlichen mit mir nach unten ziehen. Deshalb verschlinge ich Bücher über Jugendarbeit und melde mich zu Fernkursen an der Bibelschule an. Ich trage Karteikarten mit Bibelversen in meinem Rucksack herum, die ich auf meinen Spaziergängen und in freien Minuten auswendig lernen kann. Die Besitzerin des örtlichen christlichen Buchladens hat den Ruf, Jugendliche anzuziehen wie eine Insektenfalle, deshalb pilgere ich regelmäßig in ihr Geschäft, setze mich auf einen Hocker an ihrem Tresen und löchere sie mit Fragen.

Hauptsächlich bete ich.

Ich lerne auf die harte Tour, dass Stille Zeit, die ich unter meine Steppdecke gekuschelt oder in einem gemütlichen Sessel verbringe, die Tendenz hat, viel zu still zu werden, wenn ich mit dem Kopf auf meiner Bibel und einem Sabbersee auf der Seite aufschrecke. Deshalb knie ich mich morgens vor mein Bett. Gebet soll ja besser funktionieren, wenn man kniet, oder?

Die Augen fest zugekniffen, atme ich ein paar Mal tief ein und aus und richte mein Herz auf den Himmel aus, oder zumindest auf die obere rechte Ecke meines Schlafzimmers. Mein Verantwortungsgefühl und sein Zwillingsbruder, Unzulänglichkeit, ringen in mir wie Jakob und Esau im Mutterleib. Angesicht all meines inneren Aufruhrs sind meine Gebete kurz und prägnant.

Okay, und jetzt?

Nachdem ich geredet habe, höre ich zu. Ganz genau zu.

Im Nachhinein frage ich mich, ob die Reihenfolge der Wörter wichtig war.

Okay. Und jetzt?

Im Wesentlichen: Ja sagen. Ja zu allem, was Gott meint, dass ich tun sollte, denn er ist ganz klar intelligenter, weiser und kreativer als ich. Ja, denn wenn er die Erde und das ganze Gebilde des Universums geschaffen hat, wird er ja wohl mit einer Handvoll Teenagern zurechtkommen. Ja, weil er die möglichen Risiken kennt, die um die Ecke lauern. Ja, bevor er mir sagt, wozu ich Ja sage. Ich weiß – was habe ich mir nur dabei gedacht? Jung und dumm. Aber war ich das wirklich?

Ich sage Ja und höre dann hin, um das zu befolgen, was ich wahrnehme. Weil es ohnehin alles nur ein großes, verrücktes Experiment ist.

Zu meiner Überraschung höre ich etwas, wenn mein Herz auf Ja voreingestellt ist und ich mir die Zeit zum Hören nehme. Ich bekomme kreative Ideen. Inspiration. Meine Problemlösefähigkeiten nehmen zu.

Es beginnen Dinge zu geschehen.

Wie durch ein Wunder lasse ich die Kirche nicht in die Luft gehen und bringe keine Gemeindemitglieder mit Erdnussallergie um. Die Jugendgruppe wächst. Und wächst. Und wächst. Die Teenies erzählen ihren Freunden begeistert von Jesus. Die Gemeinschaft, die mir zu hegen aufgetragen ist, blüht auf.

Okay, und jetzt?

Ich ahne nicht, dass dies während der nächsten dreißig Jahre meines Lebens und Dienstes mein Gebet und mein Modus Operandi sein wird.

EINLADUNG

In 2. Chronik lesen wir, dass König Joschafat ganz schön überfordert ist. Er ist für das Wohlergehen seines Volkes in einer komplizierten und gefährlichen Situation verantwortlich. Seine Reaktion? Gebet.

»Wir wissen nicht, was wir tun sollen, aber unsere Augen sind ganz auf dich gerichtet« (2. Chronik 20,12), sagt er zu Gott.

Ein paar Tausend Jahre später schreibt Thomas Merton ein ähnliches Gebet nieder, wenn auch etwas poetischer.

Der Weg vor mir

Gott, mein Herr,
ich habe keine Ahnung, wohin ich gehe. Ich sehe den Weg
vor mir nicht. Ich kann nicht sicher wissen, wohin er führt.
Ich kenne auch mich selbst nicht wirklich, und dass ich meine,
deinen Willen zu tun, bedeutet nicht, dass ich ihn auch wirklich tue.

Aber ich glaube, dass bereits der Wunsch, dir wohlzugefallen, dir wohlgefällt.
Und ich hoffe, dass ich in allem, was ich tue, diesen Wunsch habe.
Ich hoffe, dass ich niemals etwas anderem als diesem Wunsch folgen werde.
Und ich weiß: Wenn ich das tue, wirst du mich auf dem richtigen Weg führen, obwohl ich ihn nicht kenne.
Darum werde ich dir immer vertrauen, auch wenn es scheint, dass ich verloren bin, durchs Tal des Todes gehe. Ich werde mich nicht fürchten, denn du bist immer bei mir, und du wirst mich in meinen Gefahren nie alleinlassen.
Amen.[4]

Lesen: Lesen Sie Mertons Gedicht laut und langsam. Welche Wörter oder Sätze sprechen Sie an?
Reflektieren: Denken Sie über diese Wörter oder Sätze nach. Inwieweit können Sie sich mit dem identifizieren, was Merton vor Gott ausdrückt?
Reagieren: Welche Reaktion auf das, was er in diesem Gedicht aufzeigt, könnte Gott sich von Ihnen wünschen? Wozu lädt er Sie ein?

Jesus,
ich bin so froh, dass du stärker, klüger, weiser, liebevoller und fähiger bist als ich. Ich gebe mich dir ganz hin und bitte um deinen Schutz und deine Fürsorge.
Zeige mir den Weg, den ich gehen soll, denn ich habe dich darum gebeten (Psalm143,8).

4

UMWEG

Doch jetzt will ich ihr freundlich zureden. Ich will sie in die Wüste führen und dort zu ihrem Herzen sprechen. Von dort aus werde ich ihr ihre Weinberge zurückgeben und das Tal von Achor zum Tor der Hoffnung machen. Dort wird sie sich mir anvertrauen, wie sie es in ihrer Jugend tat, als sie aus Ägypten kam.

Hosea 2,16-17

Motiviert vom Erfolg meiner ersten Unternehmungen entwerfe ich die Landkarte meines Lebens und zeichne einen Weg ein, der mich zu einer Berufslaufbahn in der Kirche führt. Er ist geradlinig und direkt. Von A nach B nach C. Auf die Universität für meinen Bachelor of Arts. Ins Seminar für meinen Masterabschluss in Theologie. Ordination, Bäffchen und Talar – et voilà!

Und dann?

Dann lerne ich einen Kerl kennen. Wie viele Umwege beginnen mit diesem Satz?

Ich stehe an der Tür zum Kirchenschiff, meinen Vater am Arm. Er hat die Stirn ein wenig gerunzelt, aber ich schreibe es seiner allergischen Reaktion auf die Ansteckrose zu. Ich schaue hoch zum Buntglasfenster über unseren Köpfen. Die Sonne scheint hindurch und verleiht ihm einen rosigen Schimmer. Da ist ein Busch und er brennt. Ein Versprechen von Gottes Gegenwart – das Übernatürliche, das über das Gewöhnliche hereinbricht. Gott ist mit mir. Ich streiche mein mit Perlen verziertes Brautkleid glatt, tätschele meinem Vater die Hand, lächele dem jungen Mann zu, der am anderen Ende des Mittelgangs steht, und tue den ersten verhängnisvollen Schritt.

Sechs Monate später befinde ich mich in einem Frauenhaus.

Wir sitzen im Kreis. Mütter und Kinder. Die Atmosphäre ist ruhig, abgekämpft, verletzt. Aber auch offen und gespannt. In der Mitte sitzt eine Frau neben einem Haufen Müllsäcke, die Kleiderspenden enthalten. Sie zieht ein Kleid heraus. Es ist blau mit Blumen und geht bis zur Wade. Verknittert, aber vielversprechend. Eine Hand schießt hoch. »Ich nehm es.« Die Erste, die sich meldet, bekommt den Preis. Ich lerne, erst zu sprechen und mir später Gedanken zu machen, ob es passt.

Ich melde mich nicht schnell genug, als es darum geht, die Aufgaben im Frauenhaus zu verteilen, aber ich bin erleichtert, dass eine leichte übrig geblieben ist. Wie schwer kann es schon sein, die Küchenschränke auszuwischen und in Ordnung zu halten? Ich lerne, dass das davon abhängt, wie pingelig man in Bezug auf Kakerlaken ist. Wir streiten um die Vorherrschaft in den Schränken und schließlich bin ich überlistet und besiegt. Angewidert schlüpfe ich aus der Hintertür des Frauenhauses und trampe zurück zu meinem Mann.

Versteckt unter der Matratze unseres Betts zu Hause sind ein paar Bücher über häusliche Gewalt. Manchmal kann ich mich für ein paar Momente wegstehlen, um zu lesen. Ich suche nach Verständnis, Unterstützung und Lösungen. Was muss ich tun, damit es aufhört? Ich lese, dass Frauen entweder früh entkommen oder Jahrzehnte des Missbrauchs erdulden, bis sie – Körper und Geist gebrochen – nach einem Ausweg suchen. Oft gehen sie weg und kommen wieder, gehen weg und kommen wieder, immer und immer wieder.

Ich kehre fünfmal zurück.

Wenn ich zurückschaue, weiß ich, dass das fünfmal zu oft war. Aber es zieht mich zu ihm wie die Fliegen, die wild und selbstzerstörerisch um unser Verandalicht surren. Die Liebe hofft alle Dinge, glaubt alle Dinge, erträgt alle Dinge, oder? Und ich möchte sicher sein, dass ich mich um das Chaos meiner Ehe bestmöglich bemüht habe.

Ein Jahr später gehe ich die Straße entlang. Mein ganzes Hab und Gut trage ich in zwei großen Einkaufstüten. Mein kostbarster Besitz ist eng an meine Brust geschnallt. Sie schnauft, schmatzt und macht drei Wochen alte, schnüffelnde Babygeräusche, während sie ihre Nase und Wange an meiner Brust reibt. Sie ist hungrig, aber geduldig. Ich lege mein Kinn auf ihr flaumig-weiches Köpfchen und seufze. Er kann die Wohnung haben, unsere Campingausrüstung, sogar meine Gitarre. Eigentlich alles. Ich habe alles, was ich brauche.

Aus den Augenwinkeln sehe ich, wie ein Auto, das wie unseres aussieht, vorbeirast. Angespannt weiche ich zurück und wende meinen Körper und seine zerbrechliche Last instinktiv von der Straße ab. War er das? Hat er uns gesehen?

Scheinbar nicht. Ich stapfe weiter.

Es ist ein langer Fußmarsch, aber schließlich erreichen wir das Haus von Faye und Ray, unseren Gemeindeeltern. Sie sind überrascht, uns zu sehen, aber schätzen als erfahrene Gastgeber die Situation schnell richtig ein und bitten mich herein. Zuerst werden mir die Tüten, dann Baby Hannah abgenommen. Ich lasse mich in einen plüschigen Sessel fallen und beginne, mich zu entspannen. Ray wiegt Hannah wie einen Fußball und gurrt sie in den Schlaf. Faye setzt Wasser auf.

Auch meine anderen Lasten werden mir behutsam abgenommen, als ich mit gesenkten Augen beginne, meine Geschichte zu erzählen. Zumindest Teile davon – die Abschnitte, über die ich es ertragen kann zu sprechen. Die beiden hören ruhig zu, haben feuchte Augen. Ab und zu stellen sie eine Frage. Gemeinsam halten wir das Erzählte der Stille hin. Und in dem Augenblick wird uns bewusst, dass sich die Stille vertieft hat und wir alle gehalten werden.

»Darf ich dir etwas vorlesen?« Faye greift nach ihrer Bibel und blättert sie durch. Ich bin wieder angespannt, skeptisch. Vor Kurzem haben mich andere wohlmeinende Christen – wirklich wohlmeinend? oder vielleicht doch nicht? – mit Versen über Unterordnung, Stillsein und Leiden bearbeitet. Die Verletzungen von dieser Begegnung tun fast so weh wie die an meinem Hals. Ich fühle mich wie eine wilde Katze, die in die Ecke gedrängt wurde, und bin nicht sicher, ob die Hände, die nach mir greifen wollen, freundliche Hände sind oder nicht, bin aber auch hungrig und sehne mich nach Berührung.

Ihr Blick ist liebevoll. Ich gehe das Risiko ein und nicke. »Mach einfach deine Augen zu. Stell dir vor, dass Gott es dir zuspricht.«

> Fürchte dich nicht, denn du wirst nicht zuschanden, und schäme dich nicht, denn du wirst nicht beschämt dastehen!
> Sondern du wirst die Schande deiner Jugend vergessen und nicht mehr an die Schmach deiner Witwenschaft denken.
> Denn dein Gemahl ist dein Schöpfer, HERR der Heerscharen ist sein Name, und dein Erlöser ist der Heilige Israels: Gott der ganzen Erde wird er genannt.
> Denn wie eine entlassene und tief gekränkte Frau hat dich der HERR gerufen und wie die Frau der Jugend, wenn sie verstoßen ist – spricht dein Gott.
> … aber meine Gnade wird nicht von dir weichen und mein Friedensbund nicht wanken, spricht der HERR, dein Erbarmer.
> Du Elende, Sturmbewegte, Ungetröstete! Siehe, ich lege … deine Grundmauern mit Saphiren … Und alle deine Kinder werden von dem HERRN gelehrt, und der Friede deiner Kinder wird groß sein …
> Sei fern von Bedrängnis, denn du brauchst dich nicht zu fürchten, und von Schrecken, denn er wird sich dir nicht nähern!
> *Auszüge aus Jesaja 54; ELB*

Die Worte elektrisieren und beruhigen mich zugleich. Sehen mich. Meinen mich. Kennzeichnen mich. Gravieren sich mir in die Haut. Noch Jahrzehnte später fahre ich ihre Linien nach und fühle ihre Stärke. Mein Umweg hat mich tief in die Wüste geführt, wo ich wilden Tieren in mir selbst und anderen zum Opfer gefallen bin.

Während Faye liest und Gott spricht, öffnet sich die Tür zur Hoffnung einen Spaltbreit. Ich hinke darauf zu, mich stützend.

EINLADUNG

Es kann uns verwirren, wenn Pläne schiefgehen, wenn der Weg vor uns von Herausforderungen und Durcheinander vernebelt wird, wenn wir uns in der Einöde wiederfinden. Jesus waren Wüstenorte nicht unbekannt. Nachdem er in den Dienst berufen und von seinem Vater bestätigt worden ist, wird er in die Wildnis geführt, wo er von seiner eigenen Schwachheit und dem Angriff des Teufels heimgesucht wird. Wir alle machen irgendwann einen Umweg durch die Wüste.

Haben Sie schon einmal eine Wüstenzeit erlebt? Wie war die Landschaft beschaffen? Wie würden Sie das Gelände beschreiben? Vielleicht hilft es Ihnen, ein Bild oder eine Karte Ihrer Wildnis zu zeichnen und Ihre Erfahrung mit Worten oder Symbolen auszudrücken. Ist die Gegend bergig? Wie ein Labyrinth? Ein Dschungel?

> Doch jetzt will ich ihr freundlich zureden. Ich will sie in die Wüste führen und dort zu ihrem Herzen sprechen. Von dort aus werde ich ihr ihre Weinberge zurückgeben und das Tal von Achor zum Tor der Hoffnung machen.
> *Hosea 2,16–17a*

Der Prophet Hosea verspricht, dass Gott in der Wüste das Tal von Achor (was »Schwierigkeiten« bedeutet) zum Tor der Hoffnung macht.

Wo könnte Gott in Ihrer Wüste am Wirken sein? Wie führt er Sie und wie spricht er zu Ihnen? Was gibt er Ihnen zurück? Welches Tor zur Hoffnung stößt er Ihnen auf?

Jesus,
mich tröstet die Tatsache, dass dir Wüsten nicht unbekannt sind. Du hast dich in unser Leiden hineinbegeben – in mein Leiden –, und in die Wüste kannst und wirst du mit deiner rettenden Hilfe kommen.
Gott der Hoffnung, bitte komm und erfülle mich mit Freude und Frieden in meinem Glauben, damit meine Hoffnung durch die Kraft des Heiligen Geistes immer größer wird (Römer 15,13).

5

WIEDERHERSTELLUNG

Denn der Herr wird Jerusalem wieder aufbauen. Er wird erscheinen in seiner Herrlichkeit. Er wird die Gebete der Hilflosen erhören und sich ihren Bitten nicht verschließen.

Psalm 102,17-18

»Ich werde dich wieder aufbauen.«

Ich stehe am Ground Zero meines Lebens und betrachte den Schutt. Es dauert ungefähr fünf Jahre, bis ich die herumliegenden Trümmer gesichtet und weggeräumt habe. Wäre Hannah nicht gewesen, hätte ich mich ziemlich sicher einfach in den Staub gelegt. Aber sie ist von mir abhängig. Irgendwie muss ich funktionieren.

Wir sind unzertrennlich. Sie will nicht allein sein, genauso wenig wie ich, deshalb teilen wir uns ein Bett. Meine Hände müssen frei sein, damit ich Kochen, Putzen und sämtliche sonstige Aufgaben einer alleinerziehenden Mutter erledigen kann, deshalb ist sie tagsüber in einem Tragetuch eng an mir. Sie guckt vorne raus wie ein Baby-Känguru im Beutel seiner Mutter und flirtet mit Passanten, wenn wir draußen unterwegs sind.

Mein Körper gehört nicht mir. Ich bin ein Kletterberg für sie, ein Schaukelbaum und natürlich die Quelle für Frühstück, Mittag- und Abendessen. Unsere körperliche Verbindung hat etwas Instinktives. Wenn ich mich leer und traurig fühle, wenn sich das schwarze Loch in mir auftut und ich das Gefühl habe, dass ich ins Universum geschleudert werde, hält und erdet sie mich. Die Intensität meiner grenzenlosen Liebe für sie erschreckt mich. Ich weiß, dass meine Eltern mich geliebt haben, aber ich hatte keine Ahnung, dass ein Mutterherz so leidenschaftlich und glühend sein kann.

»Wirst du Hannah betreuen lassen und dir eine Arbeit suchen?«, werde ich gefragt.

»Nein.« Ich bin schroff. Gereizt. »Sie hat gerade erst ein Elternteil verloren. Sie soll nicht noch eines verlieren.«

Ich betreue andere Kinder gegen Bezahlung und nehme Hannah mit. Die nächsten paar Jahre schauen wir im Herbst dabei zu, wie sich das Laub der Bäume verfärbt und auf die Straße abgeworfen wird, während ich einen Kinderwagen schiebe und Kilometer um Kilometer laufe. Ich verzeichne zahllose Winterstunden, in denen ich auf einer Couch lümmelnd Disneyfilme anschaue, während Kinder wie Welpen um mich herumpurzeln. Im Frühjahr und Sommer findet man mich am Rande einer Sandkiste sitzend im örtlichen Park – »Hey, steck das nicht in die Nase!« –, umgeben von Kinderfrauen von den Philippinen und dem musikalischen Singsang ihres Tagalogs.

Ich stolpere durch meine Tage und Nächte, so gut ich kann, aber ich bin immer noch ein einziges Durcheinander. In meinem Kopf hat sich ein Schwarm Krähen eingenistet. Sie krächzen und lachen höhnisch.

»Ich hätte …«

»Wenn ich nur gesagt hätte …«

»Ich kann nicht glauben, dass er …«

Es ist wie ein dunkler Strudel in mir und ich verstehe, wie man einen Vogel kriegen kann.

Eines Sonntags, als die Gemeinde langsam nach draußen strömt, sitze ich vornübergebeugt in einer der Kirchenbänke. Mit dem Kopf in den Händen weine ich mal wieder – bittere, zornige Tränen. Jemand berührt mich sanft an der Schulter und ich schaue hoch in das Gesicht einer unserer Pastorinnen. »Möchtest du mit nach hinten kommen und reden?« Ich überlasse ihr meine Hand. Sie führt mich langsam, als wäre ich zerbrechlich und fragil. Was ich bin.

Wir setzen uns. Ihr Mann kommt dazu.

Was als Nächstes geschieht, ist vielleicht das heilsamste, aufbauendste Ereignis meines Lebens. Als ich Jahre später darauf zurückschaue, erkenne ich es als deutlichen Einschnitt, als Wendepunkt. Der Felsbrocken, den ich täglich nach oben gerollt habe, erreicht endlich den Gipfel.

»Du musst vergeben«, sagen sie. »Du musst loslassen. Aber zuerst musst du es beim Namen nennen. Es laut aussprechen. Du musst gehört werden.«

»Du musst dich nicht nach Vergebung fühlen – du musst gar nichts fühlen. Es geht nicht darum, ihn aus der Verantwortung zu entlassen, es geht um dich – darum, dein Inneres zu entwirren und dich freizusetzen, damit du weitermachen kannst.«

In den nächsten eineinhalb Stunden tue ich das. Ich erzähle jedes … einzelne … Detail. Jedes unfreundliche Wort. Jede unmögliche Situation. Jede Vernachlässigung oder Grausamkeit und jede Verletzung. Selbst das Nierdigste und Beschämendste – Dinge, von denen ich niemals gedacht hätte, dass ich sie laut aussprechen könnte. Die Worte springen aus meinem Mund wie Glassplitter. Ich kann meine schweigenden Zeugen nicht ansehen, starre stattdessen auf einen Punkt auf dem Teppich.

Am Ende jeder Enthüllung bete ich ein Gebet, das sie mir vorsprechen: »Ich vergebe ihm, ich gebe ihn an dich frei, Heiliger Geist. Und ich nehme das Gebiet zurück, das mir gestohlen wurde.«

Einige Male spucke ich die Worte durch zusammengebissene Zähne aus. Mein Kiefer zuckt und schmerzt. Aber ich sage es – immer und immer und immer wieder, jedes Mal, wenn ich eine weitere schmerzhafte Erinnerung benenne.

Schließlich ist es geschafft. Alle Bruchstücke wurden sortiert, benannt und zurückgefordert. Während ich sie mir ansehe, fühle ich mich emotional leer, aber irgendwie gereinigt – entgiftet. Meine Pastoren legen mir die Hände auf und entlassen mich mit einem Segen.

In den folgenden Wochen fange ich an, den Krähen mit meiner neu gefundenen Waffe entgegenzutreten: »Ich vergebe ihm und ich gebe ihn an dich frei, Heiliger Geist.« Immer wieder bete ich dieses Gebet – manchmal hundertmal am Tag. Es ist Zeit, um den Platz in meinem Gehirn zu kämpfen.

Einige Monate später stehe ich unter der Dusche und wasche mir die Haare. Als das Wasser über mich fließt, durchzuckt es mich, ich bin plötzlich ganz wach »Moment mal.« Was war das? Ich neige meinen klatschnassen Kopf, um zu lauschen.

Stille. Mein innerer Raum hat – ja, Raum.

Ich kann wieder atmen – da ist Platz, um auszuatmen. Die Krähen sind weg, haben sich davongemacht, als ich nicht hingesehen habe. Es ist ein Wunder.

Ich erinnere mich an Psalm 18,20: »Er brachte mich an einen sicheren Ort und rettete mich, weil er Freude an mir hatte.« Das Leben geht weiter wie zuvor, aber jetzt fühle ich mich wohler in meiner Haut. Ich bin präsenter und kann Hannah und den anderen Kindern in meiner Obhut stärker meine Aufmerksamkeit widmen.

Mein Mann holt ein letztes Mal aus und reicht die Scheidung ein – selbst aus der Entfernung ist er in der Lage, mich zu verletzen. »Keine Kirche wird dich jetzt noch einstellen!« Er scheint recht zu haben. Meine Gemeinde kümmert sich großartig um mich. Ich bin die erste alleinerziehende Mutter, deren Baby gesegnet wird. Wenn ich sonntags auftauche, werden mir Tüten voller Babykleidung in die Hand gedrückt. Einen Monat kann ich meine Miete nicht zahlen und jemand stellt einen Scheck aus, ohne Fragen zu stellen. Gleichzeitig scheine ich nun sorgfältig in eine Schublade einsortiert zu sein. In den Augen meiner Gemeinde bin ich Jill, die alleinerziehende Mutter, Jill, Opfer von häuslicher Gewalt, Jill, die Verwundete. Ich stoße mir meinen Kopf mehrmals an der gläsernen Decke, bevor ich es kapiere. Jill, die Leiterin, existiert nicht mehr.

Ich begrabe meine Ambitionen auf den geistlichen Dienst in einem anonymen Grab. Nach einem oder zwei Jahren kann ich nicht einmal mehr sehen, wo ich sie vergraben habe. Ich habe aufgehört, Gott um Richtungsweisung zu bitten. Mein Vertrauen, seine Stimme hören zu können, ist zerstört. Habe ich nicht völligen Frieden über meiner Heiratsentscheidung empfunden? Die größte Entscheidung meines Lebens und ich krieg's nicht hin. Wie um alles in der Welt konnte ich es derart vermasseln? Verstärkt wird dies durch die häufigste (und gemeinste) Frage, die mir gestellt wird: »Gab es vor der Hochzeit keine Anzeichen dafür, dass er gewalttätig sein würde?«

Ja klar, ich habe mich bewusst und bereitwillig dafür gemeldet. Ich bin halt so eine und diese Art von Leben habe ich mir gewünscht … Joa!

Wirklich?

Von unsensiblen Fragen einmal abgesehen, kann ich nicht leugnen, dass das Instrumentenbrett, auf das ich mich in Bezug auf die Steuerung meines Lebens verlassen habe, offensichtlich ernsthaft beschädigt, wenn nicht völlig kaputt war. Ich habe mich im Blindflug befunden und wusste es nicht einmal. Ich beschließe, von nun an vernünftig zu sein – keine verrückten Führungen Gottes mehr für mich. Gesunder Menschenverstand muss ausreichen.

»Eine Depression bekämpft man«, sagt meine Therapeutin, »indem man einfach das Nächstbeste tut, was richtig ist.« Also mache ich das. Und das Nächste. Und das Nächste. Das Leben ist einfach. Unkompliziert. Routiniert und ordentlich.

Es ist, als hätte Gott darauf gewartet, dass die Trümmer am Boden weggeräumt werden. Als das Gewirr meines inneren Unkrauts und Gestrüpps einer grünen Wiese Platz macht, lässt er einen Traum fallen und drückt ihn tief in die Erde, damit er wachsen kann.

EINLADUNG

Unordnung. Unser Leben ist häufig unaufgeräumt. Und in der Folge auch unser Herz und Gedanken. Unsere innere Welt und unser Kopf kann sich mit aller Art von geistigem und emotionalem Schutt füllen – Sorge, Angst, Unvergebenheit. Der Autor Stephen Covey spricht davon, dass wir uns im »Dickicht der dünnen Dinge«[5] verfangen können. Wir verlieren die Perspektive. Wie können wir entrümpeln, aufräumen und Raum dafür schaffen, dass Gottes Wort in uns wachsen kann?

Lesen: Lesen Sie dieses Gleichnis langsam, nach Möglichkeit laut. Achten Sie währenddessen darauf, welche Wörter oder Sätze Sie ansprechen.

Später am gleichen Tag verließ Jesus das Haus und ging hinunter an den See, wo sich bald eine riesige Menschenmenge um ihn sammelte. Da stieg er in ein Boot, setzte sich und sprach zu den Menschen, die ihm vom Ufer aus zuhörten. Er erzählte ihnen viele Gleichnisse, so wie dieses:

> Ein Bauer ging aufs Feld, um zu säen. Als er die Saat über das Feld ausstreute, fielen einige Körner auf einen Weg, und die Vögel kamen und pickten sie auf. Andere Körner fielen auf eine dünne Erdschicht mit felsigem Untergrund. Die Saat ging schnell auf, aber schon bald vertrockneten die Pflänzchen unter der heißen Sonne, weil die Wurzeln in der dünnen Erdschicht keine Nahrung fanden. Andere Samenkörner fielen in die Dornen, die schnell wuchsen und die zarten Pflänzchen erstickten. Einige Samen aber fielen auf fruchtbaren Boden,

und der Bauer erntete dreißig, sechzig, ja hundert Mal so viel, wie er gesät hatte.
Matthäus 13,1-8

Reflektieren: Wo finden Sie sich selbst in der Geschichte wieder? Welche Art von Boden beschreibt Ihr Inneres derzeit am besten?
Reagieren: Wie könnte Gott den Boden Ihres Herzens pflügen wollen, um harte Erde aufzubrechen oder Steine und Baumstümpfe wegzuräumen, damit er Raum in Ihnen schaffen kann, sodass sein Wort Wurzeln schlagen und wachsen kann? Wie könnten Sie bei diesem Prozess mitwirken?

Jesus,
ich brauche deine Gegenwart. Ich brauche deinen Geist. Ich brauche wieder neu die Freude über meine Errettung.
Gib mir einen aufrichtigen Geist, der mich stärkt. Hilf mir, alles loszulassen, was ich loslassen muss, und all das zu ergreifen, was du für mich bereithältst (Psalm 51,12-13).

6

SCHRITT FÜR SCHRITT

»Alle Pläne und Anweisungen«, sagte David, »wurden mir bis ins Kleinste schriftlich aus der Hand des Herrn übermittelt.«
1. Chronik 28,19

Sobald Hannah in den Kindergarten kommt, fange ich an, mich nach einer anderen Arbeit umzusehen. Was kann ich tun, das gut zu meinem Leben als alleinerziehender Mutter passt?

»Jill, wir suchen nach Leuten, die sich beim Gemeindefest als Clowns verkleiden. Was hältst du davon? Willst du helfen?« Das Grinsen meines Pastors und seine Begeisterung sind ansteckend.

»Klar«, sage ich. Warum nicht? Mal ehrlich, wer mag es nicht, sich zu verkleiden und albern zu verhalten? Ich bekomme eine Perücke mit weißen Federn und einen Filzhut, ein sackartiges, weißes Kostüm und Handschuhe. »Wir nennen dich Engel.« Die Clownsnase wird angeklebt und ich bin verwandelt.

Am Anfang bin ich zurückhaltend, unsicher. Aber Kinder sind offen und zugänglich, vor allem die kleinen. Während ich im Lauf des Tages mit der Menge interagiere, Süßigkeiten verteile und mit den Kindern spiele, entdecke ich meinen inneren Clown.

Ich frage mich, ob mir das etwas zu sagen hat.

Craisy Daisy wird zu Hause in der Badewanne geboren. Ehrlich gesagt bin ich der Meinung, dass das Bad das »Zimmer der Offenbarung« ist. Gott spricht dort mehr zu uns als an anderen Orten, keine Ahnung, warum. Vielleicht, weil viele von uns nur dort ein bisschen

Zeit für sich allein haben? Ich aale mich eines Tages in der Wanne und kümmere mich gerade nur um mich selbst. Ohne Vorwarnung platzt plötzlich ein kompletter Geschäftsplan herein und setzt sich in meiner Vorstellung fest.

»Das ist deine Clownsfigur: Sie heißt Craisy Daisy, verrückte Daisy. So sieht ihr Kostüm aus. Das sind deine Tricks und deine Ticks. So wirst du Werbung für dich machen. Und auf diese Weise wirst du sie zu Gottes Ehre einsetzen.«

Es dauert ungefähr zwanzig Minuten. Als es vorbei ist, springe ich aus der Wanne, trockne mich ab und mache mich an die Arbeit.

Zunächst biete ich mich den Freunden meiner Tochter an: »Ich bin noch in der Lernphase, wie wäre es also, wenn ich zu deiner Party zum halben Preis komme?« Später, als ich selbstsicherer und erfahrener bin, arbeite ich mit Agenturen zusammen und baue meine Selbstständigkeit auf. Ich bin kein christlicher Clown – ich bin ein Clown für Firmenevents und Geburtstagspartys. Der Weihnachtsmann und ich sind Kumpel, und Barney, der lila Dinosaurier, ist ein enger Freund von mir.

Ich lerne, wie wichtig vorbeugendes Gebet ist, bevor ich auf eine Feier gehe, und ich verbringe im Auto Zeit damit, Autorität über Geister der Zügellosigkeit und des Chaos zu ergreifen, bevor ich mich ins Getümmel stürze. Ein Raum voller Clownshasser, die von Zucker aufgeputscht sind, kann ganz schön Furcht einflößend sein. Ich verdiene gutes Geld, aber es geht eigentlich darum, in Häuser einzudringen. Ich möchte meinen Kunden die Gegenwart Jesu bringen, auch wenn ich nicht direkt über ihn sprechen kann. Eines Tages beschließt die Agenturchefin, mich zu bespitzeln, um zu sehen, wie gut ich bin. Heimlich schickt sie eine Freundin auf eine meiner Partys. »Sie hat diese wundervolle Aura um sich«, berichtet diese. »Ein Glühen.« Ha!

Craisy Daisy schlägt ein wie eine Bombe. Sie hat bald eine Anhängerschaft von winzigen Fans und ist in der Clown-Community angesehen.

Ungefähr zu dieser Zeit merke ich auch, wie es mich in den Garten zieht, in dem ich meine Träume von einer Laufbahn im geistlichen Dienst begraben habe. Ich beginne, wie ein Archäologe im Staub zu wühlen.

Ich hole sie vorsichtig aus der Erde, halte sie ans Licht und bin überrascht, dass sie noch ganz sind. Was könnte einer geschiedenen, alleinerziehenden Mutter möglich sein? Ich weiß es nicht, aber ich fange an, es herauszufinden. Eine andere Gemeinde vor Ort bietet eine Gruppe für Geschiedene an, der ich mich anschließe und in der ich nach und nach Freundschaften knüpfe. So herzlich von meiner neuen Gemeinschaft empfangen, beschließe ich, dass ich einen Neuanfang machen muss, und wechsele daher die Gemeinde. Meine neuen Pastoren sind von meiner erbärmlichen Vergangenheit nicht belastet. Sie erkennen schnell meine Leitungsbegabung und geben mir Raum, zu wachsen und mich zu entwickeln. Urplötzlich habe ich eine Teilzeitstelle und werde als Gemeindegründerin ausgebildet. Es ist noch ein langer Weg, um Pfarrerin zu werden, aber ich bin endlich wieder in der richtigen Richtung unterwegs.

Meine Freundschaft mit Kirk, dem gut aussehenden Schlagzeuger im Lobpreisteam, vertieft sich. Ich kannte ihn schon damals, als sich die Beziehung zu meinem ersten Mann gerade entwickelte. Kirk weist mich darauf hin, dass ich nur in Trennung lebe, solange meine Scheidung noch nicht durch ist. »Keine Dates für dich«, ermahnt er mich.

Ungefähr ein Jahr nach dem Ende meiner Ehe spüren Kirk und ich die gegenseitige Anziehungskraft und kommen einander immer näher. Es ist kompliziert. Wir versuchen es als Paar, aber ich bin schnell gereizt, nervös und halte eine gewisse Distanz. Was, wenn ich die gleichen Fehler noch einmal mache? Ein gutes Jahr sind wir mal zusammen, dann wieder nicht, während wir versuchen, uns über unsere gegenseitige Anziehung inmitten der vielschichtigen Herausforderungen klar zu werden. Die ganze Zeit stützen wir uns dabei auf Gott, enge Freunde und unsere Gemeindeleitung.

Eines Tages gehen wir von der U-Bahn-Haltestelle nach Hause. Kirk spielt Verstecken mit der vierjährigen Hannah. Sie hat es noch nicht ganz raus und versteckt sich *vor* den Bäumen, während sie ihre Stirn gegen den Stamm drückt. »Wo ist sie?« Kirk umkreist den Baum, ignoriert ihr ersticktes Kichern. Ich frage mich langsam, ob er zum Vater taugt.

Ein halbes Jahr später … Es ist Heiligabend und ich bin unleidlich.

Was man über mich wissen muss: Ich bin Frühaufsteherin. Eine extreme. Ich habe irgendwie den Biorhythmus meines Vaters geerbt und ich kann noch nicht abschließend sagen, ob das Fluch oder Segen ist. Wahrscheinlich beides. »Ich bin eine Lerche, keine Eule«, zwitschere ich meinen Freunden zu. »Der frühe Vogel bekommt die Salbung!« Früh aufzustehen ist super für mein Gebetsleben, aber es macht mich zu wirklich langweiliger Gesellschaft am Abend. Mein »Haltbarkeitsdatum« ist 21 Uhr; danach werde ich sauer und ranzig.

Es ist 21 Uhr 30 und wir halten vor dem Haus von Kirks Eltern. Kirk hat versprochen, dass es nur ein kurzer Halt werden wird – wir befinden uns auf dem Rückweg von einer Hochzeit.

»Jill, du musst einfach reinkommen und dir den Weihnachtsbaum ansehen«, sagt er. »Er ist fantastisch. So einen hast du noch nie gesehen.«

Ich habe es mir gemütlich gemacht und mich in den Beifahrersitz gekuschelt. Die Hochzeit war toll und die Braut wunderschön. Es war ein großartiger Abend, aber Müdigkeit benebelt mein Hirn und ich bin quengelig wie ein bockiges Kleinkind. »Ich *will* den Baum nicht sehen«, schmolle ich. »Ich will einfach nur nach Hause.«

»Komm. Rein. Und. Schau. Dir. Den. Baum. An.« Kirk presst die Lippen zusammen und sein Kiefer steht vor.

Ich grummele und quäle mich aus dem Auto, schleppe mich die Stufen zum Haus hoch. Der Baum ist in der Tat wunderschön. Kirks Mutter hat einen erlesenen Geschmack und der Baum schaut so aus, als käme er direkt aus einer Hausfrauen-Zeitschrift von Martha Stewart. Ich werfe ihm einen kurzen Blick zu.

»So. Ich hab ihn gesehen. Können wir jetzt gehen?«

»Setz dich doch!«

Ich lasse mich auf die Couch fallen. Kirk holt ein kleines Geschenk unter dem Baum hervor und gibt es mir.

Es ist eingepackt, aber ich erkenne die Form – eine CD-Hülle. Wut flammt in mir auf. Du geiziger alter Halunke! Da sind wir schon zwei Jahre zusammen, und alles, was du mir kaufen kannst, ist eine lausige CD? Ich murmele ein flüchtiges »Danke« und fange mit dem Auspacken an.

Die CD hat kein Cover und auf der Halterung in der Mitte sitzt ein Ring. Mit Diamanten. Meine Augen weiten sich. Ich bin aber immer noch unleidlich. »Geh auf die Knie und frag mich!« Es spricht für Kirks Geduld, Freundlichkeit und Langmut, dass er mir den Ring nicht entgegenschmeißt oder ihn zurücknimmt. Stattdessen steckt er den Ring an den Finger der unwürdigsten Verlobten auf Erden.

Hannah ist ein bezauberndes Blumenmädchen. Ihre Haare sind ganz kurz – nur einen Monat vor der Hochzeit komme ich nach oben und sehe, wie sie, Schere in der Hand, einen Mülleimer voller blonder Locken betrachtet.

Mein Haar macht auch Probleme. Eine Woche vor der Trauung bekomme ich Läuse, ein Überraschungsgeschenk von einer Freundin, die mir einen Hut geliehen hat. Kirk und ich haben beide lange Locken, daher wird er in unserer Hochzeitsnacht auch befallen.

Unsere Flitterwochen verbringen wir damit, uns gegenseitig stundenlang Nissen aus den Haaren zu kämmen. Romantisch. Nicht der Anfang, den ich in diesem neuen Lebensabschnitt erwartet habe, aber hey – alles in allem bessern sich die Dinge, da werde ich mich nicht beschweren.

EINLADUNG

Ein Kreativitätsschub? Anweisungen vom Himmel? Oder beides? Woher wissen wir, welche Pläne von Gott kommen und welche von uns? Wie bemerken wir den Unterschied zwischen einer guten und einer Gottes-Idee?

Im Buch Nehemia verkündet der Autor, dass Gott ihm einen Plan zum Wiederaufbau der Stadt Jerusalem gegeben hat. »Was Gott mir … ins Herz gegeben hatte«, sagt er über seine Pläne in Nehemia 2,12. König David tat dasselbe, er sagt: »Alle Pläne und Anweisungen wurden mir bis ins Kleinste schriftlich aus der Hand des Herrn übermittelt« (1. Chronik 28,19). So eine Gewissheit finde ich super! Aber wie viele von uns haben sie?

Hier sind einige Fragen, die vielleicht dabei helfen können, die Pläne in unserem Herzen einzuschätzen:

- Wie passen sie zu unserer Richtung und Berufung insgesamt?
- Bringen sie das tiefe Gefühl von Leben und Freiheit mit sich?
- Was sind unsere tiefsten, ehrlichsten Sehnsüchte?
- Was sagt die Bibel zu diesem Thema?
- Deutet das Leben Jesu in eine bestimmte Richtung?
- Werden sie zu unserer Charakterentwicklung beitragen?
- Wonach verlangt die Liebe?[6]

Meine größte Herausforderung? Meine eigene Großartigkeit. Woher weiß ich, wann mein Ego beim Pläneschmieden Einfluss nimmt? Was ist der Unterschied zwischen Selbstvertrauen und eigenem Bemühen, zwischen Mut und Arroganz? Mir haben die folgenden Schritte geholfen:

- **Bitten**: »Erforsche mich, Gott, und erkenne mein Herz – zeige mir, wenn ich auf falschem Wege gehe« (Psalm 139,23-24).
- **Wahrnehmen** (und wenn nötig umkehren): Vergleiche ich mich mit anderen oder befinde mich heimlich im Wettstreit mit ihnen? Mühe ich mich ab – versuche ich, es selbst auf die Reihe zu kriegen, es irgendwie zu »machen«? Isoliere ich mich, um unabhängig zu sein, statt mich auf andere in gegenseitiger Abhängigkeit zu stützen? Wer bekommt die Ehre? Lassen meine Pläne mich gut aussehen oder Gott?
- **Daran denken**: »Gott widersteht den Hochmütigen, aber den Demütigen gibt er Gnade« (Jakobus 4,6; LUT).

Gott,
ich gebe mich dir hin – tue und lasse mit mir, was du willst.
Befreie mich vom Gefangensein in mir selbst, damit ich deinen Willen besser tun kann.
Nimm mir meine Schwierigkeiten, damit der Sieg über sie denen zum Zeugnis wird, denen ich durch deine Kraft, deine Liebe und deinen Lebensstil helfe.
Möge ich immer deinen Willen tun![7]

7

GEFÄHRLICHE GEBETE

Wenn ich aber auch als Trankopfer über das Opfer und den Dienst eures Glaubens gesprengt werde, so freue ich mich und freue mich mit euch allen. Ebenso aber freut auch ihr euch, und freut euch mit mir!

Philipper 2,17-18; ELB

Es ist mitten in der Woche und die Kirche ist leer. Allein in einer der Bänke genieße ich einen Moment für mich. Ich liebe die Stille, die sich über heilige Orte wie Nebel legt – die alle Geräusche abschwächt und einen einhüllt. Gott schleicht auf kleinen Katzenpfoten.

Ich empfinde Dankbarkeit. Meine Befürchtungen bezüglich der Wiederheirat scheinen unbegründet, und Kirk, Hannah und ich haben uns in unserem gemeinsamen Leben gut eingerichtet. Meine Arbeit in der Gemeinde ist herausfordernd und interessant – ich wachse und bekomme mehr Verantwortung übertragen. Meine selbstständige Tätigkeit als Clown entwickelt sich prächtig. Ich befinde mich in einer Phase, die ich nur als gesteigertes Gottes-Bewusstsein beschreiben kann. An manchen Morgen wache ich auf, und sobald ich meine Augen öffne, spüre ich direkt, dass er da ist. Er sagt »Guten Morgen« – so ähnlich, wie mein Großvater seine Frau zu Beginn jedes Tages mit einer Tasse Tee begrüßt hat. Seine Nähe ist intensiv, und manchmal überwältigt mich regelrecht das Gefühl, dass er unmittelbar da ist. Es fühlt sich an, als läge ich in der Badewanne und jemand hat den Hahn nicht zugedreht; ich bin bis zum

Rand gefüllt und beginne, überzulaufen. Ich bin in der Spur, und der Weg vor mir sieht fruchtbar und vielversprechend aus.

Als ich wieder im Altarraum bin, bete ich: »Du bist so gut und hast so viel getan. Ich bin dankbar, aber ich weiß auch, dass es noch mehr gibt. Herr, kannst du weiter in mein Leben strömen?« Ich erwarte keine Antwort. Aber am Rande meines Bewusstseins nehme ich einen sanften Stupser wahr. Keine hörbare Stimme. Eher Worte, die Gestalt annehmen wie Wolkenformationen am Himmel.

»*Was, wenn ich möchte, dass du* dich selbst *verströmst?*«

In diesem Moment erinnere ich mich an den Abschnitt im Philipperbrief, wo Paulus davon spricht, »wie ein Trankopfer« zu sein, »das für Gott ausgegossen wird« (Philipper 2,17; NGÜ) – er verschenkt sich selbst, weil er dankbar für all das ist, was ihm geschenkt wurde.

Du willst, dass *ich mich* ausgieße? Macht irgendwie Sinn. Ich fange zu summen an. Dann zu singen. *Ausgießen, ausgießen, ausgießen, o Gott.*

Ich habe schon immer eine Neigung zur Musik; in meinen ersten Schuljahren dudele ich auf meiner Plastikflöte herum, habe dann eine kurze Liebesaffäre mit dem Klavier. Als Teenager nehme ich eine Gitarre zur Hand und mache mich daran, ihren Gebrauch zu erlernen. Ich entdecke auch, dass ich eine halbwegs vernünftige Stimme habe, und Musik wird immer stärker Teil meines Lebens. Ich bin eine unersättliche Leserin und verschlinge die Bücherstapel, die ich jede Woche von der Bücherei mit nach Hause bringe. Ich fange an, Geschichten und Gedichte zu schreiben – und nachdem ich die Grundlagen des Gitarrenspiels beherrsche, auch Lieder.

Ich sehe mich nicht als Songwriterin. Eher als Song-»Gebärerin«. Oft fühlt es sich an, als würden die Lieder heruntergeladen, manchmal stückchenweise, dann wieder voll ausgereift. Sie tönen und summen dann in mir und begleiten mich eine Zeit lang im Gebet.

Heute im Altarraum drängt dieses auf einmal hervor:

Mach mein Leben zum Gebet.
Mach mein Leben zum Lied.
Mach mein Leben zum Opfer für dich.
Ich will es ausgießen,
ausgießen, ausgießen, ausgießen, o Gott.
Ich will es ausgießen.
Ich bin wie das Alabastergefäß,
zerbrochen, um meinen Herrn zu salben.
Kostbares Öl, das Parfum meines Lebens
ist alles, was ich zu geben habe.
Ich sehe, wie es langsam herabrinnt
auf deinen Kopf, deinen Bart, dein Gewand.
Ich brauche es ganz auf, gebe alles.
Ich möchte eine Opfergabe sein.

Ich ahne nicht, was für ein gefährliches Gebet das ist. Kennen Sie diese gefährlichen Gebete? Das sind diejenigen, die man zum Himmel richtet: »Bitte, Herr, nimm mich ganz.« Und die man dann sofort wieder zurücknehmen will. »Wer nicht kommt zur rechten Zeit … Jesus, da musst du schon etwas schneller sein, wenn du dir das schnappen willst.«

Die gefährlichen – das sind Gebete völliger Hingabe. Gebete, die niemand, der ganz richtig tickt, beten würde. Zumindest niemand, der irgendeinen Sinn für Selbsterhaltung und Weitblick hat.

Mach mein Leben zum Gebet.
Mach mein Leben zum Lied.
Mach mein Leben zum Opfer für dich.
Ich will es ausgießen.

Gott schnappt sich das Gebet aus meinen Händen und von meinen Lippen, bevor ich es zurücknehmen kann, und fügt sein rückhaltloses Ja hinzu.

EINLADUNG

Das methodistische Hingabegebet wurde von Richard Alleine im 17. Jahrhundert geschrieben. Am 11. August 1755 sprach John Wesley es im ersten methodistischen Gottesdienst. Bis heute erneuern methodistische Pastoren und Gemeinden dieses gefährliche Gebet jedes Jahr. Beten auf eigene Gefahr!

> Ich gehöre nicht mehr mir, sondern dir.
> Stelle mich, wohin du willst.
> Geselle mich, zu wem du willst.
> Lass mich wirken, lass mich dulden.
> Gebrauche mich für dich oder stelle mich für dich beiseite.
> Erhöhe mich für dich, erniedrige mich für dich.
> Lass mich erfüllt sein, lass mich leer sein.
> Lass mich alles haben, lass mich nichts haben.
> In freier Entscheidung und von ganzem Herzen überlasse ich alles deinem Willen und Wohlgefallen.
> Herrlicher und erhabener Gott, Vater, Sohn und Heiliger Geist: Du bist mein und ich bin dein. So soll es sein. Bestätige im Himmel den Bund, den ich jetzt auf Erden erneuert habe. Amen.[8]

Lesen: Lesen Sie das Gebet laut (wenn Sie sich trauen!). Welche Wörter oder Sätze sprechen Sie an?
Reflektieren: Denken Sie über diese Wörter oder Sätze nach. Womit stimmen Sie überein? Wogegen fühlen Sie einen Widerstand?
Reagieren: Welche Reaktion könnte Gott sich auf das, was er in diesem Gebet hervorhebt, wünschen? Wozu lädt er Sie ein?

8

FÜR-WAS-BITTERIN?

Betet immer und in jeder Situation mit der Kraft des Heiligen Geistes. Bleibt wachsam und betet auch beständig für alle, die zu Christus gehören.

Epheser 6,18

Wir sind Kampf-Ninjas mit Kinderwagen. Unsere Kinder sind nachsichtig und duldsam, verdrehen die Augen und schneiden Grimassen, während wir sie rüttelnd und schüttelnd über das unwegsame Gelände der Wohnsiedlung schieben. Reihenhäuser starren aus leeren Augen – halb geschlossene Lider mit Laken anstelle von Vorhängen. Die Gärten sind voller Unkraut und ungepflegt, von Müll übersät. Es ist ein Wirrwarr, ein Stadtdschungel. So früh am Morgen liegt er verlassen da.

Meine Freundin Shirley und ich machen einen Gebetsspaziergang durch eine der ärmsten Gegenden unserer Stadt. Hätten wir Zuschauer gehabt, hätten sie vielleicht gedacht, dass wir nicht ganz richtig im Kopf sind. Im Gehen singen wir Lobpreislieder. Gebet ist unsere kraftvolle Waffe.

Wir parken unsere Buggys vor einer Wand, die mit Graffiti beschmiert ist, und schreien sie an (nun ja, eigentlich die Dämonen, die sich hinter der Wand verstecken). Dabei fordern wir die Freisetzung der Nachbarschaft. Es könnte sein, dass einmal sogar Fahnen und Schofarhörner im Spiel waren. Wir hatten winzige Flaggen (natürlich in Pink!) für die Mädchen, damit sie mitmachen konnten.

Ich finde es großartig, dass es in der Bibel heißt, Gott habe Säuglinge gelehrt, ihn zu loben. »Sie bringen deine Feinde zum Schweigen« (Psalm 8,3). Wir sind Säuglings-Gebetskämpfer. Wir arbeiten uns polternd vor, ergreifen Autorität über dies und jenes. Was es uns an Weisheit mangelt, machen wir mit Eifer wett. Ehrlich gesagt haben wir keine Ahnung, was wir da tun. Zwei Dinge wissen wir allerdings. Erstens, dass die Erde dem Herrn gehört – selbst die Gettos – und dass er sie zurück will. Zweitens, dass wir Fürbitterinnen sind.

Zwei Jahre vorher wendete meine Freundin Sandy zum ersten Mal das »F-Wort« auf mich an. Ich habe gerade zwei Monate an einer Lobpreisleiterschule in British Columbia verbracht, die kleine Hannah im Schlepptau. Bevor wir heimfahren, besuchen wir Sandy, ihren Mann und ihre Kinderschar. Hannah hüpft stundenlang auf ihrem Trampolin, und ich helfe Sandys Team aus Künstlern, Musikern und Evangelisten, sich auf ihren kanadaweiten Einsatz vorzubereiten.

Wir bauen vier Sattelschlepper in ein fahrbares Rundtheater um, Bühne und Tribünen inklusive. Riesige Wandbilder prangen an den Seiten der Lkws. Ein Team von Musikern und Evangelisten wird zusammengestellt. Das Ziel? Mit dem mobilen Theater durch kleine Ortschaften überall in Kanada zu touren. Es mitten im Stadtzentrum aufzubauen, ein Tschingderassabum aufzuführen (für die Uneingeweihten: eine laute Musikparty) und Menschen mit Jesus bekannt zu machen.

Einmal rollen wir zu einem Testdurchlauf in einen Ort in der Nähe. Parken die Lastwagen. Verbreiten die Nachricht in der Nachbarschaft. Die Techniker wuseln herum und bauen das Theater auf. Die Musiker stimmen, Schauspieler und Tänzer proben. Hannah und die anderen Kinder springen die Tribünen rauf und runter. Neu im Team und noch dazu nur vorübergehendes Mitglied, fühle ich mich ein wenig verloren.

»Sandy, wie kann ich euch helfen?«

Sie betrachtet das geschäftige Treiben und denkt kurz nach.

»Jill, du bist eine Fürbitterin«, erklärt sie.

Eine *Für-was-Bitterin*? Ich habe das Wort noch nie gehört.

»Es würde uns sehr helfen, wenn du dich in die Ecke stellst – da hinten.« Sie deutet auf eine Nische, wo zwei Lastwagen zusammengekoppelt sind. »Vor und während der Versammlungen. Achte darauf, was auf dem Platz und bei den Leuten vor sich geht. Stell dich da hin, beobachte und bete.« Ich möchte, dass Sandy mich für eine Teamplayerin hält, deshalb tue ich, wie mir geheißen. Aber ich bin nicht glücklich. Fürbitterin. Na toll.

Fürbitter, Gebetskämpfer, wie immer man sie nennt – sind das nicht die komischen Onkel in Gottes Familie, die Sonderlinge? Niemand weiß, was man mit ihnen anfangen soll. Ich habe mitbekommen, wie sie meistens in irgendein schmuddeliges Hinterzimmer der Gemeinde verbannt werden, aus dem Weg, aus dem Blick und definitiv aus dem Kopf. Die Aufgabe zu beten obliegt denen, die keine echten Fähigkeiten haben, oder?

Ganz abgesehen davon, dass sie die ganze Zeit depressiv wirken – das Gewicht der Last des Herrn tragend. Das Wehe der Nation und den bemitleidenswerten Zustand der Kirche beklagend. Fürbitter? Ich doch nicht! Ich bin Lobpreisleiterin! Ich darf die Glückliche, nicht die düster Dreinblickende sein. Ich darf die vorne auf der Bühne sein, nicht weggeschlossen im staubigen Hinterkämmerchen.

Hmmmpf.

Während ich in der Ecke stehe, beobachte ich die Menge der Neugierigen, die zusammenkommt, um sich die Vorstellung anzusehen. Okidoki, Fürbitte-Lady, wie sollen wir beten? »Lass die Leute herkommen, Herr. Hilf ihnen, für dich offen zu sein. Offenbare ihnen Jesus.« Ich bete, bis ich nicht mehr kann. Erschöpft höre ich auf und linse auf meine Uhr.

Fünf Minuten sind vergangen.

Super. Noch zwei Stunden. Ich habe alle meine Worte aufgebraucht. Dann erinnere ich mich. Ich brauche keine englischen Worte. Ich habe eine Gebetssprache. Ich gehöre noch zu einer nichtcharismatischen Gemeinde, als ich das erste Mal in Sprachen bete. In meinen späten Jugendjahren interessiere ich mich für Kurzzeitmissionseinsätze und finde einen interessanten, der nach Tijuana in Mexiko geht. »Bewerber müssen geisterfüllt sein und in Zungen beten«, heißt es auf dem Anmeldeformular. Zungen? So ein Mist. Ich habe noch nie von dem Phänomen gehört, geschweige denn bin ich ihm irgendwo begegnet.

Aber der Gedanke, Kindern aus benachteiligten Verhältnissen Liebe zu zeigen, reizt mich, deshalb beschließe ich, ein wenig zu recherchieren. Ich schlage die Apostelgeschichte auf und entdecke zu meiner großen Überraschung, dass viele der frühen Christen in Sprachen beteten! Warum ist mir das noch nie aufgefallen? Warum habe ich davon noch nie gehört? Ich schreibe alle Bibelverse auf, die etwas mit dem Thema zu tun haben, und denke über sie nach. Ich habe Fragen. Viele Fragen.

In genau dieser Woche bin ich zufällig auf einer Versammlung mit einem temperamentvollen Pfingstpastor. Während des Lobpreises hebt er seine Hände in die Höhe. Ein Handschwenker, was? Vielleicht ist er auch ein Sprachenbeter? Tatsächlich. Er nimmt mich als potenzielle geisterfüllte Gefolgsfrau unter seine Fittiche, bewältigt alle meine Fragen und führt mich dann zu *dem* Moment. Dem Händeauflegen. »Du musst nur deinen Mund aufmachen und zu sprechen beginnen. Vielleicht bekommst du nur ein oder zwei Wörter, aber wiederhole einfach die, die du bekommst, und Gott wird dir mit der Zeit weitere schenken.«

Ich fühle mich unwohl. Einfach den Mund aufmachen? Was, wenn ich mir nur etwas ausdenke? Unsinn absondere? Oder noch schlimmer: Was, wenn ich peinliche Dinge in irgendeiner anderen Sprache sage? Ich fühle überhaupt nichts, als er für mich betet, aber zu meiner großen Überraschung stürzt eine Flut von Wörtern aus meinem Mund, als ich ihn öffne. Kein Englisch oder irgendeine andere Sprache, die mir geläufig wäre. Er ist begeistert und klatscht mich ab, aber ich bin immer noch skeptisch.

Ich nehme meine Gebetssprache mit nach Hause und stecke sie in meine Gesäßtasche, von wo ich sie nur gelegentlich und im stillen Kämmerlein hervorhole. Ich finde heraus, dass eine der süßen alten Damen in meiner presbyterianischen Gemeinde auch eine heimliche Sprachenbeterin ist, aber ich bin zu ängstlich, um mich vor ihr zu outen.

Eines Abends warte ich an der Bushaltestelle. Die Straße ist leer und ich kämpfe immer noch mit dieser ganzen Zungensache. Was, wenn ich getäuscht werde? Was, wenn mich der Teufel und nicht Gott sprechen lässt? Dann geht mir ein Licht auf. Ah, jetzt weiß ich, was ich tun kann! Es gibt da einen Test! Ich habe kürzlich in 1. Johannes gelesen:

> Liebe Freunde, glaubt nicht jedem, der behauptet, was er sagt, käme vom Heiligen Geist. Ihr müsst die Menschen prüfen, um festzustellen, ob der Geist, durch den sie reden, wirklich der Geist Gottes ist. Denn es gibt zahllose falsche Propheten in der Welt! Und so erkennt ihr den Geist Gottes: Jeder, der bekennt, dass Jesus Christus wirklich als Mensch auf die Erde gekommen ist, hat den Geist Gottes.
> *1. Johannes 4,1–2*

Es liegt also nahe, dass, wenn ich in Zungen bete und direkt danach ausrufe: »Jesus ist Herr«, sich die Sache klären sollte, richtig? Wenn es Dämonen wären, könnte ich das nicht, oder?

Ich bin immer noch allein an der Bushaltestelle, daher probiere ich es ein paar Mal laut aus, nur um sicherzugehen. Mein Experiment ist erfolgreich und ich bin sehr erleichtert. Nicht von Dämonen besessen. Gut. Dennoch gibt es in unserem schlichten presbyterianischen Gottesdienst nicht viel Raum für das Sprachengebet, daher liegt die Gabe brach.

Ein paar Jahre später gerate ich in eine Pfingstgemeinde. Hier gibt es viele Handschwenker. Auch ein paar Hüpfer und viele Amen-Beipflichter. Ich bin befangen und ein wenig zurückhaltend, aber die Begeisterung fasziniert mich. Ich fühle mich wie ein Anthropologe, der irgendeinen abgeschiedenen Stamm beobachtet.

Am Ende eines Liedes mit besonders viel Schwenken und Hüpfen passiert es.

Sie fangen an, in Sprachen zu singen.

Alle 500.

Meine Arme prickeln und ich bekomme Gänsehaut. Es ist das Schönste, was ich je gehört habe. Die Melodien vermischen sich, tanzen und wirbeln umeinander herum. Mal leiser und mal lauter. Es hört sich an, als stünden die Himmel offen und sängen die Engel. Es ist überirdisch und überwältigend.

Doch um ehrlich zu sein, bin ich ziemlich erschrocken. Ich hatte die Voraussicht, mich an den Rand einer Reihe zu setzen, und beschließe, mich zu verkrümeln. Gehe langsam rückwärts … Gehe weiter rückwärts …

Am Ende der Stuhlreihen mache ich eine Kehrtwende und stürze zum Ausgang. Ich werde von einer hutzeligen Pfingst-Oma aufgehalten. Sie steht zwischen mir und der Tür. Ihre Strumpfhose ist verkrumpelt, ihr Kleid mit Rüschen besetzt und ihr Witwenhut sitzt ihr keck auf dem Kopf. Sie ergreift meine Hand und hält sie fest in der ihren. Ihre Haut ist ledrig, weich und kühl. »Gott segne dich, Liebes.« Sie fixiert mich mit ihren Augen und ich frage mich, wie schnell ich verschwinden kann, ohne dass es unhöflich ist. Nach einem unangenehmen Moment erden mich ihr Blick und ihr Griff und mein Inneres kommt zur Ruhe. Sie drückt meine Hand ein letztes Mal, lässt mich los und ich mache mich auf den Heimweg, streife dabei ein wenig umher und denke über Zungen von Menschen und Engeln nach.

Als Hannah und ich von unseren Abenteuern an der Westküste mit Sandy und ihrem Missionsteam zurückkommen, beginne ich, diese ganze Fürbitte-Sache zu erkunden und damit zu experimentieren. Bewirkt Gebet einen Unterschied? Können wir Dinge verändern, einfach, indem wir mit Gott reden? Ich lese, wie Abraham Gott ausreden will, eine Stadt in Schutt und Asche zu legen. Von Moses erhobenen Händen, die den Verlauf der Schlacht beeinflussen. Von zehn Tagen Gebet in den Obergemächern, die die Ausgießung des Heiligen Geistes und die Geburt der Kirche in Gang setzen.

Ich finde eine Mitverschwörerin – eine Gebetspartnerin – in meiner Freundin Shirley. Gemeinsam fangen wir an, heilige Unzufriedenheit mit dem Status quo zu stiften. Dem Reich Gottes wird Gewalt angetan und die Gewalttätigen reißen es an sich. Wir begeben uns mitten ins Gefecht.

EINLADUNG

Wir kennen uns selbst nur zum Teil. Einer der Vorteile von Gemeinschaft ist, dass die anderen manchmal Aspekte und Gaben, die uns geschenkt sind, wahrnehmen, die uns selbst noch nicht bewusst sind.

So hat Sandy noch vor mir bemerkt, dass ich die Gabe der Fürbitte habe. Denken Sie an eine Situation, als jemand etwas Verborgenes entdeckte, was in Ihnen schlummerte, und es Ihnen gesagt hat. Wie haben Sie sich gefühlt? Wozu hat Gott Sie in diesem Moment eingeladen? Wie hat das Ihre Entscheidungen geprägt und Ihren Weg beeinflusst?

Gebet kann sich auf vielerlei Weise ausdrücken, und die Kirche hat eine reiche, vielfältige, mehrere tausend Jahre alte Tradition des Gesprächs und der Gemeinschaft mit Gott. Sind Sie schon einmal einer Gebetsform aus einer anderen Kirchenströmung begegnet, die Ihnen völlig fremd war? Was könnte passieren, wenn Sie Ihren kleinen Zeh in diese Strömung halten und diese ungewohnte Gebetsform erkunden und ausprobieren? Wie könnten Sie dabei vorgehen?

Jesus,
du kennst und du siehst mich. Indem du mich in Gemeinschaft stellst, zeigst du mir mehr von dem, wer ich bin und wie du mich wachsen lassen willst.
Gib mir ein abenteuerlustiges Herz, das bereit ist, Neues auszuprobieren und neue Wege einzuschlagen, um mich selbst und dein Wirken in dieser Welt wahrzunehmen.

9

UNTERBRECHUNG

Als der Herr sah, dass Mose herankam, um es genauer zu betrachten, rief er ihn aus dem Busch heraus: »Mose! Mose!« »Hier bin ich!«, antwortete Mose.

2. Mose 3,4

Ich sage oft, dass Gott das Recht hat, unser Leben zu unterbrechen und seine Richtung jederzeit zu ändern. Wir gehören schließlich nicht mehr uns selbst, sondern wurden teuer erkauft. Wir sind sein. Ist es nicht schön, wenn die Worte, die man sagt, sich gegen einen wenden und auf einen zurückfallen?

Das Leben brummt fröhlich vor sich hin. Meine Selbstständigkeit als Clown nimmt weiter Fahrt auf und meine Ehe ist noch in der rosaroten Flitterwochen-Phase. Ich arbeite für eine Ortsgemeinde, um das Handwerkszeug für Gemeindegründung zu bekommen. Der Weg zu meinem langjährigen Traum, Pfarrerin Jill zu werden, zeichnet sich ab – ich kann ihn vor mir sehen, schimmernd und glänzend funkelt er in nicht allzu ferner Zukunft.

Und dann macht der Weg ganz plötzlich zick, wo er eigentlich hätte zack machen müssen.

Es fängt ganz unschuldig an.

Meine Freundin Shirley ruft mich eines Tages an. »Jill, diese und nächste Woche ist ein Team vom IHOP in der Stadt. Sollen wir mal hingehen?« Ich habe schon vom *International House of Prayer* gehört – einem gebetsmissionarischen Dienst in Kansas City, den es seit ungefähr einem Jahr gibt. Sie haben angeblich die Schlüssel zu ihrem Gebäude weggeworfen, weil es zum Beten offen sein soll, 24 Stunden am Tag, 7 Tage in der Woche, bis Jesus wiederkommt. *Das ist ja mal ein langfristiger Plan*, denke ich.

Ich weiß nicht genau, was »gebetsmissionarischer Dienst« bedeutet – abgesehen von Gebet und, na ja, Mission. Aber Shirley versichert mir, dass der Abend es wert sein wird. Vielleicht erleben wir ja wieder eines unserer großartigen Abenteuer. Kirk bleibt zu Hause und babysittet. Neugierig und nichts ahnend springe ich ins Auto und fahre in die Innenstadt.

Meine Erinnerung an den Abend selbst ist etwas verschwommen und ich weiß nicht mehr viele Einzelheiten. Ich erinnere mich jedoch sehr deutlich daran, wie ich mich gefühlt habe. Bewegt. Aufgewühlt. Vibrierend. Und zwar jeder Teil von mir.

Als ich Kind war, ist mein Vater manchmal mit meinem Bruder und mir ins Technikmuseum gegangen. Da gab es einen elektrischen Ball, der einem die Haare zu Berge stehen ließ, wenn man ihn anfasste – was ich damals sehr beeindruckend fand, weil mir meine Haare fast bis zur Hüfte gingen. Es gab auch einen Schaukasten über Schallwellen und Resonanzfrequenz. In ihm war ein Bild der eingestürzten Tacoma-Narrows-Brücke zu sehen, abgebrochen und bloßgelegt, verbogen und zersplittert. Es handelte sich um eine Hängebrücke, die im Jahr 1940 zwischen Tacoma und der Kitsap-Halbinsel in Washington eröffnet wurde. Damals war es die drittlängste der Welt. Sie hielt ein paar kurze Monate, bevor sie erzitterte, sich bog, zusammenbrach und in Stücke zerbarst. »Der Wind peitschte durch die Schlucht«, sagte Dad, »und die Ingenieure hatten nicht bedacht, dass die Böen die gleiche Resonanzfrequenz wie die Stahlseile haben würden. Sie begannen, wie riesige Gitarrensaiten zu vibrieren, und das ganze Ding fiel in sich zusammen.« Mein Mann ist Schlagzeuger, und Schlagzeuger wissen viel über Resonanzfrequenz. Er arbeitet hart daran, sein Instrument zu stimmen, um den perfekten Ton zu bekommen. »Wenn du deinen Kopf direkt über dieses Schlagzeugfell hältst und in genau der richtigen Höhe summst, beginnt es zu vibrieren!« Er grinst. »Genau wie eine Stimmgabel. Versuch's mal!«

An diesem Abend in der Gemeinde bin ich wie die Brücke – ich erzittere. Ich bin wie das Schlagzeugfell. Gott schlägt einen Ton an und alles in mir beginnt zu summen.

Der Lobpreisleiter und die Sänger haben ihre Bibeln geöffnet und singen Bibelverse. Improvisieren musikalisch und textlich. Weben Lieder und Gebete zusammen, während die Musiker sie wie ein routiniertes Jazz-Ensemble aus dem Stegreif begleiten. Die Atmosphäre ist elektrisiert.

Gebet und Lobpreis zusammen?

Ich habe eifrig versucht, im Gebet zu wachsen, und glaube daran, dass es entscheidend ist, aber wenn ich ehrlich bin, fällt es mir auch ganz schön schwer. Doch das, was ich an diesem Abend miterlebe, ist anders. Ist es möglich, dass man auf eine Weise beten kann, die nicht langweilig, mühsam und anstrengend ist?

Könnte es – Keuch! – vielleicht sogar Spaß machen?

Meine liebe Freundin Shirley, die ganz vorne stehend mitgesungen hat, rennt auf meinen Platz zu.

»Jill!« Sie ruft: »Es ergibt jetzt alles einen Sinn! Du: Lobpreis! Ich: Gebet! Zusammen! Danach haben wir gesucht!« Mir wird klar, dass ich gerade unterbrochen wurde. Gefangen. Gefasst. In diesem Moment schleiche ich mich von dem Berufsweg, den ich mir mühevoll gebahnt habe, und schlüpfe in einen kleinen Seitenweg, der keine Ahnung wohin führt.

Am Ende des Abends gehe ich nach vorne und begrüße die Moderatorin. »Wenn ihr jemals beschließt, hier etwas Ähnliches anzufangen, lasst es mich wissen«, sage ich. »Ich würde mich freuen, mitzumachen.«

Ich fahre nach Hause und berichte meinem Mann Kirk, was ich gesehen, gehört und erlebt habe. Am folgenden Mittwoch gibt es mit demselben Team eine weitere Veranstaltung und dieses Mal geht er hin, während ich auf Hannah aufpasse.

Nun, mein Mann ist eher der nachdenkliche Typ. Er ist ein guter Ausgleich für mich. Oft bin ich diejenige, die Vollgas gibt, und er derjenige, der auf die Bremse steigt. Ich bin gleich Feuer und Flamme und er braucht etwas mehr Zeit, um mit neuen Ideen warm zu werden und Entscheidungen zu treffen. Aber in diesem Fall gibt es keinen Zweifel.

»Jep, du hast recht«, sagt er bei seiner Rückkehr. »Wir müssen dieser Sache weiter nachgehen.«

EINLADUNG

Die Geschichten der Bibel sind voller Beispiele dafür, dass Gott die Hauptfigur unterbricht und sie zu einer inneren wie äußeren Reise mit sich einlädt. Abram darf eine neue Identität annehmen, als Gott zu ihm in 1. Mose 17,5 sagt: »Du sollst nicht mehr Abram heißen, sondern Abraham, denn ich werde dich zum Vater vieler Völker machen.« Er wird außerdem auf eine Reise in ein unbekanntes Land eingeladen, das Gott ihm zu zeigen verspricht. Gideon wird ebenfalls eingeladen: zu einer neuen Identität – »Der Herr ist mit dir, tapferer Held!« (Richter 6,12) – und auf die Mission, seine Unterdrücker zu besiegen. Im Neuen Testament wird Simon eingeladen: zu einer neuen Identität – »Von nun an sollst du Petrus heißen. Auf diesen Felsen will ich meine Gemeinde bauen« (Matthäus 16,18a) – und auf eine Reise mit Jesus, um zu erleben, wie das Reich Gottes aufgerichtet wird.

Können Sie sich an eine Zeit erinnern, als Gott Sie unterbrochen hat? Wie haben Sie darauf reagiert? Wozu könnte Sie Gott mitten in dieser Unterbrechung einladen wollen? Zu welcher neuen Identität oder auf welche Reise mit ihm lädt er Sie vielleicht ein?

Haben Sie schon einmal einen Moment der »Resonanzfrequenz« erlebt? Als Sie sich selbst und der Gegenwart Gottes gegenüber ganz lebendig gefühlt haben und wussten, dass Sie zur richtigen Zeit am richtigen Ort waren und das Richtige taten? Ignatius von Loyola, Priester, Theologe und Gründer der Jesuiten aus dem 16. Jahrhundert, nannte eine solche Erfahrung »Tröstung«.[9] Er stellte fest, dass sie essenziell wichtig ist, wenn wir die Gegenwart und das Wirken Gottes in unserem Leben wahrnehmen wollen.

Die zeitgenössische Autorin und geistliche Begleiterin Margaret Silf beschreibt folgende Merkmale der Tröstung: [10] Sie …

- setzt neue Energie in uns frei.
- ruft neue Inspiration und Ideen hervor.
- stellt das Gleichgewicht wieder her und frischt unsere innere Sicht auf.
- zeigt uns, wo Gott in unserem Leben gerade wirkt und wohin er uns führt.
- richtet unseren Fokus von uns weg über uns selbst hinaus.
- bewegt unsere Herzen, sodass wir Freude und Leid anderer Menschen wahrnehmen.
- verbindet uns enger mit der Gemeinschaft der Menschen.

Denken Sie an einen Moment, in dem Sie eine solche »Tröstung« erlebt haben. Wie waren die Begleitumstände? Wozu könnte Gott Sie durch dieses Erlebnis einladen wollen?

Jesus,
du bist der Weg, die Wahrheit und das Leben. Du siehst mich. Du gibst mir einen Namen und nennst mich dein. Du lädst mich auf Wege des Lebens ein.
Ich entscheide mich heute dafür, meinen neuen Namen zu empfangen und dir zu folgen.

10

WENN DER FRIEDE WEICHT

Ein Mensch kann seinen Weg planen, seine Schritte aber lenkt der Herr.

Sprüche 16,9

Meine Lobpreisleiterkarriere beginnt in der presbyterianischen Kirche. Ich leite nicht den Lobpreis an sich – das ist Aufgabe des Organisten und Chorleiters. Sie nennen meinen Beitrag »vorgottesdienstliche Lieder«. Die Gemeinde möchte gerne Wege finden, um die Jugend miteinzubeziehen. Sie hofft, sie auf diese Weise bei der Stange zu halten. Ich bin ein Teenager mit einer Gitarre und viel Begeisterung. Sie begründen eine neue Tradition, damit es etwas gibt, wo ich mich einklinken kann. Wenn man damals drei oder vier Gitarrengriffe beherrscht, kann man fast alle aktuellen Lieder spielen. Ich bekomme zehn Minuten – ich bin die Anheizerin, bevor der richtige Gottesdienst anfängt.

Als ich später Lobpreis in meiner Baptistengemeinde leite, steige ich zu dreizehneinhalb Minuten auf. Jep. Dreizehn*einhalb*. Strophe, Refrain, Strophe, Refrain, Bridge uuund fertig! Wir stoppen jedes Lied bei der Probe mit der Uhr, um sicherzugehen, dass wir keine Mittagessenkatastrophen verursachen, weil wir den Gottesdienst überziehen.

Immerhin leite ich nun den Lobpreis im eigentlichen Gottesdienst.

Als ich Mitglied der Vineyard-Gemeinde werde, bin ich entzückt. Sie geben mir ganze 45 Minuten! Der Gottesdienst hat seine eigene Form und unausgesprochene Liturgie: schnelles Lied, schnelles Lied, langsames Lied, langsames Lied, schnelles Lied. Das macht mir nichts aus. Weil ich *ganze 45 Minuten* habe! Ich fühle mich wie ein Hund an einer dieser ausziehbaren Leinen, der entdeckt, dass er ganz viel Platz zum Herumstromern hat. Wir können uns an dem Überfluss von Gottes Haus laben, aus den Strömen seines Wohlgefallens trinken und singen und singen und singen …

Wir sind in Kansas City im Gebetshaus und nehmen an einer Konferenz teil, um zu lernen und weiterzukommen. Außerdem haben wir noch ein Vorstellungsgespräch als Gebetsmissionare im Mitarbeiterteam. Als wir in den Gebetsraum gehen, ist der Lobpreis im Gange. Zehn Minuten. Dreizehneinhalb Minuten. 45 Minuten. Ich bin im Himmel.

Nach einer Stunde und zehn Minuten beginne ich, etwas unruhig zu werden, und schaue auf die Uhr. Heiliger Strohsack, die hören ja immer noch nicht auf!

Darum geht es, denke ich. Anhaltendes Gebet. Anhaltender Lobpreis. Die Katholiken nennen es *Laus Perennis* – das beständige Gotteslob. König David beginnt es in seiner Regentschaft und stellt Musiker dafür ab, Gott vor der Bundeslade Tag und Nacht zu dienen. Er sagt:

> Eine einzige Bitte habe ich an den Herrn: Ich sehne mich danach, solange ich lebe, im Haus des Herrn zu sein, um seine Freundlichkeit zu sehen und in seinem Tempel still zu werden.
> *Psalm 27,4*

Im Neuen Testament entzündet sich das Feuer von Pfingsten, weil im Obergemach zehn Tage anhaltend gebetet wird.

Im 5. Jahrhundert nach Christus gibt es byzantinische Mönche namens *Akoimeten* (dt. »Schlaflose«), die in aufeinanderfolgenden Gruppen ununterbrochen das Chorgebet singen. Im 6. Jahrhundert wird das anhaltende Gebet in den Westen exportiert und in St-Maurice in der Schweiz beginnt das *Laus Perennis* und hält bis heute an.

Das erste bekannte protestantische andauernde Gebet wird 1727 von der Herrnhuter Brüdergemeine in Deutschland begonnen, unter der Leitung von Niklaus Graf von Zinzendorf. 100 Jahre *Laus Perennis* entzünden eine Missionsbewegung, die Brüder in die ganze Welt entsendet.

Ein paar Hundert Jahre später lassen sich das *International House of Prayer* in Kansas City, USA, und *24/7-Prayer* in Chichester, England, von Zinzendorf und der Brüdergemeine inspirieren und entzünden die Fackel des Gebets bei Tag und bei Nacht in der protestantischen Welt. Es ist faszinierend, dass diese beiden 24/7-Gebetsinitiativen in der gleichen Woche des gleichen Monats starten, völlig »unabhängig« voneinander. Beide breiten sich extrem schnell aus und werden zu weltweiten Bewegungen.

In Kansas City beendet das Musikteam langsam die zwei Stunden Lobpreis und Anbetung und wird nahtlos von einer anderen Gruppe Musiker ersetzt. Hätten wir unsere Augen geschlossen, würden wir nicht einmal eine Unterbrechung in der Musik bemerken. Anhaltender Lobpreis. Anhaltendes Gebet.

Unsere Reise hierher bestätigt unsere Vermutungen. Ja. Wir sind hierher gerufen. Wir empfinden Frieden und Bestätigung. Sind erwartungsvoll. Wir bewerben uns als Mitarbeiter, spielen für die Lobpreisteams vor und werden genommen. Wir sind offiziell »Musikionare«!

Wir bereiten uns auf den Umzug vor. Ich arbeite Leute in meine verschiedenen Aufgaben in der Gemeinde ein. Wir kümmern uns um die rechtlichen Formalitäten, um mit Hannah das Land verlassen zu können. Kirk kündigt seine Stelle.

Es ist nur noch ein Monat bis zum großen Umzug. Alles ist vorbereitet. Und dann geschieht etwas Unerwartetes. Der Friede, den wir über der Entscheidung hatten, verkrümelt sich. Unruhe macht sich langsam in Kirks Bewusstsein bemerkbar. Er möchte mir nichts davon sagen – wie würde ich mich fühlen? Wir haben so viel in diesen Prozess und die Veränderung investiert.

In Kolosser 3 sagt Paulus: »Und der Friede des Christus regiere in euren Herzen« (Kolosser 3,15; ELB). Das Wort »regieren« ist im griechischen Grundtext ein Begriff aus der Rechtsprechung: Paulus redet von Frieden, der ein Urteil spricht, wie ein Richter. Und in diesem Moment blickt uns der Mangel an Frieden finster von der Richterbank an wie im Nachmittagsfernsehen. »Kein Friede für euch!«

Eines Abends liege ich im Bett, während Kirk am Fußende auf und ab läuft. Aufgewühlt.

»Ich weiß nicht, was der Friede Gottes, der allen Verstand übersteigt, ist, aber das. ist. er. nicht!«, platzt es irgendwann aus ihm heraus.

»Denkst du, wir sollen vielleicht nicht gehen?« Wir sind beide überrascht, wie ruhig wir uns fühlen, als ich es laut ausspreche.

»Wir sollen nicht gehen.«

Irgendwie haben wir uns mitten im Entscheiden, Planen und Umsetzen verirrt. Aber was nun? Nicht nur haben wir keine Brotkrumen-Spur im Wald hinterlassen, wir haben vielmehr den Wald hinter uns niedergebrannt. Wir haben unsere Jobs bereits gekündigt, wurden schon ersetzt. Es gibt keinen Weg zurück. Deshalb tun wir, was alle hochintelligenten, einfallsreichen und geistlichen Leute tun. Wir ziehen uns in unser Ferienhäuschen zurück und schmollen.

Dies ist einer von mehreren Fällen in meinem Leben, wo es scheint, als weise Gott uns eine bestimmte Richtung, leite uns auf einem bestimmten Weg, aber wir landen in einer Sackgasse. »Wenn Gott sich so verhält, möchte ich ihn ›Jahwe Hinterhältig‹ nennen«, sage ich. »Für mich ist das eine Lockvogeltaktik!« Kirk ist weniger emotional.

Doch nur aus dem Blickwinkel dieser Sackgasse sind wir in der Lage, einen Weg nach vorn zu erkennen. Einen Weg, den wir nicht gesehen oder bemerkt hätten, wenn wir uns nie auf die ursprüngliche Reise nach Kansas City begeben hätten.

Während wir in unserem Häuschen sind, ruft mich eine Freundin an. »Mein Pastor trifft sich seit sechs Jahren mit einer Gruppe von Pastoren, um zu beten. Einer von ihnen war kürzlich beim IHOP und sie würden gern ein Gebetshaus im südlichen Ontario aufbauen. Denkst du, ihr könntet sie dabei unterstützen?«

EINLADUNG

Trostlosigkeit ist eine andere geistliche Regung, die Ignatius von Loyola der Kirche nahebrachte. Er sieht Trostlosigkeit vor allem als Werk des Feindes. Die Erfahrung von Trostlosigkeit kann auch ein hilfreicher Hinweis sein – wie eine Warnleuchte auf dem Armaturenbrett im Auto. Etwas in unserem Leben braucht unsere Aufmerksamkeit und es ist an der Zeit, unter die Motorhaube zu sehen.

Margaret Silf macht folgende Kennzeichen aus:[11] Trostlosigkeit …

- führt dazu, dass wir uns vor allem mit uns selbst beschäftigen.
- ist wie eine Negativspirale, die uns immer tiefer in unsere schlechten Gefühle zieht.
- lässt uns das aufgeben wollen, was uns einmal wichtig war.
- ergreift Besitz von unserem ganzen Bewusstsein und macht es uns unmöglich, in die Zukunft zu blicken.
- verdeckt all unsere Wegzeichen (die Erinnerungen an unsere Reise mit Gott bis zu diesem Punkt).
- raubt uns Energie.
- distanziert uns von Gemeinschaft.

Während Tröstung als Person dargestellt werden kann, die ihr Gesicht in die wärmende Sonne hält, kann Trostlosigkeit mit jemandem verglichen werden, der mit dem Rücken zur Sonne steht, auf seinen Schatten schaut und sich davon überwältigt fühlt.

Können Sie sich an ein Ereignis erinnern und es beschreiben, wo Sie Trostlosigkeit verspürt haben? Wie hat sich das angefühlt? Wie sind Sie darüber hinweggekommen? Wie haben Sie durch diese Erfahrung Gottes Wirken erlebt, wenn überhaupt? Was könnte Gott Ihnen mit dieser Erfahrung zeigen wollen?

Jesus,
danke, dass ich dazu gemacht bin, mich der Sonne zuzuwenden.
Wenn ich mich im Schatten gefangen und festgefahren fühle, hilf mir, mich umzudrehen und dich wieder anzusehen.
Hilf mir, sensibel für meine Herzensregungen zu sein, damit ich den Wegen deines Friedens folgen kann.

11

DER TAG, AN DEM DAISY STARB

Als die Sonne untergegangen war, richtete er sich an dem Ort, an dem er gerade war, für die Nacht ein. Er nahm sich einen Stein als Kissen und legte sich dort zum Schlafen nieder. Im Traum sah er eine Leiter, die von der Erde bis in den Himmel reichte. Und er sah die Engel Gottes auf ihr hinauf- und hinabsteigen. Ganz oben stand der Herr und er sprach: »Ich bin der Herr, der Gott deines Großvaters Abraham und der Gott deines Vaters Isaak. Das Land, auf dem du liegst, werde ich deinen Nachkommen geben.«

1. Mose 28-11-13

Craisy Daisy ist fünf Jahre alt, als Gott sie umbringt.

»Auf die Beine, alle Mann!« Die Kinder springen auf. »Oh weh, und wieder runter!« Kichern und Rumsen, als sie sich wieder auf den Boden fallen lassen. »Oh nein – so was aber auch – wieder hoch!« Jetzt lachen sie alle – und hüpfen auf und nieder im fröhlichen Chaos.

»Uuund … im Kreis herum!« Sie drehen sich und wirbeln herum, stoßen dabei miteinander zusammen. Als der Nachmittag vorbei ist, werde ich umringt. Meine Fans purzeln jaulend um mich herum wie ein ganzer Korb voller Welpen. Verschmierte Finger umklammern meinen Reifrock. Meine Taschen werden nach Schätzen durchsucht. Können meine Zöpfe wirklich hüpfen? Ja, schau mal, tatsächlich!

Paulus machte Zelte; ich mache Ballonfiguren. Ich modelliere (natürlich!) meine Namensgeber, also Daisys – Gänseblümchen –, Giraffen und Dackel an der Leine. Ich mache einen fiesen Wikingerhelm, aber Blumenkronen mag ich am liebsten. Die Clownerei stellt sich als perfekte Ergänzung zum Pastorendasein heraus. Totale Albernheit hat eine reinigende Wirkung. Während ich mit den Kindern tanze und singe, entspanne ich mich. Der Stress und die Verantwortung der Gemeindearbeit fallen von mir ab und verschwinden im vergnügten Getümmel. Ich kann mir die Zeit flexibel einteilen und die Bezahlung ist fantastisch. Ich kriege Geld fürs Spielen!

Es ist das Jahr 2001. Kirk und ich haben den Ruf angenommen und erklären uns bereit, bei der Gründung eines Gebetshauses im südlichen Ontario mitzuhelfen. Als Gebetsmissionare müssen wir unseren eigenen Unterstützerkreis aufbauen und Gott in Bezug auf unsere finanzielle Versorgung vertrauen. Ich freue mich auf die Veränderung und schmiede Pläne. Mit der Clownerei werde ich weitermachen und nebenher das Gebetshaus aufbauen. Ich bin zuversichtlich, dass ich mit meiner Selbstständigkeit genug Geld verdienen kann, um uns zu ernähren.

Vernünftig. Logisch und verantwortungsbewusst.

Es gibt nur ein Problem: Ich habe Gott nicht nach seiner Meinung gefragt.

Eines Nachts habe ich einen eindrücklichen Traum.

Durch die gesamte Schrift hindurch sind Träume ein wichtiges Kommunikationsmittel Gottes mit den Menschen. Jakob, der auf einem Stein als Kissen schläft, träumt davon, wie Engel in den Himmel hinauf- und hinabsteigen, und nennt den Ort später Bethel (Haus Gottes – 1. Mose 28,10-22). Im Alten Testament hat Josef Träume, die voraussagen, wie sich sein Leben entwickeln wird

(1. Mose 37,1-11). Im Neuen Testament wird Marias Mann Josef in einem Traum gesagt, dass er Bethlehem verlassen soll, als seine Familie in Gefahr ist (Matthäus 2,13), und er wird dann noch einmal in einem Traum besucht, als er sicher nach Hause zurückkehren kann (Matthäus 2,19-20).

Ich träume nicht oft. Ich kann die Male in meinem Leben an einer Hand abzählen, als ich am Morgen aufgewacht bin und wusste, dass definitiv Gott zu mir im Schlaf gesprochen hat (und dass es nicht nur an der Pizza lag, die ich vor dem Schlafengehen gegessen habe!). Dieser Traum ist einer davon. 18 Jahre später kann ich mich immer noch ganz deutlich an jedes Detail erinnern – er ist auf mein Gehirn tätowiert.

In meinem Traum bin ich *Craisy Daisy* und auf einer Sommerfreizeit. Die Sonne ist warm und eine sanfte Brise kräuselt den nahegelegenen See. Ich bin von einer großen Menge Kinder umgeben und mache für sie Ballontiere. Ohne Vorwarnung kommt die Leiterin des Freizeitgeländes zu mir und sagt: »Sie sind hier jetzt fertig.« Alle zusammen und ohne zu zögern gehen die Kinder weg, springen in Kanus und paddeln davon. Ich werde stehen gelassen und bin etwas durcheinander.

»Folgen Sie mir«, sagt die Leiterin. »Ich bringe Sie zu Ihrem Wagen.« Sie stapft entschieden davon und mangels Alternativen folge ich ihr. Unser Weg führt uns zu einem schmalen Grasstreifen zwischen zwei stark befahrenen Straßen. Autos flitzen in beiden Richtungen an uns vorbei. Das lässt mich die Orientierung verlieren, ich komme ins Schwanken, stolpere und stürze. Am Boden liegend schaue ich hoch – mit Entsetzen sehe ich, wie zwei Flugzeuge vom Himmel fallen. Sie rasen auf mich zu und ich weiß instinktiv, dass sie mich treffen werden. Ich bereite mich auf den Aufprall vor.

Alles wird dunkel und der Traum endet mit einer Radioansage: »Ein Satellit mit 24/7-Gebet ist auf die Erde gestürzt. Das einzige Opfer ist *Craisy Daisy* der Clown.«

Oft haben Träume eine symbolische Sprache und können geheimnisvoll und mehrdeutig sein. Ich bin nicht die Hellste und manchmal ein bisschen langsam, bis ich mir einen Reim auf etwas gemacht habe. Aber diese Botschaft fühlt sich verflixt eindeutig an. Es ist an der Zeit, Daisy auf Wiedersehen zu sagen.

Und nur für den Fall, dass ich es nicht kapiert habe – oder vielleicht nicht gehorchen will –, verletze ich »rein zufällig« ernsthaft meine Stimmbänder. Während der nächsten sechs Monate kann ich nicht ohne Schmerzen sprechen. Ich kann nicht singen und nur noch flüstern. Ich habe keine Lust, eine Pantomimin zu sein (ich finde sie ja ein bisschen gruselig – bei allem Respekt vor dem Beruf). Ohne Stimme ist es unmöglich, dreißig von Zucker aufgeputschte Kleinkinder im Zaum und den Raum unter Kontrolle zu halten. Meine Clownskarriere ist beendet. *Craisy Daisy* ist zum »Großen Clown« ins Jenseits gegangen, wo sie Engelwitze reißen und versuchen kann, ehrwürdigen Heiligen ein Lächeln abzuringen.

Warum bringt Gott den Clown um? Als ich über die Bedeutung meines Traums, meine Stimmbandverletzung und meine Arbeitsunfähigkeit nachdenke, kann ich nur zu einem Schluss kommen: Er möchte, dass ich mich zu einhundert Prozent in die Gründung des Gebetshauses investiere. Ich fühle mich wohl dabei, meine Rechnungen selbst zu bezahlen und mich mit meiner Selbstständigkeit zu finanzieren. Vollzeitmissionarin zu sein, wird meinen Glauben und mein Vertrauen auf Gottes Versorgung extrem herausfordern.

EINLADUNG

Unsere Träume können Fenster zu Offenbarungen oder Fenster zu den Tiefen unseres Herzens sein. In beiden Fällen ist es gut, ihnen Aufmerksamkeit zu schenken. Es kann hilfreich sein, ein Traumtagebuch neben dem Bett liegen zu haben, sodass man Träume sofort aufschreiben kann. Dennis Roy, Hauptleiter des *Red Leaf House of Prayer* in Kanada, empfiehlt die folgenden Leitlinien zur Interpretation von Träumen:

- **Der Heilige Geist schenkt die Auslegung.** Es ist entscheidend, dass der Heilige Geist, der den Traum gibt, auch derjenige ist, der ihn interpretiert. Auslegung heißt nicht, herauszufinden, was der Traum bedeutet. Es heißt, Gemeinschaft mit Gott zu haben, damit er seine Botschaft offenbart. Bei einer echten Auslegung geht das Gefühl von Inspiration und Leben tief im Inneren (Tröstung) mit der Offenbarung einher.
- **Symbole.** Träume nutzen oft eine symbolische Sprache und die Symbole sind häufig sehr persönlich. Man bekommt die Bedeutung von ihnen entweder durch ihre Verwendung in der Bibel heraus oder durch die eigene Geschichte mit Gott – wie er in der Vergangenheit durch bestimmte Symbole zu einem gesprochen hat. Zum Beispiel steht ein Schmetterling für den einen für eine Botschaft der Freiheit, während er für den anderen eine tiefe Wandlung bedeutet. Beides ist richtig!

In ihrem Kurs zum Thema Traumdeutung empfiehlt die Pädagogin Autumn Mann die folgenden Schritte:[12]

- Reduzieren Sie den Traum auf seine einfachste Botschaft. Es kann helfen, dem Traum einen Titel zu geben. Ich habe meinen Traum den »Clown-Töter-Traum« genannt. (Bisschen makaber, oder?)
- Worauf liegt der Hauptfokus? Wer oder was steht im Mittelpunkt? Eliminieren Sie unnötige Details.
- Was ist der Grundton, das vorherrschende Gefühl oder die Hauptrichtung des Traums?

Erinnern Sie sich an einen Traum, der sich besonders stark oder bedeutungsvoll anfühlte? Bitten Sie den Heiligen Geist, Ihnen dabei zu helfen, den Traum zu deuten. Wenden Sie obige Prinzipien an. Bitten Sie Gott darum, Ihnen zu zeigen, welche Einladung der Traum beinhalten könnte.

Jesus,
danke, dass du auf so viele Arten mit uns sprichst. Ich lade dich dazu ein, selbst im Schlaf zu mir zu sprechen.
Wie die Geliebte im Hohelied der Liebe möchte ich sagen: »Ich schlief, aber mein Herz war wach« (Hohelied 5,2).
Gib mir Weisheit, damit ich deine Botschaft verstehen kann.

12

DEN GRUND LEGEN

Wer auf mich hört und danach handelt, ist klug und handelt wie ein Mann, der ein Haus auf massiven Fels baut. Auch wenn der Regen in Sturzbächen vom Himmel rauscht, das Wasser über die Ufer tritt und die Stürme an diesem Haus rütteln, wird es nicht einstürzen, weil es auf Fels gebaut ist.

Matthäus 7,24-25

Regenbäche rinnen mein Gesicht herunter. Ich knöpfe meinen Mantel zu, schlage den Kragen hoch und wappne mich gegen den kalten Nieselregen. Warum habe ich keinen Regenschirm dabei? Vor allem, weil ich beim Verlassen des Hauses den klaren Impuls vernommen habe: *Nimm einen Regenschirm mit.*

Ich war in Eile und habe den Eindruck ignoriert, *die* Stimme. War es eine Stimme?

»Ihr habt ganz viele Stimmen im Kopf«, erinnere ich mich an einen Workshop, den ich kürzlich zum Thema »Auf Gott hören« besucht habe. »Ihr müsst zwischen ihnen unterscheiden. Es gibt die Stimme des Teufels, des Anklägers. Dann sind da eure eigenen Gedanken. Es gibt alte Schallplatten, Dinge aus eurer Vergangenheit, die euer Gehirn immer wieder abspielt. Und dann ist da Gottes Stimme.«

Gottes Stimme. Interessiert er sich für Regenschirme, dafür, dass ich nicht nass werde? Scheint irgendwie banal, finde ich. Gibt es für Gott nicht wichtigere Dinge, über die er mit uns reden will? Ich möchte nicht die Art von Mensch sein, die wie gelähmt vor ihrer Frühstücksauswahl steht. Gott, soll ich einen Bagel essen? Oder Müsli? Oder würden dir heute Eier gefallen?

Eines Tages entschließe ich mich zu einem Experiment. Ich habe einen Abschnitt in Jesaja gelesen und finde die Idee spannend, einmal auszuprobieren, was dort gesagt wird: »Ob dein Weg nach rechts oder links führt, wird eine Stimme hinter dir herrufen und dir ansagen: ›Das ist der richtige Weg, den geh!‹« (Jesaja 30,21).

Ich werde losziehen. Geradeaus gehen, bis ich eine Stimme höre, die mir sagt, dass ich abbiegen soll.

Also gehe ich. Höre. Reagiere auf das, was ich zu hören meine.

Nimm die U-Bahn.

Steig an der Haltestelle »Bloor« aus.

Bieg links ab.

Bieg rechts ab.

Noch einen Häuserblock.

Bieg rechts ab.

Als ich um die letzte Ecke biege, gerate ich in eine große Schar Tauben. Aufgeschreckt fliegen sie auf und die Luft ist von Flügelflattern erfüllt. Sie steigen hoch, strömen auseinander, und hinter ihnen wird eine stattliche Steinkirche sichtbar. Ich schaue auf den Namen und Wiedererkennen durchzuckt mich. Walmer-Road-Baptistengemeinde.

Ich kenne diese Gemeinde und ich war schon einmal hier, allerdings sicher nicht auf diesem umständlichen Weg. Mir war nicht bewusst, dass ich überhaupt in der Gegend bin.

Geh rein.

Ich nehme die Stufen und ziehe an der Eingangstür. Überraschenderweise ist sie offen und ich gehe ins schwach beleuchtete Nebengebäude.

»Jill! Was machst du denn hier?« Meine Freundin Renee steht im Gang und strahlt mich mit einem warmen Willkommenslächeln an.

»Ähm, ich denke, Gott hat mich hergebracht?«

»Das ist ein Witz, oder?«

Wir unterhalten uns großartig. Ich erzähle ihr von meinem Experiment und seinen überraschenden Folgen. Wir beten zusammen. Es fühlt sich wie eine göttliche Verabredung an. In Gedanken versunken und grübelnd gehe ich nach Hause. Ist es wirklich so einfach? Wir müssen nur lauschen, seine Stimme hören und gehorchen?

Solche Fragen beschäftigen mich stark, als wir damit beginnen, die Grundlagen für das Gebetshaus zu legen. Es gibt keine Vorbilder vor Ort, an denen wir uns orientieren, von denen wir uns etwas abschauen könnten. Abgesehen vom IHOP, dem Mutterschiff in Kansas City. Und ich habe keinen blassen Schimmer, wie man das nachmachen kann.

Zunächst einmal liegt es im Bibelgürtel im Mittleren Westen der USA, wo der christliche Glaube noch stark in der Kultur verankert ist. Im Gegensatz zu Kanada, wo wir viel mehr an den Randgebieten leben. IHOP wird von Mike Bickle geleitet – einem untersetzten ehemaligen Boxer mit funkelndem Blick, der einen ganzen Raum mit seinem Charisma füllen kann. Sein Dienst hat weltweiten Einfluss und in seiner Freizeit leitet er eine Megagemeinde. Gleich von Anfang an verfügen sie über Unmengen von Leuten und wahnsinnig viele Ressourcen. IHOP zieht Menschen aus der ganzen Welt an und zum Zeitpunkt unserer Gebetshausgründung scheint die Basis in Kansas City bereits mehrere Tausend Mitarbeiter zu haben.

Wie um alles in der Welt soll ich so etwas aufbauen? Ich habe keine globale Plattform. Keine Megagemeinde. Ich bin quasi unbekannt und unerfahren. Bin nicht Mike Bickle. Nicht mal ansatzweise.

Wie also anfangen?

Ich fange mit Zuhören an, richte alle meine Aufmerksamkeit Richtung Himmel. »Tue nur dann etwas, wenn Gottes Reden vorausgeht«, sagt mir ein Mentor. Ich stolpere über einen Bibelvers, der relevant scheint:

> Wenn der Herr nicht das Haus baut, ist die Arbeit der Bauleute vergeblich. Wenn der Herr die Stadt nicht beschützt, ist es vergeblich, sie mit Wachen zu umgeben.
> *Psalm 127,1*

Meine Frage lautet jetzt: »Herr, was baust du gerade?«

Und zu meiner großen Erleichterung antwortet Gott, als ich hinhöre – zumindest bin ich ziemlich sicher, dass er es ist. Zwei Gedanken fallen in mein Herz und landen mit einem Rumsen. Sie setzen sich in mir fest und werden die Grundsteine, auf die wir bauen.

Zuerst sagt die Stimme: »Um ein Gebetshaus zu bauen, müsst ihr zum Haus des Gebets werden.« Das ergibt einen Sinn im Licht dessen, wie ich die Aussagen der Bibel darüber verstehe, wo Gott zu Hause ist. Im Alten Testament wohnt die Gegenwart Gottes an einem Ort. Im Zelt der Begegnung. In der Stiftshütte. Im Tempel.

Dann kommt Jesus. Der allmächtige Gott, verpackt als Wickelkind. Jesus bezeichnet sich selbst in Johannes 2,19 als Tempel, als er sagt: »Zerstört diesen Tempel, und in drei Tagen werde ich ihn wieder aufbauen.« Am Anfang des Evangeliums sagt Johannes, dass das Wort Fleisch wurde und unter uns »zeltete« (Johannes 1,14; ELB). Gott wohnt in der Person Jesus.

Aber das ist noch nicht alles.

Bei seiner Himmelfahrt und an Pfingsten gibt uns Jesus den Geist, der in uns leben soll. Die Kirche des Neuen Testaments folgert daraus, dass wir dadurch zum Tempel des Heiligen Geistes werden (1. Korinther 6,19-20) – zum Zelt der Begegnung. Wir werden zum Haus des Gebets. Gott wohnt in einem Volk.

Henri Nouwen verpackt es in einfache Worte: Im Alten Testament war Gott für uns. In Jesus war Gott mit uns. Und jetzt ist Gott in uns.[13]

Ich bin ein Haus des Gebets. Und in gewissem Sinne werde ich auch erst zu einem Haus des Gebets gemacht. Klingt spannend! Ich stelle mir vor, wie Jesus in das Haus meiner Seele kommt und es ein wenig aufpeppt. »Hey, lass uns diese Tapete nehmen! Hast du schon mal überlegt, dieses Möbelstück woanders hinzustellen? Hm … Vielleicht sollten wir diese Schränke mal ein wenig ausmisten – die sind langsam ein bisschen übervoll …«

Was mir zu diesem Zeitpunkt nicht klar ist: Gott ist nicht Martha Stewart, die Haushaltsexpertin. Er interessiert sich nicht dafür, Dinge ein bisschen zu verschönern und mir einen coolen, hippen neuen Look zu verpassen. Während der nächsten paar Jahre kapiere ich (auf die harte Tour), dass Gott eigentlich »Das Hausbau-Kommando – Bulldozer-Edition« im Sinn hat. Das ist diese Fernsehsendung, wo sie das Haus einer Familie bis auf die Grundmauern abreißen und dann neu bauen. Die Geschichte der nächsten achtzehn Jahre meines Lebens. Zum Glück weiß ich das nicht vorher!

Das Zweite, was die Stimme sagt: »Man baut ein Gebetshaus einen Mensch nach dem anderen.« Einen Mensch nach dem anderen? *Das* kriege ich hin!

Ich mag Menschen. Alle Arten von Menschen. So ziemlich jeden, dem ich begegne. Ich weiß nicht, warum, aber ich finde Menschen faszinierend und unterhaltsam. Mein introvertierter Mann denkt, dass das komisch ist, aber er nennt meine Gabe liebevoll die »Small-Talk-Salbung«.

Es hat etwas Wunderschönes, Menschen um eine gemeinsame Leidenschaft, eine gemeinsame Sache, eine Person zu sammeln. Es ist wie Perlen auf eine Kette fädeln. Wie Nachbarn, die einen Gemeinschaftsgarten anlegen und zusammenkommen, um etwas Schönes zu erschaffen.

Ich habe meinen Marschbefehl. Meine Anweisungen. Wie baut man ein Gebetshaus? Indem man betet und Freundschaften schließt.

Damit fangen wir an.

EINLADUNG

Jesus sagte: »Meine Schafe hören auf meine Stimme; ich kenne sie, und sie folgen mir« (Johannes 10,27-28).

Wann haben Sie schon einmal gedacht, sie hätten Gottes Stimme gehört? Wie waren die Begleitumstände? Wie hat sich die Stimme angehört? Was haben Sie als Reaktion auf das Gehörte getan? Wie sah das Ergebnis aus?

> Wer auf mich hört und danach handelt, ist klug und handelt wie ein Mann, der ein Haus auf massiven Fels baut. Auch wenn der Regen in Sturzbächen vom Himmel rauscht, das Wasser über die Ufer tritt und die Stürme an diesem Haus rütteln, wird es nicht einstürzen, weil es auf Fels gebaut ist. Doch wer auf mich hört und nicht danach handelt, ist ein Dummkopf; er ist wie ein Mann, der ein Haus auf Sand baut. Wenn der Regen und das Hochwasser kommen und die Stürme an diesem Haus rütteln, wird es mit Getöse einstürzen.
> *Matthäus 7,24-27*

An welchem Haus bauen Sie gerade? Vielleicht an Freundschaften oder der Atmosphäre in Ihrer Familie. Vielleicht an Ihren Bewerbungsunterlagen. Ihrer Lebens- und Dienstphilosophie. Ihrem Team auf der Arbeit.

Fundamente bestimmen die Gestalt und Form dessen, was man baut, und verleihen der Konstruktion Stabilität und Beständigkeit. Wie können Sie das, was Gott zu Ihnen sagt, in Ihr Fundament einbauen?

Jesus,
ich danke dir, dass deine Worte Stabilität und Beständigkeit in mein Leben bringen, dass du noch immer Dinge erschaffst und Form und Gestalt durch dein Wort in die Welt bringst.
Egal, was ich baue: Ich möchte so wie der Apostel Paulus den Grund als erfahrener Baumeister legen.
Daher sprich, Herr, dein Diener hört. Komm und bau dein Haus.

13

PROPHETIEN

Die Liebe soll euer höchstes Ziel sein. Aber bemüht euch auch um die besonderen Gaben, die der Geist zuteilt, vor allem um die Gabe der Prophetie. Wer … prophetisch redet, der hilft anderen, im Glauben an den Herrn zu wachsen, und er ermutigt und tröstet sie.
1. Korinther 14,1.3

Wir gehen zusammen nach oben und raus ins Café. Der Pastor an meiner Seite wendet sich mir mit feuchten Augen zu. »Es ist nicht zu beschreiben, was da unten gerade passiert ist, außer dass Gott im Raum war«, sagt er.

»Die prophetischen Worte für dich, sind die zutreffend?«, frage ich.

Er nickt.

»Das freut mich sehr. Noch wichtiger: Hast du dich sicher und angenommen gefühlt?«

Seit siebzehn Jahren beten wir für und mit Pastoren. Jede Woche. Wir beginnen mit einer Stunde Lobpreis, dann folgt eine Stunde Fürbitte für die Leiter unserer Stadt. Zur dritten Stunde laden wir einen der örtlichen Pastoren ein, dazuzukommen. »Würden Sie es hilfreich finden, wenn ein Team, das Sie nicht kennt, für Sie betet?«, frage ich. »Menschen, die sich außerhalb Ihres unmittelbaren Kontexts befinden?«

Unser Gebetsteam ist erfahren und hat sich bewährt. Wir haben unsere Methoden – einen geheimen Code. Wenn wir für einen Pastor beten, der nicht besonders charismatisch ist, sage ich bei der Vorstellung zum Team: »Wir werden jetzt ein wenig Zeit damit verbringen, mit Pastor so und so auf Gott zu hören …« Auf diese Weise weiß das Team, dass es das, was es hört, ein wenig herunterspielt und bei der Übermittlung vorsichtig ist. Kein: »So spricht der Herr«. Eher ein: »Es dünket uns«. Und Bibelverse – viele Bibelverse. Wenn ich allerdings weiß, dass der Pastor sich bei charismatischen Ausdrucksformen des Glaubens eher wohlfühlt, sage ich: »Jetzt prophezeien wir über Pastor so und so.« Auf diese Weise weiß das Team, dass sie einfach Gas geben können. Und das tun sie! (Sie verwenden immer noch viele Bibelverse!)

Wir nehmen das Gebet für Pastoren ernst – es ist eine Aufgabe, die wir von Gott gleich zu Beginn des Gebetshauses empfangen haben.

In fast jeder religiösen Tradition wird die Geburt eines Kindes von einer Namensgebungszeremonie begleitet. Bei der Beschneidung seines Sohnes erklärt der Priester Zacharias: »Sein Name ist Johannes!« (Lukas 1,63).

Eine Gemeinschaft des Gebets ist in ihrer Anfangsphase wie ein Kind, das einen Namen bekommt und Gott geweiht wird. Sie ist wie ein kleines Küken, das aus dem Ei schlüpft. Diese erste Zeit entscheidet über unsere Prägung und das, was wir von Gott her empfangen. Gott kann mit einem Wort formen und benennen, wer wir sind, und so unsere Kern-DNA festlegen und uns auf einen Kurs setzen, der Jahre, und in unserem Fall Jahrzehnte, bestehen bleibt.

Ein Prophet aus Kansas City hält eine Reihe von strategischen Gebetsversammlungen für die Region ab. Einer unserer Freunde lädt dazu ein und wir wollen unbedingt hören, was der Herr vielleicht durch ihn zu unserem Baby-Gebetshaus sagen will. Er spricht und sieht aus wie ein Redneck, inklusive Knollnase, Arkansas-Akzent und weitem karierten Oberhemd mit Fransenärmeln. Wir versammeln uns um ihn wie ein Rudel Hunde, das begeistert auf das Quietschen des Dosenöffners reagiert. Wir hängen an jedem seiner Worte. Hungrig.

»Und Jillians Aufgabe ist es, dass Pastoren, die eigentlich sterben sollen, leben können. O Mann, das ist wirklich so. Da sind Männer, die dabei sind, zugrunde zu gehen. Was du hier und jetzt tust, wird den Unterschied zwischen Leben und Tod ausmachen. Ich glaube, dass du zwischen echtem Tod und Leben, aber auch geistlichem Tod und Leben stehen wirst.« Er zieht die Vokale in die Länge. »Du scheinst unglaublich jung für diese Art von Auftrag.«

Er mustert mein 30-jähriges Ich und wir lachen alle, wenn auch etwas nervös.

»Früher hatte man nachts Gänse auf den Stadtmauern, keine Menschen, da man sich an Gänse nicht einfach heranschleichen konnte. Fürbitter sind wie Wildgänse. Sie fliegen in V-Formation. Wenn die Fürbitter sich hinter dir oder jemand anderem Gesalbtem einreihen, ist das wie eine Speerspitze. Es hat Kraft und wird einschlagen. Das ist ein Bild für diese junge Frau.« Er deutet auf mich. »Du bist die Speerspitze. Du bist der Rammbock. Normalerweise ist eine weise Mama-Gans vorne – ein erfahrenes Tier, das den Weg kennt.«

Ich fühle mich nicht wie eine weise Mama-Gans. Oder eine Speerspitze. Wie ein Rammbock übrigens auch nicht. Und ich fühle mich ganz bestimmt nicht wie jemand, der den Unterschied zwischen Leben und Tod ausmacht. Aber ich weiß, dass Gott uns mit seinen Worten formen und einen Namen geben kann und, wie es in Römer 4,17 heißt, »ins Dasein ruft, was vorher nicht war«.

Die Aufgabe ist gegeben. Der Kurs gesetzt. Wir beginnen, für Pastoren zu beten.

Prophetische Worte, die wir zu Beginn des *Greater Ontario House of Prayer* (GOHOP) empfangen, setzen nicht nur den Kurs, sondern geben uns auch Sicherheit, wo wir uns unsicher fühlen.

»Jill, ich hatte einen intensiven Traum über dich und das GOHOP.«

Meine Freundin und Mitverschwörerin Denni und ich sitzen bei einem Kaffee zusammen.

»Darf ich ihn dir erzählen? Ich habe gesehen, wie du auf weitem, aber trockenem, dürrem Land standest. Es war so trocken, dass sich überall tiefe Risse und Spalten gebildet hatten. Du hattest einen Spaten in der Hand und wolltest graben, aber der Boden war zu hart und widerspenstig. Ich habe gesehen, wie sich der Himmel über dir öffnete, und habe den Rat des Himmels sprechen hören. Die Stimmen sagten: ›Sie ist gekommen, um tiefer zu graben und den Grund für neue Saat vorzubereiten. Sie ist frustriert, weil sie das falsche Werkzeug für diese Bodenbedingungen hat. Gebt ihr einen Kreuzpickel. Zuerst muss der Boden aufgebrochen werden, bevor er für weitere Arbeiten bereit ist.‹ Ich habe dich dann mit dem Kreuzpickel dastehen sehen. Der Herr sagte: ›So wie der Kreuzpickel zwei Spitzen hat, hat sie eine doppelte Salbung.‹

Ich hatte den Eindruck, dass diese doppelte Salbung Elisas Bitte widerspiegelt: Es ging ihm nicht um eigenen Ruhm oder geistlichen Ehrgeiz. Vielmehr kannte er den geistlichen Zustand, er wusste, dass sein Volk und sein Land vor allem ein stärkeres übernatürliches Eingreifen brauchten.«

Zunächst habe ich natürlich keine klare Vorstellung davon, was Dennis Traum bedeutet. Aber als sich unser Gebetshaus-Start-up entwickelt, wird es immer klarer. Und als alles um uns herum ins Wanken gerät und scheinbar auseinanderfällt, werde ich von diesen Worten zusammengehalten und für die weitere Reise gestärkt.

EINLADUNG

Die Liebe soll euer höchstes Ziel sein. Aber bemüht euch auch um die besonderen Gaben, die der Geist zuteilt, vor allem um die Gabe der Prophetie. Wer … prophetisch redet, der hilft anderen, im Glauben an den Herrn zu wachsen, und er ermutigt und tröstet sie.
1. Korinther 14,1.3

Jemand betet oder prophezeit über Ihnen. Ist es Gott, der hier spricht? Wie prüft man ein prophetisches Wort, bewertet es oder ordnet es ein? Ich schlage drei Tests vor:

- Stimmt es mit dem Wort Gottes überein? Ein prophetisches Wort würde niemals dem Wort Gottes, wie es in der Bibel offenbart ist, widersprechen.
- Entspricht es dem Wesen und Charakter Jesu gemäß den Aussagen der Bibel?
- Empfinden Sie, dass es in Ihrem Inneren »bezeugt« wird? Oft bestätigt ein prophetisches Wort das, was Gott bereits in unser Herz gesprochen hat. Manchmal spricht es von etwas Neuem, was Gott in unserem Leben tun will. Haben Sie inneren Frieden über das, was gesagt wurde?

Wenn es die Tests nicht besteht, können Sie das Wort einfach verwerfen. Wir prophezeien alle »stückweise«, sagt die Schrift (1. Korinther 13,9), und diejenigen, die über uns beten, sind alle menschlich und fehlbar. Zumindest können wir anerkennen, dass sie das Risiko eingegangen sind und versucht haben, uns zu ermutigen.

Wenn das Wort den Test »besteht«, können die folgenden Dinge hilfreich sein:

- **Schreiben Sie es irgendwo auf**, wo Sie es zu gegebener Zeit wiederfinden können. Vielleicht in Ihrem Handy, Tagebuch oder in einem speziellen Ordner. Wenn ich weiß, dass jemand über mir prophezeien wird, nehme ich es mit der Diktiergerätfunktion meines Handys auf, verschriftliche es später und übernehme es in mein Tagebuch. Ich gehe dann regelmäßig meine Tagebücher durch, um einen Überblick zu bekommen, wie Gott vielleicht zu mir sprechen will und wie diese Worte in meinem Leben Wirklichkeit werden können.
- **Teilen Sie das empfangene prophetische Wort** gläubigen Freunden, Mentoren, einem geistlichen Begleiter oder Pastoren mit, damit sie ihren Rat, ihre Weisheit und ihre Erkenntnisse dazu an Sie weitergeben können.
- **Beten Sie.** Das Prophetische ist »das Sprungbrett in das Becken des Gebets«[14], sagt der prophetische Lehrer Marc Dupont. Beten Sie über Ihren eigenen prophetischen Worten und denen anderer, beschäftigen Sie sich mit ihnen. Sie sollen Ihre Fürbitte beflügeln.
- **Seien Sie wachsam.** Halten Sie die Augen offen, wie Gott das Wort vielleicht in die Tat umsetzen möchte.

Jesus,
es ist so gut, dass du nicht nur in der Bibel sprichst, sondern dass du auch heute noch durch deine Leute sprichst.
Danke für alle Erbauung, Ermahnung und allen Trost, den ich durch Gebete und die Worte anderer empfangen habe.
Sprich auch weiter in unsere Gemeinschaften hinein, Herr.
Wir hören.

14

EIN TEURES JA

Wer würde mit dem Bau eines Hauses beginnen, ohne zuvor die Kosten zu überschlagen und zu prüfen, ob das Geld reicht, um alle Rechnungen zu bezahlen? Sonst stellt er vielleicht das Fundament fertig, und dann geht ihm das Geld aus. Wie würden ihn da alle auslachen! Sie würden sagen: »Das ist der, der mit dem Bau eines Hauses angefangen hat und dann nicht genug Geld hatte, es fertigzustellen!«

Lukas 14,28-30

Denn Christus ist mein Leben, aber noch besser wäre es, zu sterben und bei ihm zu sein.

Philipper 1,21

Der Gebetsraum ist in einem ehemaligen Theater untergebracht und in Schwarz gehalten. Schwarze Wände. Schwarze Decke. Er würde beklemmend wirken, wären da nicht die Fenster in der Vorderwand und die Tatsache, dass er drei Stockwerke hoch ist. »Er ist wie eine Gebärmutter«, sagt einer unserer ehrenamtlichen Mitarbeiter.

»Ja, eine Gebärmutter mit Aussicht«, witzele ich zurück.

An der Längsseite gibt es Nischen, die jeweils eine Gebetsanregung oder Aktivitäten verschiedener Art beinhalten – Gebet für Kinder, für die Stadt. Die Nische zu »Gebet für die Ernte« enthält eine große Weizengarbe und einen Scheffelkorb voller Gemüse. Es gibt sogar ein Brautgemach: ein kleiner abgegrenzter Bereich, der in Weiß gehüllt ist, umgeben von einem Weinspalier. Drinnen steht eine Couch, wo sich die Leute hinsetzen und ausruhen können. Vorne im Gebetsraum ist ein Podium für gemeinsamen Lobpreis und Gebet.

Ein schwarzer Theatervorhang trennt uns vom angrenzenden Postraum. Ich höre von drüben das »Stampf, Stampf, Stampf« der Postmaschinen und einen dumpfen Refrain von Bob Marley im Radio, der mir sagt, dass ich mir um nichts Sorgen machen muss.

Mittlerweile gibt es das Gebetshaus seit zwei Jahren und ich bin allein in einem leeren Gebetsraum.

Wieder einmal.

Mein Herz in mir ist zusammengeschnürt, meine Gebete ein unverständliches Seufzen.

Unsere Familie ist kaputt. Das Gebetshaus hat keine Mitarbeiter und hat in großer Zahl Freiwillige verloren. Es gibt Auseinandersetzungen in Bezug auf Leitungsfragen und mit lokalen Gemeinden. Persönliche gesundheitliche Herausforderungen. Kirk und ich gehen gereizt miteinander um.

Das war nicht der Plan.

Das Gebetshaus startet so vielversprechend. Uns werden Räumlichkeiten im *Crossroads Centre* angeboten, Heimat von Kanadas größtem christlichen TV-Sender. Es ist ein Zentrum für christliches Leben und christlichen Dienst, ein ausgedehnter Komplex mit Studios und Büros inklusive Sicherheitsdienst rund um die Uhr. Der perfekte Brutkasten für ein Gebetshaus. Der Gründer David Mainse, ein im Land anerkannter und respektierter Leiter, bringt uns unglaubliches Wohlwollen entgegen. Er veranstaltet sogar ein Frühstück für uns, damit wir das Gebetshaus örtlichen Pastoren mit seiner warmen Empfehlung vorstellen können. Zu unserer großen Freude tauchen um die 70 Leiter aus dem ganzen südlichen Ontario auf.

»Wir werden es das *Golden Horseshoe House of Prayer* nennen, kurz GOHOP«, verkünde ich. *Golden Horseshoe* ist der Name für die Gegend, die das Westufer des Lake Ontario umgibt. Es ist eine riesige Metropolregion bestehend aus mehreren Städten und die Heimat von ungefähr neun Millionen Menschen. Wir werden sie im Gebet abdecken. Kein Problem.

Hinten im Raum hebt ein Pastor die Hand. »Wir sind in Guelph, also außerhalb von Golden Horseshoe, und wir möchten uns auch einbringen. Könntet ihr es anders nennen? Vielleicht Greater Ontario?« Auf diese Weise erblickt GOHOP das Licht der Welt.

Wir beginnen mit viel Begeisterung und Unterstützung. Ein Team vom Gebetshaus in Kansas City kommt vorbei und Hunderte Leute versammeln sich für eine Seminarwoche. Von den Hunderten tragen sich 70 willige Seelen für regelmäßige Schichten im Gebetsraum ein.

Die Gebetsbewegung hat drei Feinde: die Welt, das Fleisch und den Teufel. Als wir eines Tages ein anderes Gebetshaus in Albany, New York, besuchen, bemerke ich ein Schild am Eingang: »Der Kampf besteht darin, überhaupt mit dem Beten zu beginnen.«

Bereits früh im Leben vom GOHOP stoßen wir auf drei Probleme. Nummer 1: unsere Liebe zu Neuem. Wir halten ständig Ausschau nach dem Neuen, das uns auf die nächste Ebene bringen wird. Ist doch biblisch, oder? »Seht hin; ich mache etwas Neues«, sagt der Herr in Jesaja 43,19. »Seht ihr es nicht?« Der Moment, in dem der Reiz des Neuen vorbei ist, ist der Moment, in dem die echte Arbeit beginnt.

Mike Bickle hat einmal gesagt: »Ich brauche keine Turnierpferde für das Gebetshaus. Ich brauche Arbeitspferde.« Es hat seinen Grund, warum der Apostel Paulus oft um Geduld und Ausdauer für die Gemeinden bittet. Als erfahrener Baumeister, der den Grund für das Werk Gottes in einer Stadt legt, weiß er, was nötig ist. Pionierarbeit erfordert die Bestellung des Landes – Baumstämme und

Steine wegräumen, harten Boden auflockern. Es ist schwere Arbeit, verursacht manchmal Rücken- oder Herzschmerzen, ist oft monoton und stumpfsinnig.

Was passiert also, wenn wieder eine Neuheit aufkommt – ein weiterer Dienst oder ein weiteres Projekt, das zu versprechen scheint, dass es uns auf die nächste Ebene bringen wird? Wir sind wie kleine Kinder, die Fußball spielen – alle miteinander rasen wir planlos dem Ball hinterher. Wir wollen alle da sein, wo etwas passiert, aber haben noch nicht gelernt, unsere Position zu halten.

Das zweite Problem hat mit dem ersten zu tun. Es ist nicht weiter schwer, Gebet auf unsere To-do-Liste zu setzen, aber gar nicht so leicht, auch dabei zu bleiben. Unsere Freiwilligen haben gute Absichten. Tja, aber das Leben ist stressig …

Aus siebzig werden fünfzig.

Aus fünfzig zwanzig

Und aus zwanzig zehn.

Schließlich ist unser Team auf stabile zwei Personen geschrumpft.

Und dann ist da Problem Nummer drei: Egal, was wir nun genau unter geistlichem Kampf verstehen, würden wohl die meisten von uns darin übereinstimmen, dass wir von Zeit zu Zeit etwas erleben, was ich »geistlichen Widerstand« nenne. Im Epheserbrief heißt es:

> Denn wir kämpfen nicht gegen Menschen aus Fleisch und Blut, sondern gegen die bösen Mächte und Gewalten der unsichtbaren Welt, gegen jene Mächte der Finsternis, die diese Welt beherrschen, und gegen die bösen Geister in der Himmelswelt.
>
> *Epheser 6,12*

In diesen ersten paar Jahren fühlt es sich an, als wäre da eine ganze Reihe von geistlichen Einheiten, die gegen uns aufmarschieren. Kaum haben wir erfolgreich widerstanden und die eine niedergekämpft, klatscht sie auch schon eine andere ab, die dann in den Ring springt.

Alles, was schieflaufen könnte, läuft schief. Komplett schief. Wir sind zerschrammt, wund und völlig ermattet.

Was mich zu der Tatsache zurückbringt, dass ich in einem leeren Gebetsraum stehe. Mit einem Herzen, das sich anfühlt wie zusammengeschnürt. Ohne Worte betend, weil ich nicht einmal mehr weiß, was ich beten soll.

Herr, wenn wir immer arm sein werden …

Wenn sich uns niemand anschließt …

Wenn wir ständig in Konflikte verwickelt sind …

Wenn wir weiterhin missverstanden und übersehen werden …

Wenn es nicht von Erfolg gekrönt scheint und wir nicht die erhofften Gebetserhörungen erleben …

Wenn es uns alles kostet, was wir haben …

In diesem Moment spüre ich, wie Gott mich nackt auszieht. Mein ganzer Idealismus, meine großen Erwartungen und meine äußeren Antreiber fallen zu Boden und bilden einen Haufen zu meinen Füßen. Ich atme tief ein.

Ich bin immer noch dabei. Denn am Ende des Tages ist er es wert. Er ist würdig, ist es wert, dass ein Wohlgeruch, dass Gebet bei Tag und bei Nacht an diesem Ort aufsteigt.

Laut Bob Marley, der hinter dem Vorhang säuselt, wird alles gut werden – *everything is gonna be alright*. Ich bin mir nicht sicher, ob ich ihm glaube. Aber ich bin mir sicher, dass ich trotzdem dabeibleiben werde.

In 2. Samuel 24 steht der Fürbitter König David für das Volk Israel vor Gott. Hier die JÜ (die Jill'sche Übertragung) dieses Ereignisses:

David: Hey Arauna, ich möchte deine Tenne kaufen. Gott hat mir gesagt, dass ich da ein Opfer bringen soll, sonst sind unsere Leute geliefert.

Arauna: Kaufen? Du kannst sie umsonst haben! Ich leg sogar noch die Rinder und das Feuerholz drauf!
David: Auf keinen Fall, Arauna. Ich muss dafür zahlen. Warum sollte ich dem Herrn ein Opfer bringen, das mich nichts kostet?

Warum sollte ich dem Herrn ein Opfer bringen, das mich nichts kostet?

Es ist ein teures Ja. Die Art von Ja, die sich als Tür zu innerer Freiheit herausstellt, als ich über die Schwelle stolpere.

Ein paar Jahre später bin ich mit einer Gruppe von Pastoren in Uganda. Wir sind eingeladen, an einer theologischen Ausbildungsstätte zu lehren. Es ist ein fünfmonatiger Kurs, speziell für Pastoren aus abgelegenen Dörfern, die sich eine normale Bibelschule nicht leisten können. »Sie kommen überwiegend aus dem Kongo«, sagt Anne, die Leiterin. »Manche laufen hierher. Edgar ist elf Tage durch den Busch gewandert, um teilnehmen zu können.«

Das Schulgelände befindet sich in einem staubigen, labyrinthartigen Viertel von Kampala. Das Klassenzimmer ist eine große, gestreifte Plane, die über einem Metallrahmen hängt. Die Schüler sitzen auf Plastikstühlen und balancieren Notizblöcke auf ihren Knien. Dahinter ist eine Gasse, über die aufgehängte Wäsche gespannt ist, und ein höhlenartiger Schlafraum, in dem die Studenten auf einfachen Bänken schlafen.

Als wir ankommen, unterrichtet Pastor Kitumbe die Studenten gerade auf Lingala, der einheimischen Sprache. Er ist groß und dünn. Sehr, sehr dünn. Seine Hosen schlottern sehr locker um seine Hüften. Ich habe ein wenig Sorge, dass er sie verlieren könnte, wenn er sich zu schnell bewegt. Sein Hemd ist gebügelt, schimmernd und blütenweiß, so wie ich es mittlerweile von den Ugandern kenne, denen ich begegnet bin. Ich habe keine Ahnung, wie sie das machen, leben sie doch in Blechhütten mit Lehmböden, wo roter Staub an allem haftet. Aber sie tragen weiß blitzende, perfekt gebügelte Hemden.

»Pastor Kitumbe ist ein echter Verfechter des Evangeliums«, sagt Anne, unsere Ansprechpartnerin, während sie uns vom Klassenzimmer über das Grundstück zu ihrem Haus führt. »Seine Gemeinde ist zu arm, um ihn zu bezahlen, daher schläft er jede Nacht auf einem Tisch in der Kirche. Sie geben ihm etwas zu essen, wenn sie können.« (*Nicht genug*, denke ich.) »Aber er sieht es als Privileg, ein Diener des Evangeliums zu sein. Es ist ein kleines Opfer, das er bringen muss.

Nach seiner Unterrichtsstunde werden die Studenten von ihren Einsätzen berichten. Sie waren gerade drei Wochen in abgelegen Dörfern unterwegs. Wir bringen sie dorthin, sie fangen an zu beten und zu evangelisieren und nach drei Wochen erwarten wir, dass eine Gemeinde gegründet wurde.«

Wir trinken süßen, milchigen Tee bei Anne und unterhalten uns weiter. Nach der Pause kehren wir ins Klassenzimmer zurück, um die Einsatzberichte zu hören. Die Pastoren Kamuntu und Mwyseige schreiten stolz nach vorne. »Sie haben uns also im Dorf abgesetzt und unsere Gastgeber zeigen uns die Hütte, wo wir schlafen werden. Wir beten die ganze erste Nacht und beginnen dann am nächsten Tag zu evangelisieren. Etwas später am Tag sagen sie uns: ›Ihr könnt nicht mehr in der Hütte schlafen! Ihr stört die Geister!‹, aber wir schlafen in dieser Nacht trotzdem dort. Mitten in der Nacht schmeißt jemand einen großen Stein in die Hütte! Preis den Herrn!«

Die Augen von Pastor Kamuntu blitzen und er grinst breit. »Der Stein verfehlt uns, deshalb bleiben wir weiter in der Hütte.«

Sein Kamerad stimmt ein. »Dann haben sie zu uns gesagt: ›Ihr kriegt von uns nicht dreimal täglich zu essen. Nur zweimal.‹ Also dürfen wir fasten! Preis den Herrn!«

Preis den Herrn? Für Beinahezusammenstöße mit Steinen und Essensentzug? Statt eingeschüchtert zu sein, sind diese Pastoren vielmehr begeistert. Ihre Klassenkameraden johlen, klatschen und trampeln, als sich die beiden wieder zurück auf ihre Plätze begeben.

Ich verlasse Uganda mit einer ganz neuen Sicht auf Gehorsam, der etwas kostet. Die Opfer, die diese Pastoren zu bringen bereit sind, um Gott zu gehorchen und sein Werk zu tun, und ihre Freude angesichts von Entbehrung machen mich demütig und ernüchtern mich. Was mir hilft, als ich endlich zum Zahnarzt gehe, nachdem ich es acht Jahre lang vermieden habe. »Sie haben elf Löcher«, sagt er. »Wir haben hier ein paar Tausend Dollar Zahnsanierung vor uns.« Ein paar Tausend Dollar? Er könnte auch gleich eine Million sagen. Wenn wir es schaffen, die Miete zu zahlen, Essen zu kaufen und unsere Autoversicherung zu begleichen, ist das ein Monat, in dem es uns gut geht.

Am Sonntag, nachdem ich die schlechten Nachrichten erhalten habe, stehe ich am Ende des Gottesdienstes ganz vorne. Überfordert. Es ist ein unlösbares Problem. Dann wird mir klar: Was, wenn weiter Gebetsmissionarin zu sein bedeutet, dass ich die Zahnbehandlung nicht machen lasse? Ich habe viele Freunde in meiner Nachbarschaft, deren Grinsen große Lücken zieren. Mich mit ihnen solidarisch zu machen – heißt das, dass ich ihr Zahnschicksal teilen muss? Der Gedanke lässt mich erschaudern.

Dann erinnere ich mich an den Einsatz der Pastoren, die ich in Uganda getroffen habe – ihre Bereitschaft, auf Komfort, Sicherheit und Wohlbefinden zu verzichten. In diesem Moment breitet sich tief in mir die Bereitschaft dazu aus. Wenn mit der Arbeit im Gebetshaus weiterzumachen bedeutet, dass ich meine Zähne verliere, dann sei es so. Preis den Herrn!

Ich überantworte mich Gott im Gebet und Freude sprudelt in mir hoch. Die gleiche Art von Freude, die ich in meinen ugandischen

Brüdern und Schwestern gesehen habe, als sie sangen und tanzten, mit vollem Körpereinsatz.

Eh Yembela Yesu oyo! (O lasst uns für Jesus singen!)

Eh azali malamu, atonda bolingo Nzambe oyo. (Denn er ist gut, dieser Gott ist voller Liebe.)

Oh kumisa masaya eh! (O lasst uns den Herrn preisen!)

EINLADUNG

Während der Machtergreifung der Nazis in den frühen 1930er-Jahren trat der deutsche Theologe Dietrich Bonhoeffer Hitler und seinem Regime offen entgegen. Er verließ Deutschland im Jahr 1939 und siedelte in die USA über, doch bedauerte er diesen Entschluss schon bald.

»Diese schwierige Epoche unserer nationalen Geschichte muss ich bei den Christenmenschen Deutschlands durchleben. Ich habe kein Recht, an der Wiederherstellung des christlichen Lebens in Deutschland nach dem Kriege mitzuwirken, wenn ich nicht die Prüfungen dieser Zeit mit meinem Volk teile.«[15] Er kehrte nach Deutschland zurück und verlor in der Folge 1945 sein Leben in einem Konzentrationslager der Nazis.

> Teuer ist [solche Gnade], weil sie in die Nachfolge ruft, Gnade ist sie, weil sie in die Nachfolge Jesu Christi ruft; teuer ist sie, weil sie den Menschen das Leben kostet, Gnade ist sie, weil sie ihm so das Leben erst schenkt … Teuer ist die Gnade, weil sie den Menschen unter das Joch der Nachfolge Jesu Christi

zwingt, Gnade ist es, dass Jesus sagt: »Mein Joch ist sanft und meine Last ist leicht.[16]

Dietrich Bonhoeffer

Lesen: Lesen Sie das Zitat Bonhoeffers laut und langsam. Welche Worte oder Sätze sprechen Sie an?

Reflektieren: Denken Sie über diese Worte oder Sätze nach. Wo finden Sie sich in dem, was Bonhoeffer vor Gott zum Ausdruck bringt, wieder?

Reagieren: Welche Reaktion könnte Gott sich auf das, was er in diesem Abschnitt hervorhebt, wünschen? Wozu lädt er Sie ein?

Jesus,
ich bin überwältigt davon, wie du Stellung, Ansehen und Macht loslässt, auf alles verzichtest und dich in meiner Zerbrochenheit und meinem Leiden zu mir stellst.
Herr, möge ich vor deiner Art des sozialen Abstiegs nicht zurückschrecken.
Warum sollte ich dir opfern, was mich nichts kostet?

15

RABEN

Dann sprach der Herr zu Elia: »Geh von hier weg und ziehe nach Osten und versteck dich am Bach Krit, der zum Jordan fließt. Trink aus dem Bach. Den Raben habe ich befohlen, dich zu versorgen.« Elia machte sich auf und tat, was der Herr ihm befohlen hatte, und blieb am Bach Krit, der zum Jordan fließt. Die Raben brachten ihm morgens und abends Brot und Fleisch und er trank aus dem Bach.

1. Könige 17,2-6

Ich öffne den Schrank. Da stehen ein Glas Dijonsenf und eine Schachtel Maisstärke, ein Rest Erdnussbutter und zwei Scheiben Brot. Also gut, dann gibt es ein Erdnussbuttersandwich – natürlich ohne Senf. Ich bereite Hannahs Mittagessen vor, stecke es in ihre Schultasche und schicke sie mit einer Umarmung los zur Schule. Auf die Frage, ob entweder ich oder Hannah zu essen bekommen, ist die Antwort klar.

Kirk und ich sind beide Vollzeit-Gebetsmissionare und wir haben keinen finanziellen Plan B, auf den wir zurückgreifen können. Wir leben ziemlich einfach. Vielleicht bekommen wir nicht immer, was wir wollen, aber in der Regel doch das, was wir brauchen. Bisher war Gott treu – wir konnten jeden Monat die Miete bezahlen und haben noch nie unfreiwillig gefastet. Bis heute.

Na ja, denke ich, als ich zur Arbeit trotte, *es* ist *ein Dienst des Fastens und Betens!*

Als ich im Gebetshaus ankomme und die Tür zu meinem Büro öffne, erwartet mich eine freudige Überraschung. Auf meinem Schreibtisch steht eine Tüte mit selbst gebackenen Muffins. »Die Raben! Die Raben haben mir Muffins gebracht!« Ich erinnere mich an Gottes übernatürliche (und beflügelte) Versorgung Elias und lege direkt an Ort und Stelle ein vergnügtes Tänzchen hin. Zu Mittag mampfe ich begeistert Muffins. Die besten, die ich je gekostet habe. In all unseren Jahren beim GOHOP gab es nur diesen einen Tag, an dem wir überhaupt nichts mehr zu essen hatten. Und nur einen Tag, an dem ein anonymes Essenspaket auf meinem Schreibtisch hinterlassen wurde.

Ich finde, dass die Herausforderungen des Lebens aus Glauben voller Ungereimtheiten und gleichzeitig amüsant sind. Im bekannten »Visionsgedicht« von Pete Greig heißt es: »Sie essen Kaviar am Montag und Brotrinde am Dienstag, sie merken noch nicht einmal den Unterschied.«[17] Ich kann nicht sagen, dass ich den Unterschied nicht merke. Die Gegensätze machen mich manchmal schwindelig.

Montag: Reis mit Bohnen, wir suchen unter den Couchkissen nach Münzen. Iiihhh, wann haben wir hier zum letzten Mal geputzt?

Dienstag: Welch Überraschung, ich fliege nach Dublin zu einem Einsatz!

Ich kann Geschichte um Geschichte von Gottes gnädiger Versorgung unserer Arbeit erzählen, vor allem wenn es um unsere nationalen und internationalen Gebetseinsätze geht.

Es beginnt folgendermaßen: In Quebec City findet über ein langes Wochenende eine landesweite Versammlung von Gebetsleitern statt. Ich werde dort erwartet, aber am Tag, bevor ich abreisen soll, habe ich kein Bargeld mehr. Im Laufe des Nachmittags schauen zwei

Leute in meinem Büro vorbei und ich habe plötzlich genug Geld für eine Zugfahrkarte.

»Kathy, was soll ich tun?«, frage ich eine unserer Gebetsmissionarinnen. »Ich habe genug, um hinzukommen, aber kein Geld für ein Hotel oder Essen, geschweige denn die Konferenzgebühr!«

»Du hast Geld für eine Zugfahrkarte«, sagt sie. »Nimm den Zug!«

»Also, das Worst-Case-Szenario sieht so aus«, denke ich laut nach. »Ich nehme den Zug nach Quebec City, sitze in der Konferenzhotellobby, faste ein bisschen und schlafe … keine Ahnung, wo.« Es ist April und in Kanada heißt das, dass es ein bisschen zu kühl ist, um auf einer Parkbank zu nächtigen. »Aber wenn ich all das tue, gefalle ich ihm, oder?« Ich denke da an Hebräer 11,6: »Ihr seht also, dass es unmöglich ist, ohne Glauben Gott zu gefallen.« Hm, was, wenn auch das Gegenteil zutrifft: dass Glauben den Himmel zum Lächeln bringt?

»Ist stimmig für mich«, grinst sie.

Ich bin mir nicht sicher, ob Kathy meine glaubensvolle Logik gefällt oder ob sie sich über die Vorstellung von meinem sinnlosen Unterfangen amüsiert.

»Super! Also her mit der Zugfahrkarte.«

Ich mag den Gedanken: Ihm zu gefallen, indem ich etwas tue, das normalerweise ein bisschen verrückt, unsinnig wirkt – sogar ein bisschen unverantwortlich. Nur weil ich glaube, dass er möchte, dass ich es tue. Ich überschlage das Ganze noch mal gedanklich, und egal, von welcher Seite ich es betrachte, ich kann nur gewinnen. Im schlimmsten Fall, selbst beim totalen Griff ins Klo, werde ich eine gute Geschichte zu erzählen haben!

Am nächsten Tag springe ich, verrücktes Huhn, das ich bin, in einen Zug. Mir ist ganz schwindelig vor Aufregung vor dem Abenteuer. Ich bin neugierig und erwartungsvoll. Was wird Gott tun? Gott verschwendet keine Zeit und meine erste Überraschung ist, dass einer meiner Kollegen nur ein paar Stationen später zusteigt. Er ist auch auf dem Weg nach Quebec. »Jill! Wie schön, dich zu sehen!«

Wir haben neun Stunden, um uns zu unterhalten, und ich kämpfe damit, ob ich ihn in die Einzelheiten meines Abenteuers einweihen soll oder nicht. Wenn ich es jemandem sage, schummele ich dann? Fühlt derjenige sich verpflichtet zu helfen? Verzerre ich das Ergebnis?

Mein Dilemma löst sich, als mein Freund sagt: »Hey, mein Kumpel und ich fahren im Auto zurück – warum gibst du nicht deine Rückfahrkarte zurück und kommst mit uns mit?« Wow! Versorgung! Zumindest teilweise.

Als wir in Quebec City ankommen, lasse ich mir meine Rückfahrkarte auszahlen und steige den Hügel zum Veranstaltungsort hoch. Ich habe jetzt das Geld, um teilzunehmen, und ein bisschen mehr Glauben, dass sich auch die anderen Dinge regeln werden.

»Ich würde mich gern anmelden.« Das Begrüßungsteam hat sich in der Hotellobby aufgebaut.

»Klar. Wie heißt du?«

»Jill Weber.«

»Ah, Jill, ja, du bist schon angemeldet. Hier ist dein Zimmerschlüssel. Und dein Essenspass.«

Moooment. Zimmerschlüssel? Essenspass?

»Äh, ich glaube, Sie verwechseln mich mit jemand anderem! Jill Weber, mit einem B. Ich bin vom GOHOP.«

»Ja, hier steht dein Name. Scheint, als ob jemand deine Kosten beglichen hat, aber ich kann hier nicht sehen, wer das war. Ich wünsch dir eine schöne Konferenz!«

Ich muss grinsen und begebe mich in mein Hotelzimmer. Ich bin mit nichts außer ein wenig Chuzpe losgefahren und bin jetzt hier, alles ist bezahlt und ich habe noch 200 Dollar zusätzlich in der Tasche! Ich kann spüren, wie Gottes Lächeln herunterstrahlt, das Wohlgefallen des Himmels.

»*Gib das überzählige Geld weg*«, sagt *die* Stimme. War ja klar, dass er das sagen würde.

Meine Tochter Hannah ist künstlerisch veranlagt und macht in ihrer Kindheit eine, wie ich sie liebevoll nenne, »Zombie-Periode« durch, ganz ähnlich Picassos Kubimus-Phase. Die Menschen in ihren Zeichnungen sind gekritzelte Kreise mit Strichbeinen und riesigen dunklen Augen. Zombiemäßig oder nicht, diese Bilder sind kostbar, und stolz hänge ich sie an den Kühlschrank.

Das hier fühlt sich irgendwie so ähnlich an. Meine zögerliche, zitternde, halb glaubensvolle Reaktion auf Gottes Einladung, ein Risiko einzugehen, ist wie dieses kindliche Gekritzel. Und ich bin sicher, dass es irgendwo im Himmel ein Bild von mir an einem Kühlschrank gibt.

EINLADUNG

> Ihr seht also, dass es unmöglich ist, ohne Glauben Gott zu gefallen. Wer zu ihm kommen möchte, muss glauben, dass Gott existiert und dass er die, die ihn aufrichtig suchen, belohnt.
> *Hebräer 11,6*

Mein ehemaliger Pastor Bob Warriner sagt: »Glaube ist das, was man tut, um Gott zu zeigen, dass man das glaubt, was er sagt.«

Wann hat Gott Sie zum letzten Mal zu einem Glaubensschritt herausgefordert – dazu, ein Risiko einzugehen und als Reaktion auf sein Wort etwas zu versuchen, was über Ihre eigenen Ressourcen und Fähigkeiten hinausging?

Wenn wir ehrlich sind, ist das bei den meisten von uns wahrscheinlich schon eine Weile her – oder kam noch nie vor. Was hält Sie davon ab, Risiken einzugehen? Denken Sie darüber nach und halten Sie in einem Tagebuch fest, wie Ihre Hürden diesbezüglich aussehen. Nachdem Sie sie aufgeschrieben haben, halten Sie sie Gott hin und bitten Sie um seine Hilfe dabei, stark wie Daniel (Daniel 10,19) zu sein.

Wenn es um risikofreudige Offenheit gegenüber Gott geht, ist eine der Schwierigkeiten, dass wir uns zu sehr auf bestimmte Ergebnisse fixieren. Wir haben eine ziemlich genaue Vorstellung davon, wie der positive Ausgang einer Situation aussehen sollte, und sind immer noch sehr auf unser eigenes Wohlergehen und unsere eigene Sicherheit aus. Was würde es konkret heißen, wenn Sie Ihre vorgefasste Meinung über und Ihre Fixierung auf den bestimmten Ausgang einer Situation loslassen würden? Was würde geschehen, wenn Sie stattdessen Ihr Herz neu ausrichten, damit die Herrlichkeit Gottes Ihr vorrangiges Ziel und Ihre vorrangige Absicht werden, unabhängig vom Ergebnis?

Jesus,
ich danke dir für das Versprechen, dass es dem Vater große Freude macht, uns das Reich Gottes zu schenken.
Ich möchte dir in jeder Hinsicht gefallen, Frucht in jedem guten Werk bringen und in der Erkenntnis deines Wesens wachsen.
Schenk mir die Gnade, dass ich aus meiner Komfortzone heraustrete, wenn du mich rufst, Risiken eingehe und dich unendlich viel mehr tun sehe, als ich je bitten oder auch nur hoffen könnte.

16

LEBEN IM NEST

Wie ein Adler, der seinen Jungen das Fliegen beibringt, über ihnen schwebt und sie auffängt, seine Schwingen ausbreitet und sie auf seinen Flügeln in die Höhe trägt, so führte der Herr sie; er allein, ohne fremde Götter.

5. Mose 32,11-12

Nachdem unser Gebetshausteam bis auf den Kern zurückgestutzt worden ist, beginnt es langsam wieder zu wachsen. Unsere Säulen sind die drei Musketiere Denni, Kathy und Karen, die zahllose Stunden im Gebetsraum verbringen. Sie werden von Freiwilligen der örtlichen Gemeinden unterstützt. Eines meiner Lieblingsgebetstreffen nennen wir »Mummy-Hop«. Mütter bringen ihre Kinder mit und erleben eine tolle Zeit, in der sich Gebet für Familien und Bewegungslieder abwechseln.

Richard, ein Pilger aus England, findet uns im Internet und fliegt zu uns, um für neun Monate bei uns mitzumachen. Er komponiert elektronische Musik und bringt seine Anlage mit; webt Klanglandschaften für uns, zu denen wir beten können. Eine unserer früheren Freiwilligen, Phyllis, kommt nach einigen Jahren im IHOP zurück nach Kanada und schließt sich uns begeistert an. Dann gerät Tim in unsere Umlaufbahn. Er ist jung, ein frischer, feuriger Typ mit einem Herz für Erweckung, der sich sofort tief ins HOP-Leben begibt und Stunde für Stunde damit verbringt, Lobpreis zu machen und die Bibel zu meditieren. »Es ist besser als eine Bibelschule«, stellt er fest.

Das *Crossroads Centre* ist der perfekte Brutkasten für unser Baby-Gebetshaus. Verborgen in den verwinkelten Ecken einer christlichen Festung, wie man sie nennen könnte, fühlen wir uns, als seien wir in Gottes Brusttasche verstaut. Wir haben Unterstützung und Sicherheit, Komfort und leichten Zugang zum erweiterten Leib Christi.

Nach ungefähr acht Jahren fragen wir uns jedoch, ob Komfort und Sicherheit das sind, was Gott langfristig für uns will. »Adlerneste sind ziemlich gemütlich«, höre ich einen Prediger aus der Gegend sagen. »Die Äste und Zweige sind verwoben, verschlungen, um eine Art Wiege zu bilden. Sie sind mit Vogelflaum, Federn und anderen weichen Materialien ausgepolstert. Doch wenn das Nest so bleibt, erreichen die Adlerjungen nicht ihre nächste Reifephase. Wenn es zu bequem ist – warum sollte man es dann verlassen? Wird man die ganze Zeit gefüttert, welche Motivation hat man dann, draußen für sich selbst zu sorgen? Schließlich beginnt die Adlermutter, das Nest aufzustören. Zerrt alle Federn und den Flaum heraus. Bringt die Stöcke und Äste durcheinander. Schafft seltener Essen herbei. Das Nest wird unwirtlich und motiviert so die Aderjungen, fliegen zu lernen.«

Zunächst werden unsere Herzen aufgestört. Unsere Vision für das Gebetshaus geht über das, was wir im Moment erleben, hinaus. Wie können wir das GOHOP für mehr Menschen zugänglich machen? Ist das hier der beste Ort für unsere nächste Lebens- und Dienstphase? Wir spüren, dass Veränderung in der Luft liegt, aber können noch nicht genau sagen, wie sie genau aussehen wird.

Dann wird auch das tatsächliche Nest aufgestört.

»Es tut uns so leid«, sagen die Leute von *Crossroads*. »Wir benötigen mehr Platz, deshalb müsst ihr euch etwas verkleinern.« Zunächst halbieren sie unseren Raum und nutzen die andere Hälfte als Lager. Dann lassen sie uns in ein deutlich kleineres Zimmer in einer anderen Ecke des Gebäudes umziehen. Ein Lagerschrank, der ungefähr die Größe eines begehbaren Kleiderschranks hat, befindet sich neben dem Gebetsraum. »Können wir den frei machen und unser Büro hineinverlegen?«, fragen wir.

»Es spricht eigentlich nichts dagegen.«

Sie wollen uns gern helfen, möchten, dass wir uns auch in dem verkleinerten Raum zu Hause fühlen.

Wir sind für ihre Bereitschaft, uns zu beherbergen, und ihren Wunsch, uns weiter im Gebäude zu haben, dankbar, aber es wird immer enger. Wir spüren, dass unsere Tage hier gezählt sind.

Ich mache eine Liste.

»Gott, ich möchte, dass unsere nächste Räumlichkeit an der Straße liegt, mit dem Bus und für Passanten erreichbar. Und ich möchte von einer Gruppe Pastoren eingeladen werden, die zusammenarbeiten. Ich möchte, dass wir etwas machen, was mit Jugendlichen zu tun hat. Und ich möchte weiter keine Miete zahlen.«

Bevor die Tinte auf meiner Liste getrocknet ist, sitze ich auch schon meinem Freund Pastor Bob gegenüber, der die ökumenische Pastorengruppe in der nahe gelegenen Dorfgemeinde Waterdown leitet. »Könnte sich das GOHOP vorstellen, umzuziehen? Wir haben ein Haus, das wir in den nächsten Jahren zu einem evangelistischen Jugendzentrum umbauen wollen. Die Pastoren hier würden sich freuen, wenn der Boden mit Gebet getränkt ist, bevor wir bauen.

Es liegt direkt an der Ecke von einer der Hauptkreuzungen. Eines der oberen Zimmer soll ein Büro für die Jugendarbeit werden, aber abgesehen davon könnt ihr das ganze Haus nutzen, mietfrei.«

Ha! An der Straße. Die richtige Einladung. Jugendliche. Und keine Miete! Vier von vier!

»Danke für das Angebot. Es ist sehr … interessant und kommt uns gelegen. Wir werden darüber beten und uns dann wieder melden.«

Genau aufs Stichwort kontaktieren uns wieder die Leute von *Crossroads.*

»Es tut uns so leid«, sagen sie. »Wir brauchen noch mehr Platz. Wir finden das, was ihr macht, wirklich toll, aber leider haben wir hier keinen Raum mehr für euch.«

Ich lache in mich hinein. »Überhaupt kein Problem. Wir haben schon etwas anderes.« Zeit für die Adlerjungen zu fliegen.

Wir ziehen in unsere neue, wenn auch befristete Heimat in Waterdown. Das Haus ist hübsch und gemütlich und wir haben es für ein paar Jahre ganz für uns – so lange, bis Baugenehmigungen und ausreichende Gelder bereitstehen, um es abzureißen und das Jugendzentrum zu bauen. Wir richten uns ein, streichen und dekorieren, hängen Vorhänge auf, errichten Gebetsstationen und fangen an, die Christen im Umfeld zum Beten zu mobilisieren.

Es erinnert ein wenig an Elias Situation in 1. Könige 17. Er verbirgt sich an einem Bach und der Herr versorgt ihn täglich. Er kann aus dem Flüsschen trinken und Raben bringen Brot und Fleisch, morgens und abends. Doch als es Zeit für Elias neue Aufgabe wird, Zeit, weiterzumachen, trocknet der Bach aus und zwingt ihn zu gehen. Er verlässt die Sicherheit täglicher Versorgung und macht einen Schritt hinein in ein viel risikoreicheres Unterfangen.

Einige Jahre später erblickt die »Live-Nestkamera« das Licht der Welt. Webcams werden neben Adlernesten installiert, damit neugierige Menschen online zuschauen und Geburt und Entwicklung der Adlerjungen mitverfolgen können. Jetzt, wo wir direkt in die Nester blicken können, entdecken wir, dass das Phänomen der Adlereltern, die das Nest aufstören, in Wahrheit ein Mythos ist.

Mythos hin oder her, unsere Gemeinschaft wurde aufgestört und ist bereit zum Fliegen. Zeit für Veränderung.

EINLADUNG

Doch nach einer Weile trocknete der Bach aus, denn im Land fiel kein Regen mehr. Da sprach der Herr zu Elia: »Steh auf…«
1. Könige 17,7-9

In diesen Versen aus 1. Könige lesen wir, wie sich Elia in der Wildnis versteckt. Er wird gut versorgt – Gott gibt ihm Essen mithilfe von Raben und Wasser aus einem Bach. Als es Zeit wird, weiterzugehen, trocknet der Fluss aus und Gott spricht; er gibt Elia Anweisungen für die nächste Phase seiner Arbeit.

Die meisten von uns mögen Vorhersagbarkeit, tägliche Routine, Versorgung und Struktur. Mitten im üblichen Einerlei kann es sehr leicht sein, auf Autopilot zu schalten.

Dann verschließt sich uns eine Tür. Finanzen werden knapp. Beziehungen verändern sich. Ist es geistlicher Kampf? Die Mühsal eines Lebens auf einem gefallenen Planeten? Oder will Gott uns auf eine Veränderung aufmerksam machen?

- Befinden Sie sich in einer Situation, wo Ihr Nest aufgestört wird oder Ihr Bach ausgetrocknet ist? Nehmen Sie sich ein paar Minuten Zeit, um die Situation in Ihrem Tagebuch aufzuschreiben und darüber nachzudenken.
- Ist es möglich, dass Gott vielleicht Ihre Aufmerksamkeit erregen und Ihnen zeigen will, dass jetzt Schluss mit Normalbetrieb ist?
- Welche Reaktion könnte Gott sich von Ihnen mitten in dieser Übergangsphase wünschen? Welche Veränderungen könnten

möglich sein? Welche neuen Richtungen erkundet werden? Nehmen Sie sich Zeit, um zu hören, zu beten und in Ihr Tagebuch zu schreiben.

Jesus,
ich danke dir für jede Art und Weise, auf die du mich unterstützt, versorgst, führst und leitest.
Du bist der Gott, der den Bedrängten Geborgenheit schenkt, der aber auch die Geborgenen bedrängt. Ich heiße sowohl deine Geborgenheit als auch deine Bedrängnis willkommen.
Hilf mir, mit dem Wechsel der Jahreszeiten, mit deinen unerwarteten Einladungen zu rechnen, und schenke mir die Bereitschaft und den Mut, Ja zu sagen.

17

WENN DER PULLI PASST

Durch Christus, den Eckstein, werdet auch ihr eingefügt und zu einer Wohnung, in der Gott durch seinen Geist lebt.
Epheser 2,22

Meine beste Freundin aus der Schule und ich sind völlig unterschiedliche Einkaufstypen. Sie ist eine Schmetterlings-Shopperin. Lässt sich von Laden zu Laden treiben, flattert zwischen den Kleiderständern herum. Landet kurz in einer Abteilung, geht langsam das Angebot durch, bevor sie zu einer anderen fliegt.

Ich hingegen bin eine Falltürspinne – rein und schnapp. Ich warte auf den genau richtigen Moment, stürze schnell rein, ergreife meine Beute und lege einen schnellen Rückzug hin. Dementsprechend bin ich ein bisschen gereizt, als wir auf unserer Suche nach *dem* perfekten Pulli im fünften Geschäft gelandet sind.

»Was denkst du?« Deanna zieht ein Exemplar aus dem Regal, hält es an sich hoch und streicht es an ihrem Oberkörper glatt, während sie in den Spiegel blickt. Definitiv ein Kandidat. Flauschig, ohne »verlours-ig« zu sein. Velours ist Mitte der Achtziger noch in Mode, obwohl viele von uns langsam das Gesicht verziehen und die Nase rümpfen. Ein blasses Pink. Großartige Farbe für Deanna – sie ist der Typ Hübsch in Pink, etwas schmollmundige Barbiepuppe«. Stupsnase und Haare, die federn wie bei den Mädels in den Wiederholungen von *Charlie's Angels*.

Ich bin der rundliche und berüschte, leicht verrückte, hippiemäßige Typ Mutter Erde. Der Typ »lange Röcke, Wollsocken und Birkenstock«. Sie ist eine Elbin. Ich bin ein Hobbit. Und ich möchte um alles in der Welt sein wie sie. »Ich probier ihn mal an.« Deanna hüpft in die Umkleidekabine und kommt kurz darauf wieder heraus, der Inbegriff von pinkem, flauschigem Liebreiz. Ja, es ist wirklich *der* perfekte Pulli.

»Ich denke, das ist der Sieger!« Sie lächelt verzückt. »Ich schau nur noch dahinten in der Ecke, ich glaube, ich sehe ein Paar Socken, die dazu passen könnten.« Als sie auf der Suche nach *den* perfekten Socken hinwegschwebt, bleibe ich beim Pulliregal und befühle das flauschige Material. Er ist wirklich wunderschön. Und warum nicht? Ich werde ihn anprobieren. Vielleicht können wir aufeinander abgestimmte Pullis tragen! Wie zwei Hälften eines Freundschaftsmedaillons, die Erklärung unserer ewigen Freundschaft. Pullischwestern!

Ich schlüpfe in die Umkleidekabine und ziehe ihn über den Kopf.

Im Spiegel schaue ich mich von oben bis unten an. Spiegel machen fünf Kilo schwerer, oder? Genauso, wie wenn man im Fernsehen ist. Ich ziehe den perfekten Pulli über meine rundliche Mitte. Hm, vielleicht eine Nummer größer? Er hat einen runden, tiefen Ausschnitt und mein großzügiger Busen fühlt sich gefährlich ungeschützt an. Kann ich ihn ein bisschen hochziehen? Und das Pink, das Deannas Wangen hübsch erröten ließ, lässt mich einfach nur leicht gelblich aussehen. Würg.

Tja. Nee. Lieber nicht.

Als es das GOHOP ungefähr acht Jahre gibt, fühlt es sich fast so an, als wären wir unbeholfene Teenager, die vor einem Spiegel stehen und an ihrem Pullisaum ziehen. Wir mögen einige Aspekte der geistlichen DNA, die wir vom *International House of Prayer* übernommen haben: Bibelstellen beten, die Verbindung von Gebet und Lobpreis, Jesus im Zentrum und, für manche von uns, eine Berufung zu einem Lebensstil des Gebets. Dennoch merken wir, dass das IHOP-Modell nicht so zu uns oder unserem Kontext passt, wie wir es gehofft haben. Der Pulli passt unserem Körper nicht und schaut nicht so gut aus, wenn wir ihn anhaben.

Mit der Zeit sind wir frustriert und entmutigt. Wir scheinen nicht mehr als eine Handvoll Musiker zusammenstoppeln zu können, geschweige denn Hunderte Mitarbeiter, die nötig sind, um Lobpreis und Gebet bei Tag und bei Nacht dauerhaft befeuern zu können. Die Sehnsucht nach mehr, nach etwas anderem, regt sich in uns.

Wir versammeln gern charismatisch geprägte Christen, möchten aber ein vollständigeres Abbild des Leibes Christi erleben, das zum Gebet für die Stadt zusammenkommt. Wir möchten, dass sich unsere presbyterianischen Freunde im Gebetsraum genauso wohlfühlen wie unsere pfingstlerischen. Wir wollen, dass alle mehr beten, und sind nicht sicher, wie wir ihnen helfen können.

Wir würden uns gern stärker im Bereich Mission und soziale Gerechtigkeit einbringen, unseren Gebeten Hände und Füße geben. Wir fragen uns, wie wir eine Form finden können, die für die ärmeren Gesellschaftsschichten Bedeutung hat und zu der sie einen Zugang finden. Frustriert und voller Sehnsucht beginnen wir, uns nach anderen Modellen umzusehen, nach Lebensstilen und Gemeinschaften, die Gebet, Mission und soziale Gerechtigkeit im Zentrum haben.

Und da stoßen wir auf 24/7-Gebet, Andy Freeman und das Buch *Punk Monk.*

Es ist der erste Abend der weltweiten 24/7-Gebetskonferenz in Dublin. Ich verstecke mich hinter einer Säule des Restaurants und beobachte die schwatzende Menge. Ich kenne niemanden. Keinen einzigen Menschen. Aber ich habe eine Mission. Es gibt genau eine Person im Raum, die ich treffen muss.

Nervös gehe ich auf eine freundlich aussehende Unbekannte zu. »Ähm, ich suche nach Andy Freeman. Könntest du ihn mir zeigen?«

»Klar, er ist gleich da drüben.« Sie deutet mit dem Finger auf jemanden. »Ziegenbärtchen und Brille – du kannst ihn nicht verfehlen.«

Einige Minuten lang beobachte ich meine Beute von Weitem, dann nehme ich meinen Mut zusammen und lege mir meine Annäherungsstrategie zurecht. Langsam rüber zu seinem Tisch schlendern. *Lass es ganz zufällig aussehen.* Meine Handflächen sind schweißnass.

Der Wortwechsel ist kurz. »Ähm, hi, ich bin Jill. Ich leite ein Gebetshaus in Kanada. Dein Buch *Punk Monk* war echt hilfreich für uns – hat uns sehr beeinflusst. Wollte nur Danke sagen.« Ich möchte auch ungefähr eine Million andere Dinge sagen, aber ich bin schüchtern und unbeholfen, genau wie er. Also lade ich mein kleines Danke ab und mache dann schnell die Biege.

Es ist meine erste 24/7-Gebetskonferenz und auch mein erstes Mal in einem gemischten Schlafsaal mit Stockbetten in einer Jugendherberge. Zu meiner großen Erleichterung füllt unsere kleine kanadische Pilgerschar das Zimmer schon fast ganz aus. Mit Fremden in einem Raum zu schlafen, vor allem männlichen Fremden, steht nicht gerade ganz oben auf meiner Wunschliste. Ich bin die Sorte »Früh-ins-Bett-früh-aus-den-Federn«-Mädchen, daher lege ich mich in eines der unteren Betten in einer Ecke, sobald ich mich von der Abendveranstaltung verdrücken kann.

Während ich eindöse, öffnet sich die Tür, und in ihrem Rahmen wird die Silhouette eines Unbekannten sichtbar. Mit Entsetzen wird mir klar, dass es sich *nicht* um einen Unbekannten handelt, und blitzartig ziehe ich mir die Decke über den Kopf und drücke mich möglichst eng an die Wand. Ich bin nicht bereit, Andy Freeman im Schlafanzug und verstrubbelter Bettfrisur zu begrüßen.

Ich verstecke mich für den Rest der Nacht, suche dann, in den frühen Morgenstunden, meine Kleider zusammen und schleiche raus, damit ich mich vorzeigbar machen kann.

»Hey Jill, alles klar?« Ich sitze in der Cafeteria des Hotels und halte eine Tasse furchtbaren Kaffee in den Händen, als Andy ein paar Stunden später hereinspaziert. Toast und noch mehr schlechter Kaffee helfen uns dabei, unsere Befangenheit zu überwinden, und meine Geschichte purzelt langsam aus mir heraus. Ich erzähle ihm von meiner Frustration. Den Sehnsüchten unserer Gemeinschaft. »Dein Buch, Andy, ist genau das, nach dem wir gesucht haben. Wir haben es vor einer Weile entdeckt und lesen es nun gemeinsam als Gruppe.«

Ungefähr zur gleichen Zeit, als wir das GOHOP starten, beginnen Andy, sein Kumpel Wardie und eine Handvoll anderer Möchtegern-Mönche über dem Großen Teich in England ein Experiment. »Können wir eine neue klösterliche Gemeinschaft gründen, bei der Gebet, Mission und soziale Gerechtigkeit im Mittelpunkt stehen?«, fragen sie sich. *Punk Monk* ist die Gründungsgeschichte des Boiler Room in Reading, der ersten Gebetsgemeinschaft von 24/7. Es erklärt nicht nur das Was, sondern, was für uns sehr hilfreich ist, auch das Warum und das Wie. In dem Buch lernen wir eine gemeinsame Lebensregel kennen – einen Lebensstil, der eine ganze Gemeinschaft um die geistlichen Disziplinen Gebet, Kreativität, Lernen, Mission, Barmherzigkeit, Gerechtigkeit und Gastfreundschaft versammelt.

Wir sind ausgehungert und es fühlt sich an, als hätte Andy uns ein Kochbuch und einen Haufen Lebensmittel überreicht. Unser GOHOP-Team will unbedingt mit dem Kochen loslegen. Ich will nicht lügen – wir werden ein bisschen improvisieren, den Geschmack unserem Kontext und unserer einzigartigen Rollenbesetzung anpassen.

EINLADUNG

Wir besuchen eine Gemeinde, deren Ausdrucksform der Anbetung unser Herz singen lässt. Wir sind bei einer Freundin zum Mittagessen und staunen über die Schönheit ihrer Tafel und die fabelhaften Speisen. Jemand schreibt den intelligentesten und umfassendsten Bibelkommentar, den wir je gelesen haben!

Wenn man etwas Außergewöhnliches zum Vorbild hat, ist man schnell versucht, es reproduzieren zu wollen. Nachahmung ist die höchste Form der Anerkennung, oder?

Es gibt da aber ein Problem: Das Königreich Gottes vergibt keine Lizenzen.

Und wenn wir versuchen, die Gabe von jemand anderem auszuleben, unsere Organisation zum Abbild von etwas zu machen, was wir besucht oder in einer christlichen Zeitschrift gelesen haben, laufen wir Gefahr, zu scheitern oder enttäuscht zu werden.

Gott hat uns nicht dazu berufen, das Leben von jemand anderem zu leben. Er hat uns dazu berufen, unser eigenes zu leben. Er hat uns nicht dazu berufen, die Gemeinschaft von jemand anderem nachzubilden, sondern mit ihm gemeinsam unsere eigene zu bauen: »Denn das Reich Gottes ist mitten unter euch«, sagte Jesus in Lukas 17,21.

- Im Leben oder im Dienst für Gott – tragen Sie im übertragenen Sinne den Pulli von jemand anderem? Wie passt er?
- Wie könnten Sie ihn auftrennen und etwas stricken, das besser passt? Welche einzigartigen Gaben und Geschenke hat Gott Ihnen, welche Ihrer Gemeinschaft gegeben? Wie könnten Sie in Ihrem Kontext Gestalt annehmen?

- Von wem lernen Sie derzeit? Büchern, Predigern, Podcasts? Wie können Sie das neu Gelernte umsetzen, indem Sie innovativ werden, statt zu imitieren?

Jesus,
ich danke dir, dass du mich für gute Werke geschaffen hast; Werke, die du für mich vorbereitet hast, noch bevor ich geboren wurde.
Bitte vergib mir, wo ich versucht habe, das Leben von jemand anderem zu leben statt mein eigenes. Ich empfange das Geschenk meiner selbst und die Gabe meiner Gemeinschaft.
Zeig uns die Geschichte, die du mitten unter uns schreibst, damit wir sie uns zu eigen machen und dein einzigartiges Wort für die Welt sein können.

18

PRESBYANGLIBAPTIKATHO-MATISCH

Der menschliche Körper hat viele Glieder und Organe, doch nur gemeinsam machen die vielen Teile den einen Körper aus. So ist es auch bei Christus und seinem Leib. Einige von uns sind Juden, andere Nichtjuden; einige sind Sklaven, andere frei. Aber wir haben alle denselben Geist empfangen und gehören durch die Taufe zum Leib Christi. Auch der Körper besteht aus vielen verschiedenen Teilen, nicht nur aus einem.

1. Korinther 12,12-14

Meine Sehnsucht nach einer Gemeinschaft des Gebets mit breiter, überkonfessioneller Reichweite kommt nicht überraschend. Ich bin eine geistliche Promenadenmischung – na ja, eigentlich ein richtiger Straßenköter. Die Neigung zur Ökumene liegt mir im Blut. In meinen frühen Glaubensjahren erlebe ich Jüngerschaft in überkonfessionellen Schul- und Universitätskreisen. Von Anfang an lerne und wachse ich mit Christen aller Couleur. Ich wasche auf anglikanischen Freizeiten Füße und treffe mich mit mennonitischen Jungs.

»Also, zu dieser Sache mit dem Pazifismus: Wenn mich jemand mitten auf der Straße angreift, würdest du dir dann einen Kampf liefern, um mich zu verteidigen?«, frage ich.

»Nee«, antwortet er grinsend.

Ich nenne mich selbst eine PresbyAngliBaptiKatholiMatikerin. Zunächst wurde ich als Baby getauft. Und dann als Erwachsene. Ich wurde sogar dreimal getauft.

»Das ist dein Taufkleid.« Mum hält ein winziges, elfenbeinfarbenes Kleidchen in die Höhe. Es ist kunstvoll bestickt. Sieht aus wie für eine Babypuppe. Ich strecke meine Hand aus, um das Material zu berühren. Es kräuselt sich unter meinen Fingern – glatt, leicht steif vom Alter, zerbrechlich. Es wirkt im Verhältnis zu seiner Größe unverhältnismäßig lang und Teile davon sind vergilbt, haben Stockflecken.

»Alle deine Cousins wurden in diesem Kleid getauft. Auch dein Bruder.« Tim? In einem Kleidchen? Ich grinse, während ich versuche, mir meinen kleinen Bruder in Frauenkleidung vorzustellen. Nur blöd, dass es keine Fotos gibt, mit denen ich ihn erpressen kann.

Meine Eltern sind keine richtigen Anglikaner – damals waren sie eigentlich nur Weihnachts- und Oster-Kirchgänger. Aber sie haben in einer anglikanischen Kirche geheiratet und offensichtlich wurden Tim und ich dort auch getauft.

Später, mit 18, besuche ich meine Cousins in den Staaten. Sie sind Evangelikale, die Art von Christen, die riesige Bibeln im Haus herumliegen lassen – Bibeln voller Notizen und bunt unterstrichenen Passagen. Sie sagen ständig »Amen«, lächeln unentwegt und besuchen viele Gemeindeveranstaltungen. Mein neu gefundener Glaube freut sie und sie fragen mich: »Bist du getauft? Du weißt schon, so richtig getauft, nachdem du deinen Glauben bezeugt hast?« So richtig getauft? Ich bin mir nicht sicher. Ich beschließe, mich noch einmal taufen zu lassen, nur für den Fall, dass die erste Taufe nicht gezählt hat. Doppelt hält besser.

Am nächsten Sonntag befinde ich mich im Kellergeschoss einer Gemeinde mit mehreren anderen Taufanwärtern. Vor *dem* großen Ereignis werden wir ein paar Stunden lang unterwiesen. Ich bin von dem Jungen in der Ecke fasziniert und versuche, nicht auf die wütende rote Narbe, die sich über seinen Hals zieht, zu starren. »Er wollte sich umbringen, aber dann hat Gott ihn errettet«, flüstert mein Cousin. Der Junge ist in sich gekehrt und still, seine Finger fahren über die anderen Narben an seinen Handgelenken. Wir hören gemeinsam zu, wie der Pastor darüber spricht, dass wir unser altes Leben zurücklassen, unserer Vergangenheit sterben und unser neues Leben mit Jesus nach der Taufe willkommen heißen.

Die Gemeindemamas geben mir eine Chorrobe zum Anziehen und schieben mich ein paar Stufen zu einem großen Becken hoch, das vorne im Saal eingelassen ist. *Ziemlich praktisch*, denke ich, *aber was, wenn es ein Leck bekommt?*

Während die Gemeinde singt, nehme ich die Hand des Pastors und begebe mich zu ihm ins Wasser. Dann verschränke ich meine Arme über der Brust und neige meinen Kopf, nervös und verlegen. »Glaubst du, dass Jesus Christus dein Herr ist? Empfängst du ihn als deinen Retter?« Ich nicke und – wusch – kippt er mich nach hinten ins Wasser.

Tropfend klettere ich aus dem Becken, und die Gemeindemamas hüllen mich sofort in Handtücher und Gebete. Wie ein kleines Küken, das aus dem Ei schlüpft, sauge ich jeden Eindruck um mich herum gierig auf.

Es ist das erste Mal, dass ich etwas empfange, was ich später als eine persönliche Prophetie verstehe. Heute scheint es mir ganz normal, aber damals dachte ich, die Mamas wären ein bisschen neben der Spur.

»Ich sehe dich einen Carmen-Miranda-Hut tragen«, gurrt eine der Mamas. Carmen Miranda, die Sängerin? Ich unterdrücke den Drang, nachzufühlen, ob sich tatsächlich ein Hut auf meinem Kopf materialisiert hat. »Es ist ein großer Hut, der voller Früchte ist – ganz viele verschiedene Früchte. Du wirst gaaanz viel Frucht bringen – gaaanz viel Frucht für gaaanz viele Menschen. Für einen eine

Ananas. Für jemand anderen eine Banane. Gaaanz viele Gaben für gaaanz viele Leute.«

Merkwürdig. Habe keine Ahnung, wovon sie spricht, aber es hört sich irgendwie ermutigend an.

Das Lächeln und die Handtücher der Gemeindemamas sind warm, sodass ich mich mitsamt meinem unsichtbaren Hut gern von ihnen umarmen lasse.

Ich bekomme eine hübsche, gerahmte Taufurkunde, die zeigt, dass ich jetzt »richtig« getauft bin. Stolz präsentiere ich sie meinen Eltern. Sie sind ein wenig überrascht, freuen sich aber mit mir. Den unsichtbaren Hut erwähne ich nicht, sondern verstaue ihn vielmehr in einer staubigen Ecke meiner Seele. Ich verbuche es als eine interessante, aber auch leicht bizarre interkulturelle religiöse Erfahrung.

Über zwanzig Jahre später, als meine Tochter Hannah selbst bereits 18 ist, lasse ich mich zum dritten Mal taufen.

In Rekordzeit klappern wir verschiedene religiöse Stätten in Israel ab. Wir lassen Steine vom Ufer aus über den See Genezareth hüpfen, erklimmen die Höhen von Masada und erkunden die Ruinen. Wir schweben im Toten Meer, überwacht von einem runzeligen Rettungsschwimmer, der eine kleine runde Kippa auf dem Kopf hat, einen bauchnabellangen Bart, eine Pfeife und ein knappes Badehöschen. »Passt auf, dass kein Wasser in eure Augen kommt«, bellt er. »Das brennt!«

Wir schleichen uns in eine eigentlich verbotene Schlammgrube und reiben uns mit Schlamm vom Toten Meer ein. Es prickelt und kribbelt. »Gut für die Haut!«, ruft Hannah. Nach ein paar Minuten bemerken wir einen Mann, der in einer Ecke des Lochs lümmelt, halb im Schlamm untergetaucht. Gruselig. Wir kriechen aus der Grube, lassen ihren finster dreinblickenden Wächter zurück.

Wir erklettern Davids Versteck in *En Gedi*; seine Quellen sind wie grüne Streifen in der trockenen Landschaft. Wir sehen Wüstenratten in der Größe von Waschbären und Ziegen, die auf niedrig gelegene Bäume klettern, während sie ruhig Blätter kauen und vermutlich glücklich sind, außerhalb der Reichweite der ungewöhnlich großen Nagetiere zu sein. Schließlich kommen wir an den Jordan.

»Würde sich jemand gern hier im Jordan taufen lassen? So wie Jesus?« Meine Hand schnellt hoch, bevor mein Kopf Berechnungen anstellt. Taufe Nummer drei? Zu viel des Guten? Ein Glaubensschritt oder religiöser Tourismus? Hm, vielleicht Letzteres, aber wer kann schon widerstehen, wenn er die Möglichkeit hat, im Jordan getauft zu werden?

Es ist ein bisschen touristisch, aber nicht extrem. Man kann einen einheimischen Fotografen ein Bild vom Untertauchen knipsen lassen. Und ein weißes Kleid gegen Gebühr leihen. Als ich mir einige andere durchnässte Täuflinge anschaue, merke ich mir: Achte darauf, dass du drunter was anhast …

Menschenmengen schwärmen zum Ufer, wie sie es vermutlich zu Jesu Zeit getan haben. Das Gemurmel vieler verschiedener Sprachen erfüllt die Luft. Jede Hautfarbe der Erde scheint hier vertreten zu sein, genau wie jede Variante klösterlicher Ordenskleidung. Am Wasser gibt es eine Umkleidekabine. Das Kaleidoskop bunter Pilger geht durch eine Tür hinein. Sie kommen auf der anderen Seite in Weiß gekleidet heraus, viele schweigend und in Gedanken, während sie sich dem Wasser nähern.

»Nonnen! Ich möchte mit den Nonnen schwimmen!« Hannah deutet ein Stück den Fluss hinunter auf eine Schar Schwestern, die vorsichtig ins Wasser steigen.

Während ich darauf warte, dass ich drankomme, setze ich mich auf einen Felsen, die Arme um meine Knie gelegt. Die nahöstliche Sonne wärmt meine Haut. Ich wende mein Gesicht ihren Strahlen zu und atme tief ein, nehme den Moment intensiv in mich auf. Der Wind zerzaust mein Haar. Mein Herz fühlt sich wie wachgeküsst.

Es ist so weit. Ich bin im Wasser, umgeben von meinen Reisegefährten. Ich zucke zusammen, als ich ein kleines, aber stechendes Ziehen an meinem Fuß spüre. Und noch eines. Und noch eines. Winzige nahöstliche Piranhas? Wahrscheinlich die gleiche Sorte Fisch, die Wellnessoasen nutzen, um tote Haut zu entfernen. Ich hüpfe von einem Fuß auf den anderen und versuche, sie von ihren Peeling-Bemühungen abzubringen. Ich will mich konzentrieren. Wusch, nach unten geht es, und ich tauche wieder auf, umgeben von den lächelnden Gesichtern meiner Mitreisenden.

Von allen außer Hannah. Ich schaue über meine Schulter, wo ich sie auf ihrem Rücken wie einen Seestern schwimmen sehe, nonnenwärts den Fluss heruntertreibend.

Meine Dreifachtaufe und meine überkonfessionelle Jüngerschaftserfahrung und meine Männerbekanntschaften bringen mich in die ökumenische Richtung. Ein Traum, den ich habe, als Hannah noch klein ist, verstärkt das alles mit Sicherheit noch. Es ist ein echter »Nachts-während-ich-schlafe«-Traum. Ich wache am Morgen auf und seine Umrisse drücken sich noch auf der Innenseite meiner Augenlider ab.

Die Landschaft liegt im Schatten. Das Schimmern und Funkeln der Strahlen des abnehmenden Mondes spiegelt sich in kleinen, mäandernden Flüsschen. Die Bäche beginnen, sich zu verweben und zu vermischen, bis sie schließlich zusammenstürzen, um zu einer riesigen Flussniederung zu werden. Am Rand der Wasserebene sehe ich die dunkle Skyline einer Stadt. An dieser Stelle macht der Traum eine Pause, hält die Luft an.

Formen bewegen sich am Himmel und er schimmert, leuchtet und erwärmt sich. Licht bricht durch den Horizont und fließt über. Die Sonne geht langsam auf und alles wird neu in ihrem Licht.

Der Traum ist ein Rätsel. Eine Einladung. Zumindest denke ich das. Während ich im Laufe der nächsten Jahre über seine Bedeutung nachdenke, gibt die Vision langsam ihre Geheimnisse frei. Ich halte sie in einem Lied fest.

Der Sohn der Gerechtigkeit erhebt sich.
Dunkelheit treibt davon.
Das Licht der Befreiung geht auf,
bricht hervor als herrlicher Tag.
Alle Ströme fließen zusammen als ein Fluss.
All unsere Herzen verwoben beten gemeinsam an.
Wir sehen, wie der Morgen über unserer Stadt aufgeht,
und wir singen, wir singen.
Geh auf, leuchte, denn dein Licht kommt, dein Licht kommt.
Geh auf, leuchte, denn dein König kommt, dein König kommt.
Und du wirst hervorbrechen wie die Morgenröte,
während wir gemeinsam ins Morgenlied einstimmen.

Ich kann es nicht abschütteln. Fast zwei Jahrzehnte später murmelt und flüstert es immer noch in meinem Inneren.

Eine Unterhaltung mit einem Pfingstler-Freund verstärkt meine Überzeugung. Eines Tages erzählt er mir seine Geschichte: »Ich habe Lobpreis gemacht, mit dem Herrn gesprochen und zu ihm gesagt: ›Ich liebe deinen Fluss, o Gott!‹« Ron ist leidenschaftlich, seine Augen glitzern, als er sich an das Gespräch erinnert. Mit Fluss meint er die Gegenwart und Aktivität Gottes, die er um sich herum wahrnimmt.

»Du hast den Fluss nicht gesehen«, antwortet Gott.

Ron ist überrascht. »Natürlich habe ich das – ich bin ein Fluss-Mann! Ich liebe den Fluss!«

»Du hast nur einen Bach gesehen«, sagt Gott. *»Es gibt einen Fluss, dessen Bäche die Stadt Gottes erfreuen. Bäche, kein Bach. Du hast den Fluss noch nicht gesehen.«*

DIE EINLADUNG

> Alles, was ich Ihnen mitgeteilt habe ..., entspricht der tiefen Überzeugung, dass in diesen Tagen eine große, neue Sammlung des Volkes Gottes geschieht. Die Glaubenstraditionen, die ich beschrieben habe – kontemplativ, auf Heiligung gerichtet, charismatisch, sozial, evangelisch-reformatorisch, sakramental – fließen alle in einer gewaltigen Bewegung des Heiligen Geistes zusammen ... Etwas Neues kommt. Gott sammelt sein Volk einmal mehr und macht aus ihm eine alles umfassende Gemeinschaft der Liebenden mit Jesus Christus als ihrem Haupterhalter und herrlichsten Mitglied.[18]

Stellen Sie sich Ihr geistliches Leben als Pilgerreise vor – Sie schultern einen Rucksack mit allem, was Sie unterwegs brauchen. Der Rucksack enthält die Lieblingsbücher oder -lehren, die Sie am meisten geprägt haben. Geistliche Übungen, die Sie als besonders hilfreich oder lebensspendend empfinden. Geschichten oder Beispiele inspirierender Leiter, die Sie anspornen.

Nehmen Sie sich etwas Zeit, packen Sie den Rucksack aus und betrachten Sie seine Inhalte. Wo haben Sie sie entlang des Weges aufgelesen? Auf welche Weise schenken sie Ihnen Kraft, Entschlossenheit und Versorgung auf Ihrem geistlichen Weg?

In seinem Buch *Viele Quellen hat der Strom* stellt Richard Foster sechs Traditionen aus der Kirchengeschichte vor, die Jesu Leben und Lehre folgen wollen und dabei jeweils einen Schwerpunkt und eine Stärke haben:

- **Die Tradition der Kontemplation:** ein Leben des Gebets

- **Die Tradition der Heiligung:** ein Leben der Reinheit und Tugend
- **Die charismatische Tradition:** ein Leben in der Vollmacht des Heiligen Geistes
- **Die soziale Tradition:** ein Leben der Nächstenliebe
- **Die evangelisch-reformatorische Tradition:** ein Leben aus dem Wort
- **Die Tradition der Gestaltwerdung des Glaubens:** ein sakramentales Leben

Welche Traditionen der Kirche haben Sie auf Ihrem Weg der Nachfolge Jesu geformt und beeinflusst? Wie haben Sie sie geprägt? Nehmen Sie sich etwas Zeit, um dankbar über alle empfangenen Geschenke nachzudenken.

Was würde passieren, wenn Sie vorsichtig in einen anderen Strom der Kirche steigen und dessen Lehren und besondere Formen erkunden würden? Probieren Sie etwas Neues aus und reflektieren Sie die Erfahrung.

Jesus,
deine Kirche ist so wunderschön in all ihrer Verschiedenheit und spiegelt so viele verschiedene Aspekte deines Lebens und Charakters wider.
Danke, dass du dich in einem Körper offenbart hast.
Hilf mir, dich gut zu verkörpern.
Gib mir Mut und Neugierde, über meine gegenwärtige Erfahrung hinaus Neues zu erforschen; dabei offenbare dich mir und durch mich, Jesus.

19

DER STURM

Herr, warum bist du so fern? Warum verbirgst du dich,
wenn ich dich am nötigsten habe?
Psalm 10,1

Ich sitze in meinem Garten, die Füße ausgestreckt auf dem Stuhl vor mir. Ich beobachte Eichhörnchen. Sie jagen einander, zankend und keckernd auf den Zweigen eines auslandenden Ahorns, der meinen Garten überschattet. Wagen mutige Sprünge vom einen auf den anderen Ast. Landen auf kleinen Zweigen, ganz außen, huschen dann höher zu noch unmöglicheren Heldentaten. Ich liebe ihre Chuzpe und ihre Verspieltheit. Im Garten nebenan ist ein Verschlag, der mit Plastik bedeckt ist, und eines Tages sehe ich, wie ein junges Eichhörnchen auf der mit Luftbläschen gefüllten Plane wie auf einem Trampolin auf- und abspringt, anscheinend aus reiner Freude daran.

Ich selbst bin eher geerdet, verschmolzen mit meinem Gartenstuhl. Den Großteil meines Sabbaticals verbringe ich im Garten. Ich bin grantig. Meine Bibel habe ich seit Monaten nicht geöffnet. Christliche Bücher auch nur anzusehen, lässt mich den Mund verziehen. Ich reagiere allergisch auf alles, was mit Glauben zu tun hat. Von Zeit zu Zeit gehe ich in den Gottesdienst, aber sitze ganz hinten, die Arme verschränkt. Reizbar, ablehnend und herausfordernd. »Wage es nur, mich zu segnen!«

Ich bin wie eine Hütte, die sich hinter Sturmfenstern verbarrikadiert hat. Ich hatte erst mal genug Unruhe, vielen Dank auch. Und gerade vertraue ich nicht darauf, dass Gott eine sanftere Brise in meine Richtung blasen wird.

Einige Monate zuvor gibt es eine Sturmwarnung in Form von Polizei, die an meiner Tür klopft. »Sind Sie Jill Weber? Wir ermitteln wegen einiger Anrufe, die Sie betreffen.« Einige Anrufe. Wir finden schließlich heraus, dass es 105 Anrufe waren, um genau zu sein. Todesdrohungen, gerichtet an die Arbeitsstelle meiner Mutter und auch die Gebetshotlines im *Crossroads Centre*. Die Polizei möchte, dass ich mir eine Aufnahme anhöre, damit ich die Stimme meines Ex-Mannes identifizieren kann. Sein Tonfall ist ruhig, aber seine Botschaft und Absicht sind erschreckend.

Die örtlichen Behörden haben gerade eine Einheit für häusliche Gewalt eingerichtet. Erfreut, ihre neu gefundenen Muskeln spielen zu lassen, werden sie in meinem Interesse aktiv. Sie schätzen das Risiko ein. Anscheinend erziele ich eine hohe Punktzahl auf der »Du-wirst-wahrscheinlich-umgebracht-werden«-Skala, denn die Polizei stattet mich mit einem speziellen stillen Alarm aus, den ich an meinem Gürtel befestigen kann.

»Sobald Sie ihn auslösen, kommt der nächste Streifenwagen bei Ihnen vorbei«, sagt eine blonde Beamtin mit Pferdeschwanz. Wir sitzen mit ein paar Polizisten, die uns zeigen sollen, wie wir unser Haus schützen können, an unserem Esstisch.

»Kann ich Ihnen einen Kaffee anbieten? Kekse?« Ich bin unsicher, wie die Etikette für das Bewirten von Polizisten aussieht.

»Nein, danke, passt schon. Lassen Sie uns darüber sprechen, wie Sie Ihren Vordereingang befestigen können.«

Neben dem Tisch kommt unser kleiner Weihnachtsbaum ins Wackeln und kippt. Ich schnelle nach vorn und halte ihn fest, bevor er ganz umfällt. Die blonde Pferdeschwanz-Beamtin schreitet ein und hilft dabei, den Baum zu stabilisieren, während ich ihn wieder auf seiner Unterlage befestige. Weihnachten gerettet. Wir besprechen als Nächstes, wie man einen Schutzraum einrichtet. Wie ich mein

Auto parken soll, damit ich jederzeit schnell fliehen kann. Abriegelungsmethoden für die Arbeit.

Schließlich wird mein Ex-Mann festgenommen, aber das Ganze hinterlässt seine Spuren bei uns. Ich bitte die GOHOP-Leitung um ein Sabbatical, ein paar Monate Ruhe, um mein Gleichgewicht wiederzufinden. Ich ziehe mich von der Frontlinie zurück.

Es läuft nicht wie geplant. Statt mich gefestigter zu fühlen, gerate ich ins Trudeln, wirble wild umher und zerfalle in Bruchstücke. Ich umgebe mein zerbeultes Herz mit Schutzmauern und luge durch die Rollläden hindurch auf die Welt, misstrauisch und wütend. Vor allem wütend auf Gott. Ich würde gern sagen können, dass meine Feindseligkeit Zweck und Ziel hat, aber sie ist eher wie eine formlose Wolke. Ein unbestimmter, brodelnder Zorn.

Zu allem Übel kann ich in all dem nicht einmal mehr seine Stimme hören. Null Komma gar nicht. Vielleicht weil er weiß, dass ich sauer bin. Vielleicht hat er kapiert, dass ich ein bisschen Abstand brauche. Aber eigentlich brauche ich gar keinen Abstand. Oder vielleicht doch. Ich weiß es nicht. Ich bin hin- und hergerissen.

»Ich komme mit allem klar, solange ich Gottes Stimme höre«, lasse ich mich gegenüber einer leidgeprüften Freundin aus. »Aber wenn er nicht spricht, weiß ich nicht, was ich mit mir anfangen soll.«

Ich frage mich manchmal, ob Mose nicht deswegen vierzig Tage auf dem Berg blieb, weil Gott nicht sprach, sondern weil er vielleicht so lange brauchte, um herunterzufahren und zuhören zu können! Keine Ahnung, was eine sechsmonatige Pause, in der er nicht mit mir redet, über mich aussagt …

An jenem Eichhörnchen-Beobachtungstag im Garten gegen Ende meines Sabbaticals bricht Gott schließlich das Schweigen. Die vertraute Stimme, auf die ich abwechselnd wütend war und nach der ich mich dann wieder gesehnt habe, erklingt endlich in meinem Kopf.

Ich habe etwas Nettes, etwas Tröstendes und Verständnisvolles erwartet – »Komm schon, Liebes, es tut mir leid, dass du ständig über die Schulter schauen musst und dass da draußen jemand ist, der dich umbringen will. Es tut mir leid, wie sehr das deine Familie mitgenommen hat. Es tut mir leid, dass das Leben so hart ist.«

Nö, in diese Richtung äußert er sich überhaupt nicht.

Stattdessen gibt er eine einfache Anweisung. Eigentlich einen Befehl.

Ich möchte, dass du die nächste Generation von Gebetskämpfern heranziehst.

Was???

Ich fühle mich wie Gideon, der sich in der Kelter versteckt. Verwundet vom Feind, sich unauffällig verhaltend und mit eingezogenem Kopf. Dann taucht Gott auf, nennt ihn – ausgerechnet – »tapferer Held«, ignoriert Gideons quengelige Beschwerde und schickt ihn trotz seiner Proteste auf eine Mission (Richter 6,11-14).

Ich möchte, dass du die nächste Generation von Gebetskämpfern heranziehst.

Wie Gideon beschwere ich mich, jammere und protestiere. Die nächste Generation von Gebetskämpfern? Also, Herr, du musst wissen: GOHOP wächst gerade nicht. Wir sind wie ein Flugzeug, das um den Flughafen kreist, während es auf die Landeerlaubnis wartet. Kämpfen uns voran mit nur einer Handvoll treuer Fürbitter, die die Stellung halten.

Und wenn ich Gebetsveranstaltungen planen will, tauchen fünf mittelalte Damen mit Flaggen und Schofarhörnern auf. Ich weiß, dass die betenden Omas dafür sorgen, dass die Welt sich weiterdreht, aber ich bin nicht sicher, ob es das ist, wovon du gerade sprichst.

Und die nächste Generation? Junge Leute? Ich kenne charismatische Leiter, die junge Leute anziehen, und ich weiß, dass ich nicht zu ihnen gehöre. Ich bin nicht cool. Ich habe nicht einmal einen Nasenring!

Außerdem bin ich wütend auf dich und mit dem vollzeitlichen Dienst ohnehin durch. Ich glaube, dass ich anfangen werde, in einer Bücherei zu arbeiten – da ist es nett und ruhig. Oder vielleicht in einem Tante-Emma-Laden.

Ich möchte, dass du die nächste Generation von Gebetskämpfern heranziehst.

Ich kämpfe. Meckere und murre. Ich bäume mich auf, gebe aber schließlich nach.

Es ist nicht mein liebenswürdigster, glaubensvollster Moment. Okay. Egal. Ich habe keine Ahnung, wie es geschehen soll. Aber Ja.

Ach, wie solch ein kleines Wörtchen doch solch einen gewaltigen katalytischen Effekt haben kann! Mein kleines Ja öffnet mich für die Gnade, die mir entgegenkommt. Ich sehe die große Wolke von Zeugen im Himmel vor mir, die mit angehaltenem Atem zuschauen. »Macht sie es? Sagt sie Ja? Jippie! Sie hat's getan! Hey, hey! Gespannt, was als Nächstes passiert!«

EINLADUNG

Das Geniale an den Psalmen ist, dass David und die anderen Psalmisten uns nicht nur die Sprache des Lobpreises geschenkt haben, sondern auch die der Klage. Die Psalmen erlauben uns, unsere Traurigkeit, Angst und Wut in Gottes Gegenwart wahrzunehmen und zu artikulieren.

Rette mich, Gott, denn das Wasser steht mir bis zum Hals. Immer tiefer versinke ich im Schlamm, meine Füße finden keinen Halt. Ich stehe im tiefen Wasser, und die Flut überwältigt mich. Ich bin müde vom Schreien, meine Kehle ist rau und wund. Meine Augen sind müde und matt vom Warten auf dich, mein Gott. Die mich ohne Grund hassen, sind zahlreicher als die Haare auf meinem Kopf. Die Feinde, die mich vernichten wollen, haben keinen Grund für ihr Tun. Sie verbreiten Lügen über mich und fordern zurück, was ich nicht genommen habe.
Psalm 69,2-5

Lesen: Lesen Sie diesen Abschnitt von Psalm 69 laut und langsam vor. Welche Wörter oder Sätze sprechen Sie an?
Reflektieren: Denken Sie über diese Wörter oder Sätze nach. Inwieweit können Sie sich mit dem identifizieren, was David vor Gott ausdrückt?
Reagieren: Was könnte geschehen, wenn Sie Ihren Mut zusammennehmen, Ihre Klage in Worte fassen und, wie es Ruth Haley Barton ausdrückt, »sich ganz in Ihre Traurigkeit hineinbegeben«? Was könnte möglich sein, wenn Sie Gott einladen, Ihnen dort zu begegnen?

Jesus,
dir sind Leiden und Klage nicht fremd.
Danke, dass du in meiner Not an meine Seite kommst, sodass ich nicht allein bin. Ich bringe meine Klage vor dich – wie lange noch, o Herr, wie lange noch?
Hilf mir, deine Gnade jeden Morgen neu zu entdecken, auch inmitten meines Unglücks.

20

SPRICH, FREUND, UND TRITT EIN

Ich vertraue ihm den Schlüssel zum Haus Davids an. Türen, die er öffnet, kann niemand schließen; Türen, die er schließt, kann niemand öffnen.

Jesaja 22,22

Mein Sabbatical ist zu Ende und ich beginne langsam, mich wieder wie die Alte zu fühlen. Nachdem ich Gott mein widerwilliges Ja gegeben habe, kontaktieren mich interessanterweise immer wieder junge Leiter wie aus dem Nichts. Sie schreiben Nachrichten. Stellen Freundschaftsanfragen auf Facebook. Ich laufe ihnen auf der Straße in die Arme. Dabei bin ich nicht cooler geworden. Habe immer noch keinen Nasenring. Aber irgendwie setzt allein meine Bereitschaft etwas in Bewegung. Das GOHOP beginnt zu wachsen.

Es ist irgendwann im November, 4 Uhr 30 am Morgen. In den Stunden vor Sonnenaufgang kuschele ich mich in meinen Gebetssessel. Flauschige Pantoffeln an den Füßen. Warme, schaumige Latte in der Hand. Auf meinem Schoß liegt das Buch *Celtic Daily Prayer*. Ich benutze gern ein Gebetsbuch, anstatt einfach nur meine Lieblingsbibelverse auszuwählen und mich mit ihnen zu begnügen. Dadurch entscheiden sich die Bibelstellen für mich und nicht andersherum, sie lesen mich, nicht ich sie. Häufig erhellen sie etwas in meinem Herzen und Leben, das Gott ansprechen will.

An diesem bestimmten Tag strahlt der Vers etwas weniger: ist abgenutzt durch häufigen Gebrauch. »Bittet, und ihr werdet erhalten. Sucht, und ihr werdet finden. Klopft an, und die Tür wird euch geöffnet werden« (Matthäus 7,7). Mit meinem charakteristischen Glauben und geistlichen Scharfsinn antworte ich: »Schon klar, meinetwegen. Ich bin eine Beterin. Ich klopfe die ganze Zeit!« Trotzdem schreibe ich die Stelle in mein Gebetstagebuch, weil sie zumindest ein kleines bisschen leuchtet.

Klopft an, und die Tür wird geöffnet werden.

Es ist irgendwann im Januar. Unsere Zeit in Waterdown läuft langsam ab und unsere Gemeinschaft hält wartend danach Ausschau, dass Gott grünes Licht dafür gibt, ins Stadtzentrum von Hamilton umzuziehen.

11 Uhr morgens. Ich befinde mich auf einer Pastorenkonferenz. In einer der Einheiten spüre ich, wie sich sanft eine Hand auf meine Schulter legt. Ich schaue hoch. Es ist Faith, eine Freundin von mir, und sie betet still für mich. Als sie fertig ist, danke ich ihr. »Beim Hören auf Gott hatte ich den Gedanken, dass er Flügeltüren vor dir öffnen wird«, sagt sie. Türen öffnen? Hm, hatte ich dazu vor ein paar Monaten nicht etwas in mein Tagebuch geschrieben?

Beim Mittagessen sitze ich mit einer Freundin zusammen und denke über diesen Zufall nach. »Was, denkst du, bedeuten die Flügeltüren?«, frage ich.

»Ha!«, gluckst sie, »das erinnert mich an das Tor, das bei *Der Herr der Ringe* in den Berg führt!«

Ich scanne meinen Erinnerungsspeicher, und die Szene aus dem Film rückt ins Blickfeld. Ich erinnere mich an das Bild von Frodo und seinen Gefährten, wie sie vor den Toren der Minen von Moria stehen. Es ist ihr einziger Zugang, aber er ist versperrt. Über der Tür steht auf Elbisch »Sprich, Freund, und tritt ein.«[19]

»Ah ja«, antworte ich, »stimmt, sie denken, es wäre sehr kompliziert und schwierig, die Tür zu öffnen. Sie versuchen alles Mögliche! Bis sie schließlich herausfinden, dass sie nur das Wort ›Freund‹ auf Elbisch sagen müssen, und die Tür einfach aufgeht!« Sobald ich die Worte ausgesprochen habe, entkorkt sich etwas in meiner Brust und sprudelt über. Ich fange am Tisch an zu zittern – wortwörtlich. Und ich höre eine leise, aber deutliche innere Stimme sagen: *»Sprich mit deinen Freunden und ziehe in die Stadt ein.«*

Ich bin aufgewühlt. Verwirrt. Ich habe das Gefühl, eine Art göttliche Anweisung erhalten zu haben. Sprich, Freund, und tritt ein. Wird uns der Weg gebahnt, wenn wir einfach mit Menschen sprechen? Kann das funktionieren? Andererseits – schaden wird es wohl auch nicht?

In den folgenden Wochen treffe ich mich in Hamilton mit einem Freund nach dem anderen – erzähle von meinem Herzenswunsch, dass das GOHOP in die Stadtmitte umzieht. Ein städtisches Kloster, das eine Generation junger Leiter heranzieht, die sich großzügig Jesus überlassen, mit einem Lebensstil, der von Gebet, Mission und sozialer Gerechtigkeit geprägt ist. Gebet und Evangelisation kommen auf synergetische Weise zusammen.

Es ist irgendwann im April um die Mittagszeit. Kirk und ich sind in der Stadt, um seinen Reisepass zu erneuern. Nach einer halben Stunde Anstehen ist unsere Mission erfüllt. Mit den Dokumenten in der Hand begeben wir uns Richtung Ausgang. Auf dem Weg dorthin werden wir von einem uniformierten Wachmann angesprochen. Er stellt sich uns in den Weg, die Brust vorgereckt. Dabei blickt er finster drein, fixiert uns ganz genau. »Jesaja 45,1!«, schleudert er uns entgegen.

»Entschuldigung?« Erschrocken bleiben wir stehen. »Was haben Sie gesagt?«

»Jesaja 45,1! Gott wird Türen vor euch öffnen; die Tore bleiben nicht verschlossen!«

Der Schreck wird zu Ungläubigkeit. »Wer *sind* Sie?« Die Passbeamten spähen aus ihren Kabinen und beobachten uns, während er seine Geschichte entfaltet. Der frühere Pastor einer Untergrundgemeinde im Nahen Osten ist in seine Heimat Kanada zurückgekehrt, wo er nun als Wachmann arbeitet. Er gibt fast nie prophetische Worte an Menschen weiter und hat definitiv noch nie jemandem etwas Prophetisches auf der Arbeit entgegengeschleudert. Doch heute, als wir vorbeikamen, konnte er sich nicht beherrschen – er sah sich genötigt, seine Botschaft loszuwerden.

Als Kirk und ich schließlich die Passbehörde verlassen, lehnen wir uns an die Wand des Gebäudes, schockiert und lachend. »Das war das Verrückteste, was mir je passiert ist, wie etwas aus einem Buch!«, sagt Kirk. Als wir nach Hause kommen, laufen wir schnell zu unserer Bibel, um den Vers nachzuschlagen.

> So spricht der HERR zu seinem Gesalbten, zu Kyrus, den ich bei seiner Rechten ergriffen habe, um Nationen vor ihm zu unterwerfen – und die Hüften der Könige entgürte ich –, um Türen vor ihm zu öffnen, und Tore bleiben nicht verschlossen …
> *Jesaja 45,1; ELB*

Türen. Die Tore zur Stadt!

Ich liebe das Symbolhafte daran. Da sind wir in der Passbehörde, erhalten die Erlaubnis des Staates, fremdes Territorium zu betreten, und Gott gebraucht einen Wachmann als göttlichen Boten. Selbst sein Name, Evangeliste, wirkt symbolisch. Von diesem Moment an öffnet sich Tür um Tür für uns.

Als wir uns näher damit beschäftigen, was radikale Gastfreundschaft bedeutet, beschließen Kirk und ich ein riesiges und potenziell risikoreiches Experiment. Was würde es für uns bedeuten, in einer Gemeinschaft zu leben? Zusammen in einem Haus mit ein paar anderen? Ich habe ganz gute Erfahrungen damit gemacht, auf Sommerfreizeiten mit Freunden ein Zimmer zu teilen, und Kirk hat positive Erinnerungen an das Leben im Studentenwohnheim, deshalb beschließen wir, es auszuprobieren. Wir hören uns online einen 24/7-Gebetskurs über christuszentrierte Gemeinschaft an. Ich lese eine Reihe von Büchern, darunter auch *The Intentional Christian Community Handbook* (dt. »Das Handbuch für bewusst gelebte christliche Gemeinschaft«).[20]

Ich mag den Gedanken von Jüngerschaft, die im Alltag gelebt wird – relativ eng mit anderen Menschen zusammenzuwohnen, sodass ich herausfinden kann, ob ich heilig oder bloß ungestört bin (fürs Protokoll: Ich habe herausgefunden, dass ich Letzteres bin). Als »geistliche Leiterin« mache ich mir Gedanken darum, dass meine öffentliche Person sich von der im Privaten unterscheidet. Mit Leuten zusammenzuleben, wird mir dabei helfen, beständiger und authentischer zu werden. Außerdem wird das Aufteilen von alltäglichen Aufgaben wie Kochen und Putzen mein Leben viel einfacher und die Mieteinsparung es *viel* günstiger machen.

Wir beginnen mit der Suche nach einem Haus, das groß genug ist, um es mit ein paar Freunden zusammen zu bewohnen. Ich weigere mich, Anzeigen zu durchforsten.

Sprich mit deinen Freunden und zieh in die Stadt ein! Ich verbreite die Nachricht, dass wir nach einer Wohnmöglichkeit suchen. Innerhalb einer Woche erhalte ich tatsächlich eine Mail von einem Freund, in dessen Gemeinde gerade bekannt gegeben wurde, dass ein kanadischer Missionar demnächst nach Brasilien ausreist und nach Mietern für sein Haus in Hamilton sucht. Vier Schlafzimmer, zwei Bäder. Im Stadtzentrum und fußläufig zu unserem Gebetsraum. Passt perfekt zu unserer Vorstellung von unserem ersten Gemeinschaftshaus.

Ich vereinbare einen Videoanruf. »Hey Tom, wir können dir zwei Mieten im Voraus und eine Kaution zahlen, wenn du willst. Ich kann auch ein paar Referenzen organisieren.«

»Brauch ich alles nicht«, grinst Tom. »Ich weiß, wer ihr seid. Das Haus gehört euch!«

Gott öffnet uns auch andere Türen. Eine örtliche Gemeinde lässt uns kostenlos zum Beten in ihre Räumlichkeiten. Ein stadtweites Netzwerk, *TrueCity*, bietet uns gratis ein Büro an. Andere Freunde verschaffen uns Zugang zu ihren Gemeinden und Netzwerken.

Die Stadt liegt weit offen vor uns und das GOHOP betritt das neue Land zuversichtlich, weil wir wissen, dass Gott uns vorausgegangen ist, um den Weg zu bereiten.

EINLADUNG

In diesem Kapitel kommen verschiedene Arten vor, wie Gott uns führt. Durch das Lesen und Meditieren von Bibelstellen. Durch Eindrücke von betenden Freunden. Durch eine leise innere Stimme. Durch erstaunliche prophetische Unterbrechungen. Durch die Umstände. All diese Dinge zusammen können uns helfen, ein Gespür dafür zu bekommen, wo Gott in unserem Leben am Werk ist und wie er uns vielleicht weiter führen möchte.

- Wo brauchen Sie Führung in Ihrem Leben? Wo soll Gott Ihnen zeigen, in welche Richtung es weitergeht?
- Wie führt er Sie beim Bibellesen? Gibt es Bibelstellen, die besonders relevant scheinen oder einen starken Eindruck hinterlassen?
- Haben Sie betende Freunde, die Ihnen mitteilen, welche Eindrücke sie für Sie haben? Was sagen sie?
- Haben Sie das Gefühl, Gottes Stimme in Bezug auf dieses Anliegen zu hören? Was könnte er zu Ihnen sagen?
- Gibt es unerwartete oder besondere Begegnungen oder erhalten Sie prophetische Worte, die in die Situation hineinsprechen?
- Wie entwickeln sich die Umstände? Bestätigen sie in irgendeiner Form Gottes Richtungsweisung?

Jesus,
du bist unser Weg, unsere Wahrheit und unser Leben. Dein Wort ist eine Leuchte für unsere Füße und ein Licht auf unserem Weg. Danke für Menschen um uns herum, die uns helfen, dich zu hören, die uns ermutigen und uns auf dem Weg nach vorn bestätigen.
Wir vertrauen auf deine gute Führung und wir entscheiden uns, dir zu folgen, wie auch immer dein Wille und Wunsch für uns aussehen werden.

21

KNISTERN

Ich habe deinen Namen diesen Menschen offenbart. Sie waren in der Welt, doch dann hast du sie mir gegeben. Sie haben dir schon immer gehört, und du hast sie mir gegeben, und sie haben dein Wort bewahrt ... Mein Gebet gilt nicht der Welt, sondern denen, die du mir gegeben hast, weil sie dir gehören.

Johannes 17,6.9

Ich fange an, mich stärker in meine Beziehungen in Hamilton zu investieren, doch gestaltet sich das etwas komplizierter als ich mir das gedacht hatte.

Denni ist eine liebe Freundin, eine Vertraute. Sie ist meine Seelenverwandte. Während unserer achtjährigen Zusammenarbeit im GOHOP genossen wir zusammen den Sonnenschein der Segnungen Gottes und überstanden die unausweichlichen Stürme; hielten uns aneinander und an Gott fest, wenn das Leben schwierig wurde. Sie erlebte mich, wenn ich in Bestform war, und liebte mich, wenn ich mich von meiner schlechtesten Seite zeigte. Ich kann ihr alles anvertrauen.

Heute bin ich kleinlaut und verlegen. Peinlich berührt. Ich kann nicht glauben, was da gerade passiert. Wehret den Anfängen – am besten spreche ich es gleich an. »Denni, ich glaube, ich fühle mich zu jemandem hingezogen! Ich verstehe es aber echt nicht. Er ist so überhaupt nicht mein Typ.« Mein Typ ist ein Schlagzeuger mit

Pferdeschwanz, der zu 85 Prozent ein Klugscheißer ist und mich andauernd zum Lachen bringt. Der mich begeistert und zärtlich an der Tür erwartet, wenn ich abends heimkomme. Der auf Kochen größtenteils allergisch reagiert, aber immerhin ein durchschnittliches Omelette hinbekommt. Der mich immer noch, nach all den Jahren, jeden Abend zudeckt.

»Jedes Mal, wenn ich mit diesem Kollegen zusammenkomme, um über Dienstangelegenheiten zu sprechen, ist da diese Chemie – irgendein Knistern in unserer Interaktion. Es fühlt sich direkt seit unserer ersten Begegnung so an, als wären wir auf derselben Wellenlänge und seit Jahrzehnten Freunde! Ich verstehe ihn vollkommen und er mich. Ich fühle mich überhaupt nicht sexuell zu ihm hingezogen und bin mit Kirk superglücklich, aber irgendwas ist da zwischen uns ...«

Innerhalb der Sicherheit einer liebevollen Rechenschaftsbeziehung und ein paar anderen gesunden Grenzen – Treffen nur im Arbeitszusammenhang und immer an öffentlichen Orten, das Kennen- (und Lieben-!) lernen seiner Frau – versuche ich weiter, herauszubekommen, was Gott durch dieses Beziehungsknistern möglicherweise tun will.

Mit den Jahren habe ich eine geistliche Dynamik kennengelernt, die ich »Knistern« nenne. Vereinfacht ausgedrückt ist es der Lebensfluss des Heiligen Geistes in der Verbindung zu jemandem. Jedes Mal, wenn es bei jemandem »geknistert« hat, war diese Beziehung am Ende essenziell für mich und wichtig für Gottes Ziele für das GOHOP, hier vor Ort und darüber hinaus – ohne Ausnahme.

Da ist Chris, der damals das 24/7-Gebet in Kanada leitet. Der breitschultrige Rugbyfan aus Wales mit Lachfalten und einem ständigen Anflug von Bartstoppeln lädt mich wiederholt dazu ein, ins landesweite Leiterteam von *24/7 Prayer* zu kommen. Schließlich sage ich Ja, nur damit er aufhört, mich zu nerven. Er öffnet die Tür dazu, dass das GOHOP an *24/7 Prayer* andocken kann, und verschafft uns auf diese Weise Möglichkeiten für internationale Beziehungen und Einfluss.

Dann ist da Dave. Nach meiner ersten Begegnung mit ihm komme ich zu Kirk nach Hause und sage: »Im Wesentlichen ist er ich, nur als Mann. Und ungefähr doppelt so intelligent.« Unaufdringlich, aber brillant, trägt Dave besonders gern kariert. »Meine Frau kauft für mich ein«, sagt er, als ich ihn wegen seines begrenzten Modegeschmacks necke. Dave leitet eine Gemeindebewegung in Hamilton, die zum Wohl der Stadt zusammenarbeitet. Er zeigt mir, wie man Charismatisch auf Baptistisch und Presbyterianisch übersetzt. »Diese Worte bedeuten nicht das, was du denkst.« Er ist ein geduldiger Lehrer und Führer.

»Jill, unsere Gemeinden werden immer besser darin, zusammen zu evangelisieren, aber wir sind nicht so gut darin, zusammen zu beten. Denkst du, das GOHOP könnte uns helfen?«, fragt Dave.

Ich halte einen Moment inne, dann antworte ich: »Ich glaube, ihr seid viel besser im Beten, als ihr denkt. Ihr müsst nur verstehen, was eure Gebetssprache ist. Aber ja, wir können helfen.«

Es folgt eine Freundschaft, die uns beide bereichert, und eine Partnerschaft, die unseren Organisationen und Netzwerken zum Segen wird und ihnen von Nutzen ist. Als jemand, der in der Stadt Respekt genießt, öffnet Dave Tür um Tür, sodass unser Gebetshaus Möglichkeiten und Einfluss bekommt.

Und da ist Sue, eine kecke Britin mit silbrigem Kurzhaarschnitt. Nach dreißig Jahren in Kanada hält sie immer noch störrisch an ihrem feinen Londoner Akzent fest. Sie ist gleichermaßen wild und sanft. Wir treffen uns zum ersten Mal bei einer Gebetsretraite für Pastoren, wo wir ein Zimmer miteinander teilen. Von Anfang an verstehen wir uns bestens, nicht ahnend, wie eng unsere Leben während der nächsten 15 Jahre verwoben sein werden. Es fühlt sich an, als wären wir eine Weihnachtslichterkette – wenn wir eingesteckt werden, gehen wir an!

Das »Knistern« wirkt immer noch komisch, beliebig und irgendwie verrückt auf mich, deshalb suche ich nach einem biblischen Referenzrahmen für das Phänomen. Ist es der »Sohn des Friedens«, über den Jesus in Lukas 10 spricht? Die gottgewollte Beziehung, die dem Evangelium neue Möglichkeiten eröffnet? »In welches Haus ihr aber eintretet, sprecht zuerst: Friede diesem Haus! Und wenn dort ein Sohn des Friedens ist, so wird euer Friede auf ihm ruhen; wenn aber nicht, so wird er zu euch zurückkehren« (Lukas 10,5-6; ELB). Vielleicht.

Ist es wie die übernatürliche Zuneigung zwischen König David und Jonatan? »Nach seinem Gespräch mit Saul fühlte sich Jonatan mit David tief verbunden und er liebte ihn wie sein eigenes Leben … Jonatan schloss mit David einen Freundschaftsbund, weil er ihn liebte wie sein eigenes Leben« (1. Samuel 18,1.3). Mag sein. Es fühlt sich auf jeden Fall so an.

Als ich eines Tages Johannes 17 lese, fällt der Groschen. Im Gebet für seine Jünger spricht Jesus über Beziehungsaufträge, die ihm vom Vater gegeben wurden.

> Ich habe deinen Namen diesen Menschen offenbart. Sie waren in der Welt, doch dann hast du sie mir gegeben. Sie haben dir schon immer gehört, und du hast sie mir gegeben, und sie haben dein Wort bewahrt … Mein Gebet gilt nicht der Welt, sondern denen, die du mir gegeben hast, weil sie dir gehören.
> *Johannes 17,6.9*

Jesus weiß, dass der Vater ihm bestimmte Menschen gegeben hat – Menschen, denen er sein Herz schenken und mit denen er sein Leben teilen wird.

Das ist genau das, was ich erlebe!

Mein kürzlicher Ausflug in die Ignatische Spiritualität hilft mir ebenfalls dabei, diese Dynamik besser zu verstehen. Ignatius gründete den Jesuitenorden im 16. Jahrhundert und einer seiner Beiträge zur Glaubenstradition ist, dass wir einige der instinktiven Reaktionen besser verstehen können, die wir in Bezug auf Menschen und Situationen haben. Ignatius nennt sie »Trostlosigkeit« und »Trost«.

Trostlosigkeit ist das Gefühl von Dunkelheit, Verwirrung, davon, die Mitte und den Fokus verloren zu haben. Trost ist das Gefühl, wach und für die Gegenwart Gottes lebendig zu sein, »zentriert« und voller Freude. Mir wird klar, dass ich in diesen Beziehungen keine Verliebtheit, keine Schwärmerei erlebe. Es ist Trost. Ein Bewusstsein davon, wie die Gegenwart Gottes eine gesalbte, von ihm gewollte Freundschaft mit Gnade und Güte durchtränkt.

EINLADUNG

In den Kinderbüchern *Anne auf Green Gables* reserviert die Heldin Anne Shirley einen speziellen Namen für Menschen, mit denen sie sich besonders verbunden fühlt. Sie nennt sie »verwandte Seelen«.

> Der alte Kapitän streckte seine sehnige Hand nach Anne aus; sie lächelten einander an und waren von diesem Moment an Freunde. In einem Augenblick erkannte verwandte Seele verwandte Seele. »Ich bin wirklich erfreut, Sie kennenzulernen, Mistress Blythe … Sie sind jung und ich alt, aber unsere Seelen sind ungefähr gleich alt, denke ich. Wir gehören beide dem Stamm an, der Josef kennt, wie Cornelia Bryant zu sagen pflegte.«

»Der Stamm, der Josef kennt?«, rätselte Anne.

»Ja. Cornelia teilt alle Menschen dieser Welt in zwei Kategorien ein – den Stamm, der Josef kennt, und den, der es nicht tut. Wenn jemand mehr oder weniger mit einem übereinstimmt und so ziemlich die gleichen Vorstellungen von den Dingen hat und denselben Humor – ja, dann gehört er zum Stamm, der Josef kennt.«

»Ah, ich verstehe«, rief Anne aus, als ihr ein Licht aufging. »Es ist das, was ich früher – und immer noch – in Anführungszeichen ›verwandte Seelen‹ nenne.«[21]

Wenn Sie die Beschreibung von Annes Beziehung zu denen, die sie »verwandte Seelen« nennt, lesen: Entdecken Sie dann ähnliche geistliche Beziehungen und Anziehungskräfte in Ihrem Leben?

Haben Sie schon einmal eine Seelenverwandtschaft erlebt? Wie hat diese Art von Verbindung Ihr Leben verändert oder es beeinflusst?

Wie könnte es aussehen, wenn Sie diese Verbindung weiterverfolgen, um zu sehen, was Gott mit Ihnen beiden vorhat?

Jesus,
danke für die besonderen und einzigartigen Beziehungsaufgaben, die du mir gegeben hast, und die Freundschaften in meinem Leben, die mir Licht und Richtung schenken.
Hilf mir, zu lieben und denen gegenüber ein offenes Herz zu haben, die du mir in den Weg stellst.
Zeig mir, wo du mitten in diesen Beziehungen am Wirken bist, und offenbare deinen Willen für uns.

22

JEDI

Und ihr solltet meinem Beispiel folgen, so wie ich Christus folge.

1. Korinther 11,1

Meine »knisternde« Freundschaft mit Sue kommt eines Tages beim Kaffeetrinken so richtig in Fahrt.

»Das GOHOP versucht ja im Moment herauszufinden, wie wir in Bezug auf Mission und soziale Gerechtigkeit praktisch und geistlich wachsen können, und ich denke gerade: Statt das Rad neu zu erfinden und etwas Neues zu beginnen, sollte ich vielleicht einfach mal mit dir plaudern. Kann ich bei dir hospitieren?« Wir sitzen in einem Café. Sue trinkt in kleinen Schlucken ihren Tee mit Milch. Ihr Blick ist aufmerksam und warm.

»Ich bin mir nicht sicher, inwieweit ich dir helfen kann.« Ganz bescheiden, wie eine echte Britin. »Aber wenn du kommen möchtest und Zeit mit uns verbringen willst, ist das völlig in Ordnung.«

Am folgenden Sonntag finde ich mich vor der örtlichen Obdachlosenunterkunft und Entzugsklinik ein, wo Sue als Seelsorgerin arbeitet. Eine Handvoll Raucher lungert draußen herum – sie starren mich an, als ich mich nähere. Ich atme einmal tief durch und laufe im Slalom bis zum Eingang. (Nicht vergessen: nächstes Mal weitere Kleidung tragen.)

Die Treppe führt nach unten in den Saal, wo der Gottesdienst stattfindet. Es riecht irgendwie nach Schweiß und etwas anderem, leicht säuerlich und undefinierbar. »Schön, dass du kommen konntest!« Sue lächelt und führt mich herum. »Hier ist die Teeküche, da die schäbige kleine Vorratskammer. Und hier ist mein Büro. Es wäre keine schlechte Idee, wenn du deine Wertsachen hier lassen würdest.«

An ihrer Tür hängt ein Bild von Lucy aus den Peanut-Comics. Sie sitzt an ihrem Stand, an dem ein Schild mit der Aufschrift »Der Arzt ist da« angebracht ist. Das Wort »Arzt« ist durchgestrichen und jemand hat »Pfarrer« darübergeschrieben. »Meine Tochter hat das für mich gemalt«, lacht Sue.

»Vor ungefähr sieben Jahren hat mich die Mission gebeten, eine Bibelgesprächsgruppe am Sonntag zu starten, und mein erster Gedanke war: ›Mist, das war's mit meinen Wochenenden.‹ Seither sind wir aus dem kleinen Raum von damals rausgewachsen und sind jetzt hier. Ich wollte nie Pfarrerin sein und das hier sollte nie eine Gemeinde werden. Ich habe meinen Leuten gesagt: ›Wir üben einfach so lange zusammen Gemeinde, bis ihr in eine richtige gehen wollt.‹ Dann wollte irgendwann jemand wissen, was wir eigentlich sind, und ich habe die Gruppe gefragt. ›Wir sind natürlich eine Gemeinde.‹ Also sind wir es.«

Einige der Bewohner kommen herein, stellen schnell die Stühle und legen Bibeln und Liederbücher darauf. »Wir benutzen Liederbücher und sie suchen die Lieder aus. Es ist wichtig, dass sie das tun dürfen – in ihrem Leben gibt es so viel, was sie nicht bestimmen können, wo es keine Alternativen und Optionen gibt. Hauptsächlich mögen sie Lieder, die sie bei der Beerdigung ihrer Eltern gehört haben. An die erinnern sie sich.«

Der Gesang wird von Jared geleitet, einem Theologiestudenten im Praktikum. Er ist etwa 1,80 m groß und wiegt kaum 45 Kilo, gekrönt von einem roten Haarschopf. Wenn er unserer Truppe nicht gerade ein Ständchen bringt, schmeißt er sich in einen Hotdog-Anzug und verkauft Biofleisch-Street-Food« im Stadtzentrum. Heute jedoch spielt er eine alte Stahlsaitengitarre und schlägt zu »Das alt raue Kreuz« und »Es ist Kraft in dem Blut« kräftig in die Saiten.

»Nummer eins! Ich will Nummer eins!« Jackies Hand schießt in die Höhe. Sie ist von der schnellen Sorte, deshalb singen wir die Nummer eins, *Amazing Grace*, Sonntag für Sonntag für Sonntag. Nach dem Lobpreis leitet Sue das Bibelgespräch. Meine Aufgabe ist es, hinten zu beten, manchmal ziemlich inbrünstig – je nachdem, wie viele unserer Besucher betrunken sind und sich danebenbenehmen. Ich helfe auch beim Verteilen der Snacks.

Das erste Jahr verbringe ich damit, mich hinter dem Kaffeetisch zu verstecken. Er verschafft mir einen sicheren Abstand von dieser Gruppe ungepflegter Fremder, gibt mir aber auch die Möglichkeit, jeden von ihnen kennenzulernen, wenn sie sich für Tasse um Tasse Kaffee anstellen, um sie mit Löffel um Löffel Zucker zu trinken.

Sie kommen hungrig und es dauert nicht lang, bis ich die Woche davor mit Backen verbringe. Die Leckereien werden gern genommen, vor allem die Cupcakes, die als Spinnen und Igel dekoriert sind. Ich werde zur erfahrenen Jägerin, als ich Beute auf Reste und Snacks für unsere kleine Herde mache.

»Ist heute Nacht Vollmond? Alle sind unruhig.« Es ist irgendwie einer dieser Tage, wo alles aus dem Gleichgewicht geraten scheint. Einer der Anwesenden ist besonders aufgewühlt. Während Sue zu predigen versucht, verlässt er torkelnd seinen Platz. Hin und her schwankend murmelt er ein Gebet und lässt die Arme dabei in alle vier Richtungen des Saales schlenkern. Die Gruppe verliert die Geduld und stört mit Zwischenrufen.

»Halt dein ***Maul!«

»Ver*** dich! Wir wollen Pastorin Sue hören!«

Sue unterbricht den Aufstand.

»Niemand wird aus meinem Gottesdienst geworfen!«

Eingeschüchtert verstummt die Schar.

Sue wartet, bis er fertig ist, bugsiert ihn sanft wieder auf seinen Platz zurück und macht mit der Predigt weiter. Ich bin voller Bewunderung. Sie sieht vielleicht wie eine zierliche Engländerin aus, aber ich durchschaue ihre Verkleidung. Sie ist ein echter Jedi.

Ich werde Sues Padawan, ein angehender Jedi-Ritter, ihr Lehrling und Schatten. Koche Kaffee. Stelle Stühle auf und stapele sie wieder. Begleite sie. Beobachte alles, was sie tut, und rede mit ihr darüber, warum sie es so macht. Während der nächsten paar Jahre erhalte ich eine Ausbildung, die ich nicht mehr missen möchte. Wie man eine sichere, einladende und offene Atmosphäre schafft. Wie man die Würde jedes Einzelnen respektiert und wie man ihn dazu bekommt, seine Gaben für andere einzusetzen. Ich werde für »normale« kirchliche Kirche verdorben.

Als ich das nächste Mal das *International House of Prayer* in Kansas City besuche, ist das eine echte Herausforderung für mich. Der Gebetsraum ist blitzsauber und ordentlich. Die Musik ist exzellent und fachmännisch abgemischt. Alles ist wunderschön, professionell, wohlgeordnet. Und ich fühle mich eindeutig unwohl und deplatziert.

Später esse ich mit einem meiner Freunde dort zu Abend und erzähle ihm von meiner Erfahrung. »Ah, du musst *Hope City*, unser Gebetshaus im Stadtzentrum, besuchen!«, sagt er. »Ich sorge dafür, dass du mit jemandem mitfahren kannst.«

Am nächsten Tag werde ich in einem Viertel abgesetzt, das ziemlich heruntergekommen ist. Die Tür öffnet sich zu einem Saal, in dem ein paar ungepflegte Männer an Tischen sitzen und Kaffeebecher umklammert halten. »Hier haben wir die Suppenküche und Tafel.« Ich werde herumgeführt. »Da drüben gibt es Waschmaschinen, damit die Leute ihre Wäsche kostenlos waschen können. Und wir haben auch eine Kleiderkammer, vor allem für Männer. Socken sind immer gefragt.«

Am Eingang zum Gebetsraum selbst wiegt sich eine sehr alte, zerbrechliche Frau zur Musik hin und her. Sie hat das sanfte, ausdruckslose Gesicht eines Menschen mit Demenz. Drinnen spielen ein paar afroamerikanische Kinder zwischen den Stühlen Fangen und im hinteren Bereich liegt jemand betrunken auf einer Bank. Auf der Bühne stillt eine der Sängerinnen ihr Baby, während sie ins Mikro singt. Der Lobpreis wird unterbrochen von Rap und gesprochenem Wort.

Ah, viel besser. Erleichtert aufseufzend lasse ich mich auf einen Stuhl fallen. Am besten ist es, sich einen aus Holz auszusuchen – man weiß ja nie, welche krabbelnden Geschöpfe in den gepolsterten leben. Mein Herz fühlt sich zu Hause.

Sie ist braunhaarig und graublau-äugig. Mit ihrem warmen Wollpullover und einem großen, dicken Schal um den Hals sitzt sie am anderen Ende der Couch und interviewt mich für ein Klassenprojekt zum Thema Führung. Leute setzen sich mit mir für den Schulunterricht auseinander. Komisch. Einmal werde ich von einem örtlichen Professor zu einem Theologieseminar eingeladen. »Komme ich als Lehrende oder als Anschauungsmaterial?«, frage ich.

Modernes klösterliches Leben wird immer bekannter und beliebter, und Studenten sind neugierig. Shira studiert Theologie an der Universität um die Ecke. Wir begegnen uns zum ersten Mal im Gebetshaus von Winnipeg. Ich halte dort einen Vortrag und hinterher kommt sie auf mich zu. »Ich ziehe diesen Herbst zum Studieren nach Hamilton«, sagt sie. »Ich würde gern mit euch in Verbindung bleiben!«

»Klar, komm vorbei und besuch uns«, antworte ich. Ich mache mir eine gedankliche Notiz. Junge Frau: Haken. Liebt die Bibel: Haken. Lobpreisleiterin: Haken. In der Gebetsbewegung: Haken … Interessant!

Ein paar Monate später ist sie da. Nach dem Interview stellt sie eine Frage. »Gibt es irgendeine Möglichkeit, dass ich mein Praktikum beim GOHOP mache? Dass ich dich also ein Jahr lang oder so begleite?« Ich lache in mich hinein. Ich bin nicht sicher, ob ich schon ein Jedi bin, aber froh, eine Zeit lang einen Padawan zu haben.

EINLADUNG

Bei der rabbinischen Ausbildung im ersten Jahrhundert ging es mehr um Nachmachen und In-die-Lehre-Gehen als um Lernen im Klassenzimmer. Nachfolge war im Alltag gelebte geistliche Entwicklung – die Jünger Jesu tauchten in seine Art zu leben und seine Lehren ein. Dabei hatten sie das Ziel, mehr wie er zu werden. Jesus selbst sagte: »Kommt mit und folgt mir nach. Ich will euch zeigen, wie man Menschen fischt!« (Matthäus 4,19).

Seine Jünger »kamen und folgten ihm« wortwörtlich, indem sie bei ihm waren und Zeit mit ihm verbrachten – ihre Lebensweise anpassten, damit sie von ihm lernen konnten. Dann begann er, sie zu formen und zu prägen. »Ich werde euch neu machen.« Schließlich begann geistliches Wirken aus denjenigen zu fließen, die von Jesus und seinen Lehren geformt und geprägt worden waren. Sie wurden zu »Menschenfischern«.

- Wer waren die prägendsten Vorbilder und Mentoren in Ihrem Leben? Denken Sie eine Weile darüber nach, was sie zu Ihrer Nachfolge beigetragen haben. (Übrigens habe ich in diesem Kapitel Sue nicht darum gebeten, zu mir zu kommen und mich zu unterrichten. Ich bin zu ihr gegangen, um in ihren

Lebensstil und ihre Lehren einzutauchen. Ich wollte mehr wie sie werden und letztlich mehr wie Jesus.)

- Wen hat Gott aktuell in Ihr Leben gestellt, damit Sie von ihm lernen? Müssen Sie Veränderungen vornehmen, damit Sie in dessen Lebensstil und Lehren eintauchen und geistlich wachsen können? Wie könnte das aussehen?

Jesus,
ich danke dir für alle treuen Jünger, die vor mir gelebt haben.
Danke für diejenigen in meinem Leben, die mir deine Art zu leben und deine Lehren vorleben.
Zeig mir, wie ich in meinem Leben Raum dafür schaffen kann, ihnen zu folgen und dann dir.
Jesus, ich komme zu dir. Mache mich neu, forme mich, präge mich und gib mir einen Auftrag.

23

BETEN AUF EIGENE GEFAHR

Das Wort Gottes ist lebendig und wirksam. Es ist schärfer als das schärfste Schwert …

Hebräer 4,12

Ich schaue zur Bühne hoch. Mit offenem Mund. Zwei meiner Lieblingslobpreisleiter, vor denen ich den höchsten Respekt habe, haben gerade das Undenkbare getan.

»Was meinste? D-Dur?«, wendet sich der eine an den anderen.

»Klar!« Er beginnt, eine simple Akkordfolge zu spielen und improvisiert dazu auf dem Klavier. »Ich glaub, ich hab heute Lust auf Psalm 84. Lass uns den nehmen!«

Sie beginnen, den Psalm zu singen, wobei sie ihre eigene Melodie erfinden, aus dem Stegreif Akkorde dazu spielen und sich Texte ausdenken.

Ein eigenes Lied erfinden? Zur Bibel? Ist das überhaupt erlaubt?

Es ist nicht nur erlaubt, es ist sogar eine uralte Tradition. Im Judentum wird die Tora sowohl von Rabbis als auch nervösen Teenagern bei der Bar-Mizwa gesungen. Im Christentum haben sich Mönche jahrtausendelang durch die Psalmen skandiert.

Als GOHOP haben wir das Glück, unseren eigenen Benediktiner in unserer Mitte zu haben. Der schlaksige, hoch aufgeschossene Troubadour Bruder David Peter walzt und tänzelt mit seinem Hackbrett herum, während er singt. Heute haben wir uns im Kreis zum Morgengebet zusammengefunden, das wir »Heartwatch« – »Herzenswache« – nennen, und singen die Psalmen zu einem Rhythmus, der deutlich nach Reggae klingt.

> Als der Herr Zion aus der Knechtschaft befreite, schien es wie ein Traum. Dann wurde unser Mund von Lachen erfüllt, auf unseren Lippen waren Lieder.
> *Psalm 126,1-2*[22]

Peter ist ein benediktinischer Oblate, ein Laienbruder, der die Benediktsregel im Kontext seines ganz gewöhnlichen, weltlichen Lebens umsetzt. Seinen Lebensunterhalt verdiente er lange als professioneller Pflanzenpfleger in verschiedenen Gebäuden in Hamilton, darunter die Zentralbibliothek und die Hauptpolizeiwache. »Ich unternehme Gebetsinvasionen«, sagt er.

Wie ich ist er ein Beter und Bodenbereiter. Anders als ich spielt er in der Gebetsbewegung von Hamilton seit über drei Jahrzehnten eine Schlüsselrolle. Zu Peters geistlicher Praxis gehört es, Psalmgesänge in seinen Alltag zu integrieren. In regelmäßigen Abständen drückt er während seines Arbeitstages auf die Pausetaste und nimmt sich Zeit dafür, Bibelverse zu singen.

»Peter, was hast du davon?«, frage ich eines Tages.

Er antwortet ohne zu zögern. »Der Hauptvorteil ist, dass ich meinem Geist regelmäßig das lebendige und wirksame Wort Gottes einpräge … Seine Worte an sich sind schon viel heilsamer als alle Dylan-Liedtexte, die ich auswendig gelernt habe. Und es hat meiner Meinung nach einen unbestreitbaren Nutzen, dem eigenen, nicht immer so ausgeglichenen Saul ein David zu sein, deshalb singe ich regelmäßig meiner eigenen Seele zu.«

Unserem Geist das Wort einprägen. Unserer Seele zusingen. Ich bin seit Langem mit Bruder David Peter befreundet und ich habe mit eigenen Augen gesehen, wie er davon profitiert, regelmäßig Bibelstellen zu singen. Segensreich, ja. Aber auch potenziell gefährlich? Ebenfalls ja.

Unsere erste Räumlichkeit in Hamilton ist eine ehemalige Bücherei im Norden der Stadt, direkt gegenüber einem Komplex mit Sozialwohnungen. Eine Baptistengemeinde bietet uns freundlicherweise einen Ort zum Beten an. Zu diesem Zeitpunkt ist unser Team gewachsen und Phyllis, Andy, Josiah, Abraham und ein paar andere versammeln sich regelmäßig, um sich durch die Bibel zu lobpreisen, zu singen und zu beten. Heute singen wir uns durch das Gleichnis vom großen Festmahl in Lukas 14:

> Ein Mann bereitete ein großes Fest vor und verschickte viele Einladungen. Als alles vorbereitet war, sandte er seinen Diener aus, der den Gästen sagen sollte, dass es Zeit war, zum Fest zu kommen.
> Aber sie fingen alle an, Entschuldigungen vorzubringen.
> Einer sagte, er habe gerade ein Feld gekauft und wolle es nun begutachten; er bat, ihn deshalb zu entschuldigen.
> Ein anderer erklärte, dass er gerade fünf Paar Ochsen gekauft habe und sie prüfen wolle.
> Wieder ein anderer hatte gerade geheiratet und meinte, er könne deshalb nicht kommen.
> Der Diener kam zurück und berichtete seinem Herrn, was sie gesagt hatten. Da wurde der Herr zornig und sagte: »Geh hinaus auf die Straßen und Wege der Stadt und lade die Armen, die Krüppel, die Lahmen und die Blinden ein.«
> *Lukas 14,16-21*

Jemandem, der Menschen zum Beten mobilisiert und Gebetstreffen plant, kommt die Geschichte irgendwie bekannt vor. Wir decken einen Tisch der Gegenwart des Herrn. Erlesene Speisen und Weine.

Es ist ein Fest und es wird großartig werden! Wir lassen die Leute wissen, dass es losgeht – Leute, die bereits zugesagt haben.

Und dann?

Dann kommen die ganzen Entschuldigungen.

Zu beschäftigt.

Ist gerade viel los.

Und wir bleiben mit den leeren Stühlen um die Festtafel zurück.

Gottes Lösung für das Dilemma? Raus auf die Straßen und Gassen gehen! Die Armen, Kranken, am Rand der Gesellschaft Stehenden finden und sie nötigen, hereinzukommen! Als wir uns an diesem Tag durch diesen Abschnitt singen, verpasst der Herr unserer Gemeinschaft eine sanfte chiropraktische Korrektur und spricht uns eine besondere Einladung aus. Was, wenn er möchte, dass wir aufhören, uns einen Kopf darum zu machen, ob »nette« oder »normale« Gemeindeleute kommen, und stattdessen will, dass wir Menschen vom Rand der Gesellschaft einladen, Freundschaften mit den »falschen« Leuten schließen? Mit Süchtigen. Ehemaligen Straftätern. Behinderten. Berufsunfähigen.

Ein paar Jahre später schaue ich mich in unserem Kreis der Betenden um, nachdenklich und zutiefst froh. Rechts von mir sitzt Chuck, ein nigerianischer Student, der eine Gehirnverletzung erlitten hat und in unserem Gemeinschaftshaus lebt, bis er sich wieder erholt hat. Er liebt Lobpreis und springt hin und wieder abrupt auf, um ein Lied mit seiner vollen, tiefen, wohlklingenden Stimme herauszuschmettern. Leider ist sein Kurzzeitgedächtnis hinüber, sodass er unweigerlich die falschen Texte zu den Liedern singt, die den Rest von uns gleichermaßen übertönen und betören. Sein Lobpreis ist wunderbar.

Neben ihm sitzt Mildred, eine kinnbehaarte Seniorin, die hauptsächlich wegen des Mittagessens kommt und sich durch die meisten

Gebetstreffen schnarcht. Von Zeit zu Zeit wacht sie mit einem Ruck auf, betet stotternd für die königliche Familie und döst dann wieder weg.

Dann ist da Joe mit seinem buschigen Bart und dem Led-Zeppelin-T-Shirt, der mit geschlossenen Augen anbetet und mit großer Fingerfertigkeit Luftgitarre spielt. Neben ihm? Janey mit ihren langen Röcken, Halstüchern und Protestliedern aus den 70ern. Ihr Gesicht leuchtet beim Singen. Es sieht aus, als sei sie nicht nur aus einer anderen Zeit, sondern auch an einem anderen Ort.

Und dann ist da meine liebe Freundin Sally. Ebenfalls hirngeschädigt. »Ich will neben dir sitzen!« Sie schmollt. »Kann ich auch Gitarre spielen?« Egal, was ich mache – Sally will es auch.

»Okay, Sally, hier ist deine Gitarre. Hast du noch das Plektrum, das ich dir gegeben habe?«

»Nein, habe ich zu Hause liegen lassen.«

In jener Phase verbrauche ich ein paar Dutzend Gitarrenplektrums. Ich vermute, dass sie sich heimlich eine Sammlung zulegt. Während wir zu singen beginnen, »spielt« Sally ihre Gitarre, indem sie entweder auf das Instrument einhämmert oder den Hals wie einen Hockeyschläger umklammert und mit Nachdruck in die Saiten haut.

Einmal bin ich unterwegs und lade deshalb meinen Kumpel Aaron Weafer als Ersatzlobpreisleiter ein. Ich möchte herausfinden, wie er mit unserem zusammengewürfelten Haufen zurechtkommt, ob er in der Lage ist, inmitten all ihrer bunten Ausdrucksformen in die Anbetung zu finden.

»Wie lief's?«, frage ich ihn am nächsten Tag.

»Das war schon ein spannender Ausflug!« Er grinst. »Sally wollte eine Gitarre, also habe ich ihr eine gegeben. Ich habe meine gestimmt und gefragt, ob ihre auch gestimmt werden muss. ›Muss man dazu diese kleinen knubbeligen Dinger benutzen?‹ Sie hat auf die Stimmwirbel gezeigt. Ich sagte zu ihr: ›Äh, kannst du überhaupt Gitarre spielen? Spiel mal ein G.‹ ›Geeeeeeee!‹, hat sie gesungen und begeistert in die Saiten gehauen.«

Aaron besteht den Test.

Nicht nur unser Gebetsraum wird ein bisschen einzigartiger und interessanter, sondern auch unser Esstisch. Unsere Nachbarschaft ist, sagen wir mal, lebhaft. Man muss gar kein Fernsehen schauen; man kann einfach auf der vorderen Veranda sitzen und dabei zusehen, wie die Polizei böse Jungs unsere Straße rauf- und runterjagt! Einmal hängen unsere Freunde nach dem Abendessen noch etwas auf unserer Veranda ab, als unsere Aufmerksamkeit von einer weiteren Verhaftung auf dem Parkplatz unseres Hauses gegenüber gefesselt wird. Ein zerlumpter Mann steht mehreren Polizisten gegenüber, seine Arme leicht ausgestreckt. Er wippt von einem Fuß auf den anderen, ein freches Grinsen im Gesicht. Wir können nicht hören, was er sagt, aber es scheint die Polizei ziemlich aufzubringen. Plötzlich wirbelt er herum und will sich aus dem Staub machen. Die Beamten stürzen sich auf ihn, ringen ihn zu Boden und legen ihm Handschellen an.

Auf unserer Veranda brechen Jubel und Buhrufe aus.

»Ja, nur zu!«

»Gebt's ihm!«

»Dreckige Schweine! Lasst ihn allein!«

»Polizeigewalt! Ich werd das mit meinem Handy filmen!«

Mir wird klar, dass die Grenze zwischen den Anfeuerern und Buhrufern auf der Veranda zwischen denen von uns, die bereits im Gefängnis waren, und denen, die es nicht waren, verläuft. Tatsächlich muss man eine Zeit lang fast ein ehemaliger Straftäter sein, um bei uns Lobpreis zu leiten. Nur Sonderlinge sind zur Bewerbung zugelassen.

Die Bibel beten? Ja, das ist gefährlich. Es führt einen überall dorthin, wo man niemals hinwollte, in Gesellschaft von außergewöhnlichen Reisegefährten, und öffnet dem Leben unerwartete Horizonte.

EINLADUNG

Als ein Mann, der mit Jesus am Tisch saß, das hörte, rief er aus: »Glücklich sind die dran, die am Festessen im Reich Gottes teilnehmen!« Jesus antwortete ihm mit folgendem Gleichnis:

»Ein Mann bereitete ein großes Fest vor und verschickte viele Einladungen. Als alles vorbereitet war, sandte er seinen Diener aus, der den Gästen sagen sollte, dass es Zeit war, zum Fest zu kommen. Aber sie fingen alle an, Entschuldigungen vorzubringen. Einer sagte, er habe gerade ein Feld gekauft und wolle es nun begutachten; er bat, ihn deshalb zu entschuldigen. Ein anderer erklärte, dass er gerade fünf Paar Ochsen gekauft habe und sie prüfen wolle. Wieder ein anderer hatte gerade geheiratet und meinte, er könne deshalb nicht kommen.
Der Diener kam zurück und berichtete seinem Herrn, was sie gesagt hatten. Da wurde der Herr zornig und sagte: ›Geh hinaus auf die Straßen und Wege der Stadt und lade die Armen, die Krüppel, die Lahmen und die Blinden ein.‹ Der Diener tat, was ihm aufgetragen worden war, und berichtete dann: ›Wir haben noch Platz für weitere Gäste.‹
Da sagte sein Herr: ›Geh hinaus auf die Landstraßen und hinter die Hecken und dränge darauf, dass alle kommen, damit mein Haus voll wird. Denn keiner von denen, die ich zuerst eingeladen habe, soll auch nur das Geringste von dem bekommen, was ich für sie vorbereitet hatte.‹«
Lukas 14,15-24

Lesen: Lesen Sie diesen Abschnitt aus dem Lukasevangelium laut und langsam. Welche Wörter oder Sätze sprechen Sie an?
Reflektieren: Denken Sie über diese Wörter oder Sätze nach. Inwiefern spricht Sie das, worüber Jesus redet, an?
Reagieren: Welche Reaktion könnte sich Gott auf das, was er in der Geschichte hervorhebt, von Ihnen wünschen? Wozu lädt er Sie ein?

Jesus,
ich bin so dankbar, dass dein Wort lebendig, wirksam und scharf ist. Danke, dass es mich liest, während ich es lese. Während ich es meistere, wird es mein Meister.
Lass dein Wort Gottes Werk in mir tun und mich auf eine Art und Weise formen, die dir gefällt.

24

PILGERREISE

Glücklich zu nennen ist, wer seine Stärke in dir gefunden hat, alle die, deren Herz erfüllt ist von dem Wunsch, zu deinem Heiligtum zu pilgern.
Psalm 84,6; NGÜ

Unsere Erkundungsreise, wie ein Gebetshaus in den Bereichen Mission, soziale Gerechtigkeit und Gastfreundschaft wachsen kann, lässt mich nach Vancouver an die Westküste pilgern. Zur East Side in der Innenstadt, um genau zu sein. Sie umfasst ungefähr sechs Blocks mal sechs Blocks und ist die Heimat von etwa zehntausend Drogensüchtigen, Aaron und Cherie White und *614*, einer 24/7-Gemeinschaft.

Jetzt habe ich die Gelegenheit, alles, worüber ich in *Punk Monk* gelesen hatte, in Fleisch und Blut, live und in Farbe zu sehen. Mein Team vom GOHOP hat mich hergeschickt und wartet gespannt darauf, was ich erzählen werde. Mein Ziel? Aus meinen normalen Zusammenhängen und Gewohnheiten auszusteigen und mich auf die Suche nach Jesus zu begeben. Fünf Tage lang auf Aarons und Cheries Couch zu schlafen und in das Umfeld und die Rhythmen ihrer Gemeinschaft einzutauchen.

Mein erster Tag.

Meine Eltern sind nervös, als sie mich gegenüber dem leuchtend orangen Striplokal der Hells Angels absetzen. »Sei vorsichtig – nimm dich vor Bettwanzen in Acht«, warnen sie mich. Ich erwähne ihre Bedenken Aaron gegenüber so beiläufig wie möglich. »Ah, keine Sorge«, sagt er. »Die Couch haben wir letzte Woche entsorgt.« Das war ein Witz. Glaube ich.

Der Himmel ist grau. Wie die heruntergekommenen Gebäude. Wie das menschliche Gewühl auf den Bürgersteigen. Ich laufe hinter Aaron her, während wir uns unseren Weg durch die Menge suchen. Wir kommen an der Altglas-Sammelstelle vorbei, an der sich örtliche Entrepreneure mit riesigen Säcken voller Pfandgut beladen anstellen. Dosen sind das große Geschäft, wie es scheint. »Pass auf deine Sachen auf«, warnt er. Ich halte meine große Handtasche noch fester, als wir uns durch das Gedränge auf die andere Seite hindurchschlängeln.

Aaron macht mit mir eine »Tour der Schönheit« durch die Nachbarschaft. »Wenn du sie nicht liebst, wirst du nicht für sie kämpfen.« Er zeigt auf ein Zimmer weit oben in einem der vielen Slumhotels der Gegend. »Da haben wir fünf Jahre lang 24/7-Gebet für die Nachbarschaft durchgeführt. Du kannst das *Carnegie Centre*, den Hauptdrogenumschlagplatz, vom Fenster aus sehen. Wir standen da und beteten für unsere Freunde, wenn wir sie entdeckten.«

Wir kommen an einem Gemeinschaftsgarten vorbei, der zwischen zwei Hochhäusern versteckt ist. Er liegt hinter einem hohen Zaun, der mit Stacheldraht verstärkt ist.

»Wir mussten den Zugang zum Garten beschränken – andauernd haben Leute dort Marihuana gepflanzt. Da drüben haben wir während der Olympischen Spiele eine Zeltstadt errichtet. Sie wollten die Straßen säubern, alle vor den Touristen verstecken. Das war das Zentrum des Widerstands.

Hier ist der Oppenheimer Park. Früher hieß er Nadelpark, aber wir haben vor einigen Jahren angefangen, ihn zu säubern, und einen Spielplatz bauen lassen. Wir erobern ihn langsam zurück.

Als Noah geboren wurde, haben wir hier im Park seine Kindersegnung abgehalten. Haben alle unsere Freunde aus der Nachbarschaft versammelt und das Baby im Kreis herumgegeben; jeder sollte ihn segnen. Ein paar Leute waren unsicher – wollten es nicht machen. Ich habe sie herausgefordert: ›Ihr wollt also mein Baby nicht segnen?‹ Danach war er jedermanns Baby.«

»Fühlst du dich sicher genug, um deine Kinder hier großzuziehen?«

»Absolut«, antwortet er. »Wenn jemand meinen Kindern etwas zuleide täte, wäre es sehr gut möglich, dass einige meiner Nachbarn ihn tatsächlich umbringen würden. Und meine Kinder werden Drogen niemals anrühren – sie haben gesehen, wohin dieser Weg führt. Tatsächlich sind sie hier viel sicherer, als wenn sie neben einem Einkaufszentrum leben würden – das ist mal ein gefährlicher Ort!«

Aaron, seine Familie und ein paar Freunde sind alle in die Downtown East Side gezogen. »Wir finden nicht, dass missionarisches Leben langfristig zielführend ist. Wir sind missional, inkarnatorisch. Wir sind in dieses Viertel gezogen. Wollen bleiben. Wir sind hier, um unsere Nachbarn zu lieben und für sie zu beten.«

Sie leben in örtlichen Genossenschaftsbauten, teilen sich Wohnungen und Häuser. Viele aus der Gemeinschaft haben Teilzeitstellen im Viertel, oft bei einer der vielen Organisationen, die sich um die verzweifelten Bedürfnisse hier, im ärmsten Postleitzahlbezirk Kanadas, kümmern. Sie schließen Freundschaften mit Prostituierten, Drogenabhängigen, Pennern. Schon am Ende meines ersten Tages sind sie meine Helden.

Mein dritter Tag.

Ein afrikanisches Sprichwort besagt: »Am ersten Tag bist du Gast. Am zweiten Tag bist du Gast. Am dritten Tag bekommst du eine Hacke in die Hand.« Zeit für mich, mit anzupacken. Ich habe die Aufgabe, das Essen für alle zu kochen. Die zwei Schwerpunkte dieser Gemeinschaft sind der Gebetsraum und der gemeinsame Esstisch.

»Ich habe mit unseren Gemeinschaftsessen angefangen, weil ich Kochen so hasse«, lacht Cherie. »Da wir zur Heilsarmee gehören, haben wir das Verständnis, dass wir jedes Mal, wenn wir zusammen essen, das Mahl des Herrn feiern. Wir brechen gemeinsam das Brot und erinnern uns an ihn.«

An sechs Abenden pro Woche kommen verschiedene Mitglieder der Gemeinschaft in ihr Haus und bereiten genügend Futter für irgendeine Anzahl zwischen zehn und zwanzig Leuten zu. Wenn sie Freundschaften in der Nachbarschaft schließen, laden sie ihre neuen Freunde zum Essen ein. In einer Gegend voller Suppenküchen schenkt der gemeinsame Esstisch ein ganz anderes Zusammengehörigkeitsgefühl.

Das Abendessen ist im Ofen und ein köstlicher Geruch breitet sich aus, als mein erster Gast hereinkommt. Sam schlurft mit der Selbstverständlichkeit herein, die entsteht, wenn man sich lange kennt. Hier ist seine zweite Heimat. Mit seinen ausgeblichenen Jeans, seiner Lederjacke, seinen Zahnlücken und dem Vokuhila schaut Sam ein wenig grobschlächtig aus. Ich bin nervös, doch da ich gastfreundlich sein will, versuche ich mich höflich zu unterhalten.

»Alsoooo, was magst du an Vancouver?«

»Das Crack ist hier wirklich billig.« Er grinst.

Ich vermute, er hat gecheckt, dass ich ein Neuling bin, und beschlossen, mir das Leben ein bisschen schwer zu machen. Es dauert jedoch nicht lange, bis wir in freundliches Geplänkel verfallen.

»Frau, bring mir 'n Kaffee!«

»Hol dir deinen eigenen blöden Kaffee!« Der Beginn einer wunderbaren Freundschaft.

Mein letzter Tag.

Ich gehe rüber zu dem Café, das ich jeden Morgen besucht habe. Wenn man Freundschaften in einem Viertel wie diesem schließen will, gehört es dazu, einen immer gleichen Tagesablauf zu haben, damit die Leute wissen, wo und wann sie einen finden. Kurz bevor ich ins Café gehe, begegne ich Anne, wie fast täglich in dieser Woche.

»Jemand hat meinen Kaffee geklaut! Ich hab ihn nur ganz kurz abgestellt und jemand hat ihn sich geschnappt und ist damit abgehauen! Ich kann's nicht glauben!« Sie regt sich auf.

»Kein Problem, komm, wir holen dir einen neuen.«

Wir gehen rein und lächeln die Baristas an. Ich mache eine Bemerkung zu dem wunderschönen blauen Kleid, das Anne trägt, und finde heraus, dass ihr Freund an diesem Morgen sein Entzugsprogramm abschließt. Wir plaudern beim Kaffee, bevor sie aufbricht, um mit ihm zu feiern.

Als sie weg ist, mache ich mich an die Arbeit. Mein Tisch ist übersät mit meinem Laptop, Tagebuch und einem Haufen Zetteln. Nach ein paar Minuten meldet sich ein dringendes Bedürfnis und ich fange an, mein bewegliches Arbeitszimmer zusammenzuräumen, als Sam wieder auftaucht.

»Wie läuft's?«, fragt er.

»Gut, danke. Sorry, muss mal kurz zur Toilette.«

»Ich kann auf deine Sachen aufpassen, wenn du magst.«

Ich erstarre für einen kleinen Moment, meine Gedanken überschlagen sich. Ich habe die Woche damit verbracht, ein gutes Verhältnis zu Sam aufzubauen. Vertraue ich ihm meinen Laptop an?

Soweit ich weiß, ist er immer noch akut abhängig. Das ist jetzt der Moment der Wahrheit, oder?

Ich atme tief ein.

»Klar«, sage ich und klinge lockerer, als ich mich fühle. »Danke.«

Zu meiner großen Erleichterung warten sowohl Sam als auch meine Sachen am Tisch auf mich, als ich zurückkomme.

Ich kehre nach Hamilton zurück und sprudele über vor Begeisterung und großartigen Plänen. »Kirk, wir sollten Gemeinschaftsessen ausrichten! An sechs Abenden die Woche!«

»Ich gebe dir einen Abend«, entgegnet er. In diesem Augenblick wird der Spaghetti-Dienstag geboren.

EINLADUNG

> Das Pilgern ist in seinem Kern religiös motiviertes Reisen mit dem Ziel, Gott zu begegnen und zu erleben – in der Hoffnung, durch diese Begegnung geformt und verändert zu werden. Pilgerreisen haben oft etwas konkret Körperliches – sich an einen bestimmten Ort zu begeben, vielleicht mit besonderem Aufwand und besonderer Anstrengung – und Geistliches – man hofft, Gott auf der Reise zu begegnen … Pilgerorte sind nicht das eigentliche Ziel. Streng genommen sind sie nicht einmal notwendig. Sie symbolisieren auf vielfältige Weise, dass unser Leben eine Reise mit und zu Gott sein soll.
>
> *Arthur Boers*[23]

Pilgern kann so lang dauern wie der 800-Kilometer-Marsch auf dem Camino de Santiago in Spanien oder so kurz sein wie ein Spaziergang zur Parkbank um die Ecke. Wenn wir aus unserer normalen Routine ausbrechen und Neuland erkunden, können wir gewaltige Perspektivwechsel erleben.

Wie Sie eine Pilgerreise planen …

Planen Sie eine Pilgerreise an einen unbekannten Ort. Es können ein paar Stunden im Park in der Nähe oder ein paar Wochen im Ausland sein!

Gehen Sie mit einer offenen Haltung los, in der Hoffnung, Gott zu begegnen, und in der Erwartung, dass diese Begegnung Sie zum Wachsen einlädt.

Nehmen Sie von Ihren üblichen Verantwortlichkeiten und Ihrem normalen Tagesablauf Abstand – von den gewohnten Anforderungen der Arbeit, von Fernsehen, Internet, Medien und Smartphones.

Treten Sie in Verbindung mit Gott, indem Sie ein paar neue geistliche Disziplinen oder Übungen ausprobieren. Vielleicht beginnen Sie mit dem Tagebuchschreiben? Wie wäre es mit einem Fotojournal von dem Ort, den Sie besuchen? Oder nehmen Sie ein Andachtsbuch von einem Ihnen unbekannten Autor mit und lassen Sie es in Ihren Stillen Zeiten auf der Reise zu sich sprechen.

Denken Sie hinterher über Ihre Pilgerreise nach. Was haben Sie gelernt? Wie hat Gott sich Ihnen offenbart? Haben Sie etwas auf Ihrer Reise zurückgelassen? Haben Sie etwas mit nach Haus gebracht?

Jesus,
danke, dass du mich immer wieder einlädst, weiter hinein und höher hinaus zu kommen.
Hilf mir, alles loszulassen, was mir vertraut ist, und mit dir auf die Reise zu gehen. Ich richte mein Herz heute aufs Pilgern aus.

25

SPAGHETTI

Vergesst nicht, Fremden Gastfreundschaft zu erweisen, denn auf diese Weise haben einige Engel beherbergt, ohne es zu merken!

Hebräer 13,2

Es dauert sechs Monate, bis wir unsere Freunde erzogen haben. Unserer nordamerikanischen Kultur ist es fremd, einfach bei jemandem zum Essen aufzutauchen.

»Kommt einfach vorbei. Am Dienstag. An irgendeinem Dienstag – egal, an welchem.«

»Wirklich? Egal, an welchem Dienstag?«

»Jep, egal, an welchem Dienstag, außer an Heiligabend und am ersten Weihnachtsfeiertag. Um sechs.«

Wir machen Spaghetti. Viele Spaghetti. Kirk rechnet es einmal nach – während der sechs Jahre unserer Gemeinschaftsabendessen servieren wir über eine halbe Tonne Pasta. Es ist billig und einfach. Wir verfeinern ein besonderes Soßenrezept.

»Das geheime Gewürz – darauf kommt es an!« Kirk ist stolz auf seine kulinarische Kreation.

»Was ist das für ein Gewürz?« Unsere Freunde sind neugierig.

»Würde ich es euch verraten, müsste ich euch umbringen«, grinst er.

Irgendwann haben es die Leute raus, unangekündigt vorbeizukommen, und bald dehnt sich unsere Dienstagsgemeinschaft über unseren Esstisch hinaus aus ins Wohnzimmer, die Küche und im Sommer auf die vordere und hintere Veranda.

Jason ist früh dran, möchte gern helfen. Er ist fast blind, findet sich aber schnell zurecht und saust in der Küche herum wie ein Wirbelwind. »Ich stell die Gläser raus!« Wie durch ein Wunder bleiben alle Gläser heil. »Ihr braucht mehr Servietten! Gibt es heute Knoblauchbrot?« Hoffnungsvoll öffnet er die Ofentür, um hineinzuspähen und zu schnuppern.

Es klopft an der Tür und ich öffne. Margaret steht draußen mit ihrem Onkel Mike und ein paar Freunden. Sie trägt eine pinke Mütze mit Katzenöhrchen. »Stellt die Gehhilfen in die Garage!«, bellt sie. Unten auf dem Parkplatz befindet sich eine kleine Ansammlung von Rollatoren. Ich bin nicht ganz sicher, ob sie alle medizinisch notwendig sind, aber sie haben einen Mehrfachnutzen. Man kann kostenlos mit dem Bus fahren, wenn man einen hat. Außerdem kann man viele Sachen damit transportieren. Mikes Rollator ist eine Deluxe-Ausgabe – er ist ausstaffiert mit allem möglichen Seefahrer-Krimskrams. Mike ist der Kapitän seines Schiffes und eine Kappe sitzt keck auf seinem Kopf.

»Ich hab dir ein Mensch-ärgere-dich-nicht-Spiel gemacht!« Er überreicht es mir stolz. Es ist aus Holzresten gebastelt und liebevoll handbemalt. »Und ich hab dir auch einen Würfel gemacht! Schau mal!« Ich spüre das Gewicht des golfballgroßen Würfels in der Hand – jedes Loch ist handgebohrt. »Spielst du mit uns?«, fragt er.

Wir bauen das Spielbrett an einem Ende des Tisches auf und die Anwesenden versammeln sich darum. Brettspiele sind eine ernst zu nehmende Angelegenheit.

»Oh, du hast mich erwischt!«, ruft Mike. Margaret grinst boshaft, während sie ihre Figur über das Brett bewegt.

»Ich krieg dich immer!«, kräht sie. »Würfel jetzt!«

»Ich kenne dieses Haus.« Unser Gast Terry schaut sich um, in Gedanken versunken. »Hab damals während meines Entzugs hier gewohnt. Schaut jetzt aber anders aus! Ach, wenn diese Wände reden könnten …«

Unser zweites Gemeinschaftshaus hat eine wechselvolle Geschichte. Ursprünglich war es ein Crack-Haus – in dem bis zu fünf Jungs allein im feuchten, niedrigen Keller lebten. Als sie verschwanden, nahmen sie alle Telefonleitungen wegen des Kupfers mit. Das Haus wurde von ein paar Baptisten gekauft, die es liebevoll zurück ins Leben renovierten und es dann für eine Reihe von sozialen Projekten nutzten, darunter auch ein Entzugszentrum für Männer und ein Übergangsheim für Frauen.

Es fällt uns genau in dem Moment in die Hände, als wir umziehen müssen. Unser Vermieter kündigt uns unser erstes Gemeinschaftshaus, als eine Familienkrise ihn unerwartet nach Kanada zurückbringt. »Sorry, Leute, ich brauche mein Haus zurück.« Eine zufällige Begegnung mit ein paar Freunden im Supermarkt um die Ecke bahnt uns den Weg zum neuen Standort. Kirk und ich leben dort mit drei Freunden. Ein Zimmer bleibt frei für Pilger, Gäste und alle, die etwas zur Überbrückung suchen.

Ich schlendere vom Esszimmer in die Küche. Matts Arme sind bis über die Ellenbogen im Schaum versunken, während er den Berg von Spaghettitellern abwäscht. Aaron hat es sich am kleinen Küchentisch gemütlich gemacht und diskutiert mit Shira über Politik. Wir haben das Esszimmer zur »Trump-freien Zone« ernannt, weshalb er in die Küche umgezogen ist.

»Was denkste, Jill?« Er wirft mir einen frechen Blick zu und grinst.

»Kein Kommentar!« Ich flitze ins Wohnzimmer.

Chris, einer meiner Mitbewohner, hat eine Gitarre in der Hand und lümmelt sich auf der Couch, während er träge ein paar Akkorde zupft.

»Schau dir mal meinen neuen Haarschnitt an«, sagt er und hebt seine leuchtend blaue Cap hoch. »Sie hat diesmal Zickzacklinien reingemacht.«

Sein Haar ist kurz geschnitten und, wie erwähnt, zickzackig. »Hübsch!«

»Hey, da draußen läuft jemand rum!« Chris späht aus dem Fenster und begibt sich dann zur Tür. Er kommt mit einem schlanken, schnauzbärtigen Fremden zurück. Er ist zurückhaltend, doch nach ein paar Minuten kann ich seine Geschichte aus ihm herauskitzeln.

»Meine Mutter ist mit Freunden von euch befreundet, und als ich hierher gezogen bin, hat sie mir gesagt, ich soll nach euch Ausschau halten. Ich habe ein Haus nur ein paar Straßen weiter gekauft und renoviere es gerade. Ich bin Gitarrenbauer.« Es stellt sich heraus, dass er schon ein paar Minuten vor unserem Haus auf- und abgegangen ist, bis er genug Mut aufgebracht hat, um an der Tür von Unbekannten zu klopfen und sich selbst zum Essen einzuladen.

»Unglaublich! Das ist so cool! Lass mich dir ein paar Leute vorstellen.«

Ich hole einen Teller Spaghetti und platziere ihn strategisch an einem Tisch mit ein paar anderen Musikern.

Unser Lieblings-Spaghetti-Dienstag ist der letzte Dienstag vor Weihnachten. Wir nennen ihn »Spaghetti-Dienstag – die Elfenausgabe«. In Kirks Lieblingsweihnachtsfilm sagt Buddy der Weihnachtself: »Wir Elfen versuchen, uns an die vier Hauptnährstoffgruppen zu halten: Bonbons, Zuckerstangen, Liebesperlen und Sirup.«[24] Wir stellen den Ahornsirup zur Verfügung und die Gäste bringen ihre eigenen Süßigkeiten als Spaghetti-Topping mit. Wir gießen Sirup über die Spaghetti und bestreuen sie mit Süßigkeiten – so wie im Film. Die Kinder lieben es.

»Ich will Smarties und Gummibärchen und Skittles!«

»Auf Spaghetti? Widerlich!« Eine erwachsene Freundin rümpft die Nase.

»Mit dem Ahornsirup schmecken die Spaghetti sogar ein bisschen wie French Toast«, erkläre ich. »Gar nicht schlecht!«

Nachdem wir unsere zuckrigen Spaghetti gegessen haben, drehen wir alle Sofas um, sodass ein Mini-Kinosaal entsteht, und schauen uns den Film zusammen an. Kirk besteht jedes Jahr auf dieser Tradition, und egal, wie oft ich ihn anschaue, ich muss, ehrlich gesagt, immer noch jedes Mal laut lachen.

An einer entscheidenden Stelle in der Geschichte halten wir den Film an und holen eine Packung mit zwölf Coladosen hervor. Es ist Zeit für den Rülpswettbewerb. Unsere Freundin Naomi ist die amtierende Meisterin und, wie man es von ihr kennt, macht sie dieses Jahr wieder alle anderen zunichte. Ich sehe mich im Wohnzimmer um und fühle mich erfüllt – zutiefst zufrieden. Wir sind ein bunter Haufen von Mitbewohnern, Freunden, den Komischen und den noch Komischeren. Leben zusammen, verbringen zusammen Zeit und essen zusammen. Es ist wirklich ein Fest, im wahrsten Sinne des Wortes.

EINLADUNG

In ihrem Buch *Making Room* mahnt Christine Pohl, zu den Formen der Gastfreundschaft zurückzukehren, wie sie die frühe Kirche gekennzeichnet haben. Gastfreundschaft ist Christen weder freigestellt noch auf diejenigen begrenzt, die eine besondere Gabe dafür haben. Es ist stattdessen eine wichtige Praxis der Gemeinschaft der Glaubenden. Eines der Schlüsselwörter für Gastfreundschaft, *philoxenia*, kombiniert das allgemeine Wort für Liebe oder Zuneigung zu Menschen, die durch Verwandtschaft oder Glauben (*phileo*) verbunden sind, mit dem Wort für Fremdling (*xenos*).[25] Weil *philoxenia* dieses Wort für den Fremden beinhaltet, ist die Ausrichtung der Gastfreundschaft auf Fremde im Griechischen sichtbarer als in anderen Sprachen.[26]

Biblische Gastfreundschaft ist nicht gleichbedeutend damit, einen Tisch schön zu decken und seine Freunde einzuladen. Jesus sagt:

> Wenn du mittags oder abends Gäste zum Essen einlädst, dann lade nicht deine Freunde, Brüder, Verwandten oder reichen Nachbarn ein. Denn sie werden es dir vergelten, indem sie dich ebenfalls einladen. Lade vielmehr die Armen, die Krüppel, die Gelähmten und die Blinden ein. Bei der Auferstehung der Gottesfürchtigen bist du glücklich dran, denn Gott wird dich belohnen, weil du Menschen eingeladen hast, die es dir nicht vergelten konnten.
> *Lukas 14,12-14*

Das Problem dabei, wenn man Jesus in sein Leben und sein persönliches Umfeld einlädt, ist: Er möchte seine Freunde mitbringen! Biblische Gastfreundschaft bedeutet, Herzen und Häuser für den anderen zu öffnen – den Fremden, denjenigen, der nicht wie man selbst ist. Und dabei gesegnet zu werden. Wenn wir Gastfreundschaft üben, können wir auch das Geheimnis erleben, dass Christus mitten in diesen menschlichen Begegnungen zu finden ist.

- Denken Sie mit Dankbarkeit darüber nach, wie Gott Platz an seinem Tisch für Sie gemacht hat – wie hat er Ihnen Gastfreundschaft erwiesen? Wie hat er Ihnen bei seinen Altären einen Ort bereitet – so wie der Schwalbe in Psalm 84,4?
- Auf welche Weise wurden Sie schon von Fremden gesegnet? Wie haben Sie die Gegenwart Jesu bei denen erlebt, die anders als Sie waren?
- Wie könnten Sie jene willkommen heißen, die normalerweise nicht Ihre Tafel zieren würden? Wie lädt Gott Sie vielleicht

dazu ein, dem Fremden einen Platz in Ihrem Leben einzuräumen? Zum Beispiel indem Sie einfach jemand Neuen in der Gemeinde nach dem Gottesdienst zum Essen einladen? Vielleicht können Sie auch ein bestimmtes Café regelmäßig besuchen und sich dort bewusst aufhalten, Stammgast werden und Bekanntschaften schließen.

Jesus
danke, dass du an deinem Tisch für mich Platz gemacht und mich eingeladen hast, dir Gesellschaft zu leisten.
Hilf mir, Gelegenheiten zu erkennen und zu ergreifen, auch für andere am Tisch Platz zu machen, vor allem für denjenigen, der so anders ist als ich.
Während ich dem anderen begegne, möge ich auch dir begegnen, Jesus.

26

WAS HAST DU IN DEINER HAND?

»In den letzten Tagen«, spricht Gott, »werde ich meinen Geist über alle Menschen ausgießen. Eure Söhne und Töchter werden weissagen, eure alten Männer werden prophetische Träume und eure jungen Männer Visionen haben.«

Joel 3,1

Meine Freundin Sue lädt mich zu einer Pastorenkonferenz der Baptisten ein. Ich komme gutgläubig mit, nicht ahnend, dass ich dort eine meiner allermerkwürdigsten Begegnungen mit Gott haben werde.

»Wir nehmen uns jetzt fünf Minuten Zeit zur Stille«, sagt die Predigerin. »Macht es euch in einer empfangsbereiten Haltung bequem, bringt euer Herz zur Ruhe und ladet Gott dazu ein, euch zu begegnen.« Ich stelle meine Füße gerade auf den Boden, richte meinen Rücken auf und lege meine geöffneten Handflächen auf die Knie. Meine Augen sind geschlossen. Ich atme tief ein. Die Muskeln hinten an meinen Schultern entspannen sich. Meine Arme werden schwerer, als mein Körper zur Ruhe kommt.

Atme einfach.

Was um alles …?

Ich schrecke auf, als ich plötzlich das Gewicht und die Schwere von etwas Langem, Schmalem und Zylinderförmigem in meinen

Handflächen spüre. Ich blinzele. Erlaubt sich jemand einen Scherz mit mir?

Meine Augen weiten sich. Da ist nichts. Und trotzdem … kann ich etwas fühlen.

Komisch.

Ich schließe meine Augen wieder, atme noch einmal tief ein und konzentriere mich auf das Gefühl. Was habe ich in meinen Händen? Es wirkt fest, stabil. Wie Holz. Ein paar Unregelmäßigkeiten, knubbelige Stellen.

Kein Besenstiel.

Vielleicht ein … ein Stab?

Cool, ich habe einen komischen, unsichtbaren Geisterstab in meinen Händen. Verrückt!

»Okay, Herr, ich habe dich gebeten, mir in der Stille zu begegnen, deshalb empfange ich … was auch immer das ist.«

Am nächsten Tag auf der Konferenz höre ich der Predigerin wieder zu. Nach dem, was gestern passiert ist, hat sie nun meine volle Aufmerksamkeit. »Mose begegnet Gott am brennenden Dornbusch«, sagt sie, »und der Herr sagt zu ihm: ›Was hast du da in der Hand?‹ (2. Mose 4,2).«

Waaaas? Meine Brust bebt, als mich Adrenalin durchflutet. Ich springe fast vom Stuhl. Was hast du in deiner Hand? Einen Stab! Einen Stab! Mose hatte einen Stab! Ich hatte gestern einen Stab! Wirklich!

Während der nächsten paar Monate denke ich über das nach, was ich nur als mystische Erfahrung beschreiben kann. Welche Bedeutung hat der Stab? Ist er ein Zeichen von Moses Autorität? Davon, wie Gott etwas Gewöhnliches nimmt und es in etwas Außergewöhnliches verwandelt?

Ich komme zu dem Schluss, dass mein kleines Hirn nicht dazu in der Lage ist, es zu verstehen, daher höre ich auf, darüber nachzugrübeln. Mir wird mehr offenbart werden, dessen bin ich sicher.

Ich lege es im »Wundersam-aber-wunderbar«-Fach ab und mache einfach mit meinem Leben weiter.

Ungefähr sechs Monate später verstehe ich in einem plötzlichen Gedankenblitz die Doppeldeutigkeit.

Was habe ich in meinen Händen?

Einen Stab?

Meinen Stab!

Aha, ich verstehe! Meinen Mitarbeiter*stab* im Gebetshaus! Den hat Gott mir gegeben! Ihn habe ich in der Hand! Ich bin ein bisschen schwer von Begriff, aber ich kapiere es endlich. Ich nehme das als Ermutigung Gottes, mein Mitarbeiterteam als Geschenk von ihm zu empfangen und es mir weiterhin zur Priorität zu machen, für es da zu sein – zu versuchen, das Beste in jedem zum Vorschein zu bringen.

Als junge Teenagerin las ich gern Fantasyromane. Hey, wer hätte nicht gern einen Drachen als Haustier, im Ernst jetzt? Einen Autor mochte ich besonders gern. Seine Bücher spielen in einem verzauberten Land, wo jeder Einwohner eine andere magische Begabung hat. Manche können schweben. Andere können die Sprache der Tiere verstehen. Jedes Talent ist einzigartig. Wer den stärksten Zauber hat, wird zum König des Landes ernannt. Die Regentschaft wechselt jeweils, wenn neue Gaben aufkommen.

In einem Jahr wird ein kleines, sechsjähriges Mädchen Königin. Alle Leute sind fasziniert. Wie kann jemand so Kleines so viel Macht ausüben? Was ist überhaupt ihre magische Fähigkeit? Das Geheimnis ihrer Stärke ist: Jedes Mal, wenn sich jemand dem Mädchen auf mindestens drei Meter nähert, werden dessen magische Fähigkeiten vergrößert und verstärkt. Ihre Zauberkraft besteht darin, dass sie jeden, dessen Leben sie berührt, magischer macht.

Mit 13 Jahren fand ich das völlig faszinierend und beschloss, dass ich auch den stärksten Zauber haben wollte.

»Danke, Jesus, für unser Mit-tag-ess-en, Aaaaamen, Amen!«

Andys Kinder zwitschern und trällern das gesungene Essensgebet. Wir singen alle mit. Ich lehne mich in meinem Stuhl zurück und schaue mich am Tisch um, Bauch und Herz voll. (Warum scheint sich alles im GOHOP um einen Tisch herum abzuspielen?) Bei unserem wöchentlichen Teamtreffen beten, essen, lernen und planen wir zusammen. Ungefähr zwölf Leute im Alter zwischen 2 und 72 Jahren essen gemeinsam zu Mittag. Wir nennen unsere Gemeinschaft »Menschensuppe«. Viele Geschmäcker – ein paar von ihnen ziemlich würzig –, aber alle zusammen ergeben wir eine gute Mischung. Wenn jemand Neues in den Topf springt, nimmt das Ganze einen völlig neuen Geschmack an. Es bedeutet, dass sich unsere Gemeinschaft ständig entwickelt, Textur und Aroma verändert. Ich mag es sehr, dass alles miteinander verflochten und immer im Fluss ist.

Die Jüngsten und (fast) Ältesten sitzen an einem Ende des Tisches. Elijah thront in seinem Hochstuhl und lacht hysterisch, als er versucht, Abraham einen Bagel in den Mund zu stopfen. Er bekam seinen zweiten Namen, als sein Vater Andy die Schrift Athanasius des Großen *Über die Menschwerdung des Logos* las (war klar, dass unser mönchischer Gelehrter sein Kind nach einem Theologen des 4. Jahrhunderts benennt).

»Iss den Bagel!«, verlangt Elijah Athanasius. Abraham grinst, greift mit seinen großen Wurstfingern nach dem Bagel und tut so, als äße er ihn. Dann wirft er seinen Kopf lachend in den Nacken. »Ha, ha, ha! Hab gegessen!«, scherzt er. Abraham, ein kongolesischer Missionar in Kanada, ist voller Glauben, liebt Gebet und hat das gastfreundlichste Herz, das ich je erlebt habe. »Aaaaaay! Schwestah!

Willkommen! Mein Haus ist dein Haus!«, ruft er mit ausgebreiteten Armen, wann immer Pilger zu Besuch kommen.

Am anderen Ende lächelt Andy über ihr Geplänkel, während sich seine Tochter in seine Arme schmiegt. Seine Frau Gwen, schwanger mit ihrem vierten Kind, werkelt in der Küche herum, bevor sie sich auf einer Bank am Ende des Tischs niederlässt. Ich denke immer, dass Frauen am allerschönsten aussehen, wenn sie schwanger sind, und Gwen strahlt, auch wenn sie ein wenig erschöpft wirkt.

Doug ist unser ältestes Mitglied. Er war 27 Jahre lang bei JMEM (Jugend mit einer Mission), bevor er und seine Frau nach Hamilton zogen, um näher bei ihren Enkeln zu sein. Er stolpert »zufällig« über unsere Gemeinschaft und ist schnell Teil des Abenteuers. Wie der 80-jährige Kaleb im Buch Josua ist er bereit, neues Land zu erobern.

»Peter, kannst du mir die Spaghetti reichen?«, fragt er.

»Gib mir doch deinen Taglia-Teller«, antwortet Peter und streckt den Arm aus.

Wir stöhnen alle. Peter grinst zufrieden. Man kann darauf zählen, dass Peter in jeder Unterhaltung einen schrecklichen Witz unterbringt. Er leitet unser Praktikantenprogramm. Letztes Jahr war er hocherfreut, als er herausfand, dass zwei der Praktikanten auch Wortspielfans waren. Die Abende drifteten oft in alberne Wortspielereien ab, wenn sie sich verbal duellierten.

»Okay, alle Mann, lasst uns anfangen. Wo habt ihr diese Woche Gott erlebt?«, fragt Andy. Es ist unser regelmäßiges Ritual als Gemeinschaft – eine Art *Examen*. Wir versuchen, inmitten des klösterlichen Lebens auf die Gegenwart und das Handeln Gottes in uns und um uns herum zu achten.

»Gott diese Woche im Café echt viel getan«, eröffnet Shira die Runde. »Jenn wollte die Kundschaft um Mithilfe dabei bitten, ein tägliches Gebet zu formulieren, deshalb haben wir bei den Stammkunden Gebetsanliegen gesammelt. Sie hat sie zusammengestellt und jetzt beten sie es jeden Morgen gemeinsam, wenn das Café öffnet!«

»Unglaublich! Finde ich super! Wer noch?«

»Unser Freund Joe ist wieder in der Stadt«, schaltet sich Doug ein. »Wir haben ihm E-Mails geschrieben und ihn angerufen, aber er schien wie vom Erdboden verschluckt. Wir haben uns wirklich Sorgen gemacht und gebetet. Aber gestern stand er auf einmal vor der Tür!«

»Meine hintere Terrasse ist endlich fertig«, macht Gloria weiter. »Der Grill steht bereit. Der Pavillon ist aufgebaut, inklusive Gartenmöbel. Der Gasanschluss funktioniert. Jetzt können die Gäste kommen. Es ist der Partygarten!« Gloria hat eine der stärksten Gaben der Gastfreundschaft, die mir bisher untergekommen sind. Ich bin überrascht und freue mich, als sie ein Haus drei Türen weiter kauft und es als Gästehaus einrichtet. »Für Pilger auf Besuch und um mich um weibliche Leiterinnen zu kümmern«, strahlt Gloria.

»Ich habe Gott wirklich im Gebetsraum wirken gesehen.« Phyllis hat eine außergewöhnliche Gabe, Gottes Gegenwart nachzujagen. Zu einer anderen Zeit und in einer anderen Denomination hätte sie gut Nonne werden können. Im GOHOP hat sie einen Platz gefunden, um ihrer Berufung als Fürbitterin nachzugehen. »Diese Woche haben uns ein paar unserer Praktikanten besucht und es war wunderbar, für sie zu beten!«

So geht es weiter um den Tisch herum. Während alle ihre Geschichten erzählen, werde ich an Psalm 128 erinnert. Der Psalmist sagt, wenn wir den Herrn fürchten und auf seinen Wegen gehen, werden unsere Nächsten daraufhin wie fruchtbare Weinstöcke und junge Olivenbäume um den Tisch sein (Psalm 128,1-3). Das Gebetshaus scheint mir einem Gewächshaus zu ähneln. Meine Aufgabe ist es, zu hegen und zu pflegen und hoffentlich Bedingungen für außergewöhnliches Wachstum zu schaffen.

Das Mitarbeiterteam wächst und gedeiht.

Es ist zauberhaft.

EINLADUNG

Mystische Erfahrungen sind in der Bibel nicht ungewöhnlich. Durch das Alte Testament hindurch sprach Gott zu seinem Volk in Visionen und Träumen. Maria und Josef, selbst die Hirten auf den Feldern um Bethlehem hatten Engelserscheinungen. In Apostelgeschichte 10,9-16 gerät Petrus in Ekstase und er hat eine Vision. Paulus spricht davon, dass er in den dritten Himmel hinaufgehoben wurde, wo er von Gott Visionen und Offenbarungen empfing (1. Korinther 12,1-2).

Die Kirchengeschichte ist voller Geschichten von ungewöhnlichen, mystischen, übernatürlichen Begegnungen. Jeanne D'Arc hört Stimmen, die sie zum Sieg in der Schlacht führen. John Wesleys Herz wird »seltsam erwärmt«[27]. Blaise Pascal erlebt eine dramatische Bekehrung durch eine zutiefst mystische Erfahrung. Er schreibt sie auf, nimmt den Zettel und näht ihn sorgfältig in das Futter seines Rockes ein – er behält ihn für den Rest seines Lebens bei sich. Erst nach seinem Tod wird er entdeckt. Hier ist ein Ausschnitt seines Berichtes:

> Jahr der Gnade 1654
> Montag, den 23. November, Tag des heiligen Klemens, Papst und Märtyrer, und anderer im Martyrologium.
> Vorabend des Tages des heiligen Chrysogonos, Märtyrer, und anderer.
> Seit ungefähr abends zehneinhalb bis ungefähr eine halbe Stunde nach Mitternacht
> Feuer

Gott Abrahams, Gott Isaaks, Gott Jakobs, nicht der Philosophen und Gelehrten.
Gewissheit, Gewissheit, Empfinden: Freude, Friede.
Der Gott Jesu Christi.
Deum meum et Deum vestrum.
Dein Gott ist mein Gott …
Freude, Freude, Freude, Freudentränen.[28]

Hatten Sie schon einmal ungewöhnliche Erfahrungen beim Beten? Wie sahen sie aus? Was war die langfristige Folge oder Frucht dieser Erfahrungen?

Nehmen Sie sich Zeit für die Stille und öffnen Sie Ihre Hände vor Gott. Hören Sie auf seine Frage an Sie: »Was hast du in deiner Hand?« Seien Sie einige Minuten still und empfangsbereit. Schreiben Sie danach alles auf, was Ihnen während dieser Zeit durch den Kopf oder durchs Herz ging.

Jesus,
ich danke dir, dass du der Geber aller guten Gaben bist, und ich empfange dankbar alles, was du für mich bereithältst.
Danke für alles, was du in meine Hände gelegt hast.
Möge ich ein guter Verwalter dessen sein, was mir anvertraut ist – um anderer Menschen willen, aber letztlich zu deiner Ehre.

27

WO IST MEIN GEBETSTRUCK?

Alles, was gut und vollkommen ist, wird uns von oben geschenkt, von Gott, der alle Lichter des Himmels erschuf. Anders als sie ändert er sich nicht, noch wechselt er zwischen Licht und Finsternis.

Jakobus 1,17

Ich denke weiter über Gottes Frage an mich nach: »Was hast du in deiner Hand?«, und beschließe, allem Aufmerksamkeit zu schenken, was er an Material und Ressourcen in unsere Richtung schickt.

Das nächste Geschenk kommt völlig unerwartet. »Ich habe einen U-Haul-Truck, 5 Meter lang.« Ich telefoniere mit meinem Freund Nick, einem Mechaniker aus der Umgebung. »Wir sind gerade mit ihm für den Umzug meines Kumpels einmal quer durchs Land gefahren, aber jetzt steht er einfach nur auf meinem Hof rum. Kannst du ihn für irgendwas gebrauchen?«

Ein Umzugslaster? Was um alles in der Welt soll ich denn damit? Möchte Gott, dass wir ein soziales Unternehmen gründen? Eine Umzugsfirma mit ein paar Freunden aus der Nachbarschaft? Es schüttelt mich beim Gedanken an all die Bettwanzen, mit denen wir in Kontakt kommen könnten, wenn wir anfangen würden, Möbel in unserer Gegend zu transportieren. Hier bin ich, Herr, schick jemand anderen. Da ich die Einladung Gottes nicht ganz genau verstehe, lege ich das Lasterangebot erst einmal für ein paar Wochen zur Seite.

Eines Tages schaue ich auf die Webseite der 24/7-Gebetsbewegung und eine Geschichte fällt mir ins Auge. In Toronto mietet eine Gruppe einen Umzugswagen, gestaltet ihn in einen mobilen Gebetsraum um und stellt ihn auf einem Parkplatz vor einem Missionskonferenzzentrum ab. Während des Wochenendes tragen sich die Konferenzteilnehmer für eine Stunde im Gebetstruck ein und beten für die verschiedenen Länder.

Ein Truck! Ein Gebetstruck? Ein Pop-up-Gebetsraum! Scheint machbar … Ich rufe Nick zurück und sage ihm, dass wir den Laster für zwei Wochen im Juli nehmen. Wir parken ihn hinter dem *Living Rock*. Das *Rock* bietet Frühstück, Unterkunftsmöglichkeiten und Beschäftigungsprogramme für Jugendliche in der Gegend an. Einige Jahre zuvor, als wir herausfinden wollen, wie wir als Gebetshaus-Gemeinschaft mehr soziale Gerechtigkeit und Barmherzigkeit praktizieren können, nehmen wir Kontakt dazu auf, um zu erfahren, wie wir unterstützen können.

»Al, können wir jede Woche vorbeikommen und helfen?«, frage ich den Direktor. »Wir können Toiletten putzen, in der Küche helfen. Was immer ihr braucht.«

»Also, eigentlich könnten wir vor allem Gebet gebrauchen«, antwortet er.

Von da an geht unser Team jeden Mittwoch zum *Rock*, nimmt an dem wöchentlichen Treffen teil und betet für und mit den Jugendlichen und Mitarbeitern im Zentrum. Zu dem Zeitpunkt, als der Gebetstruck auf der Bildfläche erscheint, sind wir schon seit ein paar Jahren dort. Das *Rock* scheint mir der ideale Ort zu sein, um unseren Truck zu parken.

»Ihr könnt die Gasse mit den Mülltonen nutzen«, sagt Al. »Wir schieben die Mülltonnen einfach ganz an den Rand und ihr könnt dann so parken, dass der Laster parallel zum Bürgersteig steht.«

Die Tonnen sind voll und der Tag ist warm. Ich schnuppere. Gestank liegt in der Luft. Statt noch eine Nase voll zu nehmen, kicke ich die mumifizierten Reste einer Ratte unter einen Busch am Ende der Gasse. »Es ist perfekt.« Ich liebe den Gedanken, unser Team aus dem mittlerweile ziemlich bequem gewordenen Gebetsraum herauszuholen, mittenrein ins Stadtzentrum von Hamilton. Gott schenkt den Bedrängten Geborgenheit, aber er bedrängt auch die Geborgenen, und ich möchte gern sehen, wie ein wenig Unbequemlichkeit uns als Gemeinschaft des Gebets wachsen lässt. Das GOHOP geht in die Mission.

Am Tag, als es losgehen soll, klingelt das Telefon. Es ist 9 Uhr morgens.

»Hi Jill, Sara ist hier am *Living Rock* und will wissen, wo ihr Gebetstruck ist.«

Ich lache. »Sag ihr, sie ist zu früh! Wir öffnen heute Abend um acht.«

Sara kommt regelmäßig zu unseren wöchentlichen Gebetsversammlungen im *Rock*. Sie mag das kostenlose Essen, die Gemeinschaft und den Lobpreis. Als sie mit Beten an der Reihe ist, geniert sie sich. »Was sie gesagt hat!« Sie senkt den Kopf und deutet mit der Hand auf mich.

Am ersten Abend taucht Sara um 19 Uhr 30 auf. Sie parkt ihren Rollator neben dem Truck und lässt sich langsam in einen der Klappstühle sinken. »Ich will in den Laster!«, sagt sie und späht in den Gebetsraum hinein. Die Lagerfläche des Trucks ist mit Teppich ausgelegt und große Dekokissen lehnen an den mit Zeitungspapier beklebten Wänden. Ein großes Kreuz lehnt in einer Ecke, daneben eine Gitarre und eine kleine Trommel. Überall im Raum sind Zeichenmaterial und Bibeln verteilt.

»Ich glaube nicht, dass du reinklettern kannst, Sara«, antworte ich. »Du kannst doch keine Treppen steigen? Außerdem brauchen wir dich hier draußen, damit du Wasser verteilst.«

Sara verschränkt die Arme, grummelt und schmollt, gibt sich dann aber bald fröhlich damit zufrieden, Passanten zu grüßen und Wasserflaschen auszugeben. Sie sitzt den ganzen Tag vor dem Truck, und zwar jeden. Um 22 Uhr schicke ich sie jeden Abend zurück in ihre Wohngruppe. »Das sind die Regeln, Sara. Keine Frauen nachts alleine hier!«

Sobald mir klar wird, dass sie zum festen Inventar gehört, übertrage ich ihr Aufgaben. »Siehst du die Leute, die vorbeilaufen?« Ich mache eine entsprechende Handbewegung. »Lass uns für sie beten. Und die auf den Elektromobilen?« (Ich bin mir ziemlich sicher, dass Hamilton die Elektromobilhauptstadt Kanadas ist.) »Lass uns dafür beten, dass Gott sie heilt, sodass sie sie nicht mehr brauchen. Und siehst du den Parkplatz gegenüber? Lass uns dafür beten, dass in keine Autos eingebrochen wird.«

Sie versteht sofort. Als ich am nächsten Tag mittags ankomme, sitzt sie glücklich bei Phyllis und ruft aus: »Ich bin eine Gebetskämpferin! Ich habe über all den Autos auf dem Parkplatz gebetet! Ich liebe den Gebetstruck. Es ist *mein* Gebetstruck!«

Sara ist nicht die Einzige, die den Laster als ihr Eigentum deklariert. Etwa nach der Hälfte der zweiten Woche umkreisen zwei Mädchen misstrauisch den Truck, bevor sie hereinkommen. Sie sind stark tätowiert und gepierct, die eine versinkt tief in ihrem Kapuzenpulli. Die andere hält ein verknittertes, abgegriffenes Bild umklammert, das eine dunkeläugige junge Frau mit einer Zigarette im Mund zeigt. »Candy ist diese Woche gestorben«, sagt sie und zeigt auf das Foto. »Wir wussten einfach, dass wir zum Truck kommen und beten müssen – wir müssen ein bisschen positive Energie freisetzen.«

Wir kleben Candys Bild an die Innenwand des Trucks und sie schreiben Erinnerungen und Gebete drumherum. Den Rest der Woche über kommt ein kleiner, aber stetiger Strom Jugendlicher vorbei, um zu trauern und zu beten. Der Truck ist ihr heiliger Zufluchtsort.

Später schaut meine Tochter Hannah mit zwei Mädels vorbei. Ihre Freundinnen zögern. »Kommt und schaut's euch an!«, sagt Hannah und klettert hinein. Natalie lehnt ihr Fahrrad an den Eingang des Trucks. Sie hat es vor Kurzem von ihrer Mutter geschenkt bekommen, es war teuer und ist ihr kostbar. Heute ist sie damit zu ihrer ersten Testfahrt unterwegs. Die beiden folgen Hannah in den Truck und beginnen, sich die Gebete und Kunstwerke, die an die Wände gekritzelt sind, genauer anzusehen. Plötzlich gibt es draußen eine Unruhe, und als sie aufschaut, sieht Natalie, dass ihr Fahrrad verschwunden ist. Ein opportunistischer und sehr mutiger Dieb schnappt es sich frech direkt vor unseren Augen und rast damit die Straße davon.

Chaos entsteht. Hannahs Freund springt auf sein eigenes Rad und saust die Straße hinunter, die Verfolgung aufnehmend. Natalie ist verzweifelt. »Wir sind hierhergekommen, um Gott zu suchen, und dann lässt er zu, dass mein Rad gestohlen wird!«

Hannah telefoniert mit der Polizei. »Sie fahren die Wilson Street runter. Äh, jetzt sind sie nach links abgebogen!«

Natalies Freundin Breyanne holt tief Luft. »Wir sind hier in einem Gebetstruck. Wir müssen beten.«

Sie sammeln sich, halten sich an den Händen, dann spricht sie ihr allererstes lautes Gebet. »Gott, kannst du bitte Natalies Rad zurückbringen?«

Während sie beten, klingelt das Handy und Hannah nimmt ab. »Es ist die Polizei!«, ruft sie. »Sie haben dein Rad!« Tränen werden zu Freude. »Gott hat es geschafft! Er hat unser Rad zurückgeholt!« Die Mädchen umarmen einander und warten in ihrem Gebetstruck darauf, dass das Rad zurückgebracht wird.

An meinem letzten Tag im Truck schlurft ein junger Mann herbei. Mürrisch lässt er sich in den Gartenstuhl plumpsen. Ich habe ihn in dieser Woche immer mal wieder gesehen, hauptsächlich, wenn er vor Wut schäumend auf dem Bürgersteig hin- und herläuft und nach dem einen oder anderen Debakel im Jugendzentrum Dampf ablassen muss. Ich lasse ihm seinen Freiraum. Er schaut auf und blickt mich finster an. »Du weißt, dass du für mich beten kannst, oder?«

»Äh, klar!« Ich rutsche zu ihm rüber und neige meinen Kopf zum Beten.

»Du machst es nicht richtig«, schnauzt er. »Du musst deine Hand auf meine Schulter legen!«

Ich lächele in mich hinein, lege ihm die Hände auf und fange an zu beten. Es ist sein Gebetstruck.

In diesem Jahr schafft es der Gebetstruck in die Lokalzeitung. Die Überschrift lautet: »Hamilton hat einen Cupcake-Truck, einen Sandwich-Truck und jetzt auch einen Gebetstruck.«

EINLADUNG

In einem Weihnachtswerbespot war vor Kurzem ein alternder Elton John, weltbekannter Musiker und Komponist, zu sehen, wie er am Klavier sitzt und ein paar einfache Töne spielt. Währenddessen werden sein Leben und seine Musikkarriere als Rückblende gezeigt. Die Zeitreise geht zurück bis zu dem Punkt, als er als kleines Kind an Weihnachten die Treppe herunterkommt und entdeckt, dass seine Eltern ihm ein Klavier geschenkt haben. Der Slogan des Spots ist: »Manche Geschenke sind mehr als nur ein Geschenk.« Das Geschenk, das Elton von seinen Eltern erhalten hat, schickt ihn auf eine Reise, die seine Zukunft prägt und viele bereichert.[29]

Manchmal lädt uns Gott ein, eine neue Richtung einzuschlagen, indem er uns ein unerwartetes Geschenk macht. Indem wir es öffnen, fangen wir an, unerwartete Segnungen auszupacken, die er für uns und andere bereithält.

- Welche unerwarteten Geschenke haben Sie kürzlich erhalten?
- Inwiefern könnten diese Geschenke eine Einladung Gottes an Sie beinhalten oder darauf hinweisen?
- Wie könnten diese Geschenke die Menschen in Ihrem Umfeld segnen? Wenn Sie unerwartet zu Geld gekommen sind, wie könnten Sie es mit anderen teilen? Wenn Sie etwas mehr Zeit zur Verfügung haben, wie könnten Sie sie gebrauchen, um anderen zu dienen?

Jesus,
du bist voller Überraschungen und ich danke dir dafür, dass du unerwartet in meinem Leben mit Geschenken und Einladungen auftauchst.
Hilf mir, diese Einladungen und Geschenke wahrzunehmen und zu empfangen.
Wenn du mir Neuland eröffnest, neue Möglichkeiten und neues geistliches Terrain, lass mich es zuversichtlich und vertrauensvoll beschreiten.

28

ZAUBERER

Als sie sich hinsetzten, um zu essen, nahm er das Brot, segnete es, brach es und gab es ihnen. Da gingen ihnen die Augen auf und sie erkannten ihn.

Lukas 24,30-31

»Kann isch misch setz'n?« Er deutet mit dem Kopf auf den leeren Klappstuhl.

Ich habe mich auf der hinteren Stoßstange des Trucks niedergelassen. »Klar!«

Seine Schuhe sind um die Zehen herum mit Klebeband verstärkt, die Hosenbeine ausgefranst. Die Fingerkuppen gelb vom Tabak, genau wie seine Zähne. »Ah!« Er lehnt sich im Stuhl zurück und streckt die Beine aus. Fußgänger müssen seinen Füßen beim Vorbeilaufen ausweichen. »Bin heut Morgen auf der Tanzfläsche der Peepshow aufgewacht«, sagt er. »Weiß nisch, wie isch dahin gekomm'n bin, aber muss 'ne geile Nacht gewesen sein! Haste 'ne Zigarette? Heiß Joey. Aus Jamaika, aber das is lang her. Bin 'n Zauberer. Hast bestimmt noch nie einen getroff'n. Hab's von meiner Oma gelernt.«

Am Gebetstruck kommen wir mit Passanten ins Gespräch und fragen sie, ob wir für sie beten dürfen. Es ist erstaunlich, wie oft das der Fall ist. Für Moslems, Agnostiker und jetzt scheinbar selbst für Zauberer! Sie wollen nicht nur Gebet, sie wollen reden. Mutter Teresa sagte, die größte Armut sei Einsamkeit, und meine Erfahrungen mit dem Truck zeigen mir, dass das stimmt.

Joey redet. Und redet und redet. Und redet noch mehr. Es ist faszinierend und ein bisschen verwirrend, wie viele Worte er rausbekommt, scheinbar ohne dazwischen Luft holen zu müssen. Normalerweise muss ich das Gespräch ein wenig in Gang bringen. »Hm, aha«, »wirklich?«, »Wow, was denken Sie darüber?« Joey braucht überhaupt keine Ermutigung. Er fährt einfach die Gesprächs-»Auffahrt« der *Route 66* hoch und richtet sich auf eine lange Reise ein. Ich möchte das Ganze unbedingt in Richtung Gebet lenken. Wo kann ich ihn unterbrechen? Wie kann ich die Unterhaltung prägen? Es gleicht dem Versuch, auf einer viel befahrenen Schnellstraße ein Auto an der Stoßstange zu packen zu kriegen. Joey ist in Fahrt und wird so schnell keine Pause einlegen.

Ich höre seinem Monolog schließlich sechs Stunden lang zu. *Sechs Stunden!* Nach einer Weile gebe ich es auf, mehr als ein oder zwei Worte einzuwerfen, und sitze nur nickend da, während ich innerlich mit mir kämpfe. Ich bin als unfreiwilliges Publikum an den Truck gefesselt während Joeys Streifzügen durch die Korruption im Rathaus, seine Kindheit in der Heimat, die Gefahren von Obdachlosenunterkünften (»Vergiss es, Mann! Schlaf ich lieber an den Bahngleisen!«), die Bedeutung von Wolkenformationen und seine Lieblings-Bier-, -Wein-, -Schnapssorten etc. etc. etc. Ein paar Mal schaffe ich es, ihn zu fragen, ob er Gebet für das braucht, über was auch immer er gerade redet, doch er weicht meinem Blick aus und geht zum nächsten Thema über.

Meine Aufmerksamkeit nimmt ab. Nach den ersten ein oder zwei Stunden hört sich seine Stimme langsam wie die der Lehrerin aus den Charlie-Brown-Zeichentrickserien an: »Woah wah woah wah wah.« Herr, wie soll ich das hier angehen? Da ich nicht weiß, was ich sonst tun soll, bete ich schließlich flüsternd in Sprachen, während Joey weiterplappert. Wie kann ich in diesem Gespräch nicht nur Joey gegenüber aufmerksam sein, sondern auch für die Gegenwart Jesu?

Ich ahne noch nicht, dass dies der Beginn meiner Laufbahn als geistliche Begleiterin ist. Joey erweist sich als Türsteher, rollt den roten Teppich aus und lädt mich ein, die Kunst zu erlernen, sensibel für die Gegenwart und das Wirken Gottes und gleichzeitig jemand anderem gegenüber präsent zu sein.

Mein Freund Andy definiert geistliche Begleitung so: »Bei geistlicher Begleitung unterhalten sich zwei Menschen miteinander über die Beziehung des einen zu Jesus.« Jahrhundertelang war sie hauptsächlich unter Katholiken verbreitet, aber in den letzten fünfzig Jahren haben auch Protestanten den Schatz geistlicher Begleitung entdeckt und dass sie für die persönliche geistliche Reise sehr hilfreich sein kann. Die Aufgabe eines Begleiters ist es, dem Begleiteten zu helfen, für die Gegenwart und das Wirken Gottes in seinem Leben sensibel zu sein.

»Am besten ist es«, sagt Andy, »sich drei Stühle in einem Raum vorzustellen. Du sitzt auf einem Stuhl. Der Begleitete auf einem anderen. Und Gott auf dem dritten. Was hat Gott da auf dem dritten Stuhl vor? Letztendlich ist der Heilige Geist der eigentliche Begleiter und wenn der geistliche Begleiter und der Begleitete beide auf die Gegenwart Gottes inmitten ihrer Unterhaltung achten, kann das Veränderung bewirken.«

Juliana von Norwich war im Mittelalter eine heilige Frau im englischen Norwich. Sie lebte in einer kleinen, zugemauerten Zelle an ihrer Kirche und verbrachte ihr Leben im Gebet. Sie hörte auch Pilgern zu, die an ihrem Fenster vorbeikamen, um Gott zu suchen und ihre geistliche Reise mit ihr zu besprechen. Von ihr stammt das Zitat: »Ich schaue dich an. Ich schaue Gott an. Ich schaue dich an.« Und sie verstand sich auf die Kunst, eine Seele zu begleiten.

Irgendwann während Joeys Monolog beginnen sich unheilvolle Wolken am Himmel zu sammeln. »Kein Problem! Hab alles unter Kontrolle!« Joey gestikuliert dramatisch nach oben und murmelt eine kurze Zauberformel. »Die Wolken werden vorbeizieh'n.« Stattdessen regnet es. Aber nur ein kleines bisschen. »Wär viel schlimmer gewes'n, hätt ich nicht mein Ding gemacht!« Ein Goldzahn blitzt aus seinem verschmitzten Grinsen.

Schließlich ist meine Schicht im Gebetstruck vorbei und ich übergebe Joey mit bedeutungsvollem Blick an den nächsten ehrenamtlichen Mitarbeiter im Truck. »Viel Spaß!« Ich verdünnisiere mich.

Also, bin ich in der Lage, in diesem Augenblick sowohl Joey als auch Gott gegenüber wirklich präsent und aufmerksam zu sein? Nun … nein. Wahrscheinlich nicht. Doch meine Neugier ist geweckt und ich möchte herausfinden, ob so etwas möglich sein könnte.

EINLADUNG

Geistliche Begleitung ist eine uralte Form der christlichen Seelenpflege, die bis auf die früheste Zeit der Kirche zurückgeht. Es gab sie eigentlich immer, doch haben große Teile der Christenheit ihr eigenes Erbe vergessen. In ihrer klassischen Form ist geistliche Begleitung eine Eins-zu-eins-Beziehung, die sich um Gebet und das Gespräch darüber dreht, wie die Vertrautheit mit Gott vertieft werden kann. Wie wir sehen werden, sind geistliche Begleiter keine Experten oder Leiter. Sie folgen keinem standardisierten inhaltlichen Ablauf oder setzen ein vorgefertigtes Programm um. Sie begeben sich vielmehr mit anderen auf eine Reise, die sich wie sie selbst dem Prozess verschrieben haben, geistliche Veränderung in Christus zu erfahren. Und, was am allerwichtigsten ist: Sie versuchen mit denjenigen, mit denen sie auf dem Weg sind, die Gegenwart und die Leitung des Geistes Gottes wahrzunehmen – desjenigen, den Jesus als unseren wahren geistlichen Begleiter gesandt hat.[30]

Es kann sehr hilfreich sein, jemanden außerhalb des unmittelbaren Umfelds und der eigenen geistlichen Tradition zu haben, der einem dabei hilft, die eigene Beziehung zu Jesus mit frischen Augen zu betrachten und zu erkunden.

Haben Sie jemals die Gegenwart und das Wirken Gottes mitten in einer Unterhaltung mit jemand anderem wahrgenommen? Wie sah das aus? Was ist passiert?

Haben Sie derzeit jemanden in Ihrem Leben, der Sie auf Ihrer geistlichen Reise begleitet und Ihnen dabei hilft, für die Gegenwart und das Wirken des Heiligen Geistes in Ihrem Leben sensibel zu sein? Was könnten Ihrer Meinung nach die Vorteile davon sein, so jemanden zu haben?

Jesus,
danke, dass du in jeder menschlichen Interaktion und Unterhaltung gegenwärtig bist.
Schenk mir Augen, die dich sogar inmitten der »Geringsten« sehen. Hilf mir, für deine Gegenwart sensibel zu sein und deine Stimme hören zu können.
Lass mich auf deine Gegenwart und dein Wirken in meinem Leben sowie dem meiner Nächsten aufmerksam werden.

29

MITTAGSDÄMON

Mein Herz bebte in meinem Innern, und Todesschrecken haben mich befallen. Furcht und Zittern kamen mich an, und Schauder bedeckte mich. Und ich sprach: Hätte ich doch Flügel wie die Taube, ich wollte hinfliegen und ruhen. Siehe, weithin entflöhe ich, würde nächtigen in der Wüste. Ich wollte eilen, dass ich Zuflucht hätte vor dem heftigen Wind, vor dem Sturm.

Psalm 55,5-9

Geistlich begleitet zu werden, ist mir nicht fremd, und ich profitiere davon. Seit Jahren treffe ich mich einmal im Monat mit Sue (einer anderen Sue!). In Ignatianischer Spiritualität erfahren, ist sie eine liebevolle Gefährtin, die mich auf meinem Weg begleitet. Sie hilft mir, auf die Gegenwart und das Wirken Gottes tief in meiner Seele und in meinem Leben zu achten. Mit den Jahren ist Sue wohlvertraut mit den Konturen meiner Seele geworden, sogar mit ihren Schattenseiten.

»Ich glaube, ich bin depressiv – ich fühle mich wirklich niedergeschlagen.« Ich sitze Sue in einem federnden Segeltuchstuhl mit einem Kissen im Rücken gegenüber. Links von mir steht Sues Bücherregal, das vollgestopft ist mit Bänden über Gebet, geistliches Wachstum und Gemeindeleitung. Und Tee. Aberdutzenden Dosen Tee. Sues Kopf wird von dem Buntglasbild eingerahmt, das an ihrer Wand hängt – Weintrauben und ein Kelch. Ich genieße die Wärme ihrer Gegenwart genau wie die des Geheimtees (such du eine Sorte aus, Sue – überrasch mich!), den ich in den Händen halte.

Depression ist mir nicht unbekannt. Der schwarze Hund sitzt vor meiner Tür und kratzt und jault manchmal, wenn er eingelassen werden will.

Mit neunzehn habe ich meine erste Episode. Im zweiten Jahr an der Universität ziehe ich von zu Hause aus und probiere zum ersten Mal aus, wie es ist, auf mich selbst gestellt zu sein. Vor dem Hintergrund einer unschönen Trennung von meinem Freund beginne ich, mich selbst zu verlieren. Ich fange mit Selbstmedikation in Form von gelegentlichen Alkoholexzessen an und gerate dann völlig aus den Fugen. Es dauert nicht lang, bis ich mich auf der örtlichen Psychiatriestation wiederfinde und an die Wand gegenüber starre.

Meine Familie kommt zu Besuch. Mein Bruder schmuggelt ein kleines Kätzchen ein, das wir kürzlich aus der Garage eines Freundes befreit haben. Es ist winzig und wild, ein Bündel aus extrem scharfen Zähnen und Krallen. In einem Moment gesteigerter Kreativität nennt er es Kat. Es schaut oben aus seiner Jackentasche heraus, als er mit ihm ins Krankenhaus fährt. Dann erkundet es mein Bett und versucht, an meinen Fingerspitzen zu kauen.

Irgendein Oberschlauer hat eine große, offen konzipierte Station mit kleinen Kabinen mit Vorhängen drumherum kreiert. Ein paar Mal, als ich morgens aufwache, beugt sich eine ausgemergelte ältere Frau über mein Bett und starrt mich aus aufgerissenen Augen an.

Mein Begleiter im Krankenhaus ist Steve Bell, ein Folk-Musiker aus der Gegend. Jemand schenkt mir eine Kassette seines aktuellen Albums und wir verbringen viele Stunden zusammen, während derer er mir durch meine Kopfhörer hindurch sanft und schmachtend zusingt. »Trost, mein Volk, Trost, mein Volk, spricht der Herr.« Ja, ein bisschen Trost wäre gerade gut.

Mein allererster Kontakt mit dem kontemplativen Gebet kommt ausgerechnet durch den Leiter der Psychiatrie im Krankenhaus zustande. Es stellt sich heraus, dass er früher Jesuit war. Mit seinem weißen Haar, seinen langen, eleganten Fingern und Augen, die tiefes Mitgefühl ausstrahlen, lehnt er sich über seinen Schreibtisch. »Vielleicht finden Sie Meditation hilfreich. Setzen Sie sich einfach bequem auf einen Stuhl, mit den Füßen am Boden und geöffneten Händen im Schoß. Nehmen Sie eine empfangsbereite Haltung ein. Und sagen Sie dann einfach den Namen ›Jesus‹, immer und immer wieder.«

Nach drei Wochen habe ich ein paar Reste meiner seelischen Gesundheit wieder und außerdem knapp zehn Kilo mehr drauf. Ich esse dauernd die Kekse, die das Krankenhaus überall in Körbchen bereitgestellt hat – wohl um die Magersüchtigen zum Naschen zu verführen.

Ein paar Reste, aber nicht alles. Ich unterbreche das Studium, verbringe aber in diesem Jahr dennoch viel Zeit auf dem Campus. Ich sitze allein auf den Fluren herum oder schleiche mich zu spät in Studentenbibelkreise. Ich möchte nicht allein sein, will aber auch keinen Kontakt haben. Nach einem der Abende werde ich von einer kleinen karibischen Frau bedrängt, die mit ihren Armreifen und der bunten Kleidung ein bisschen wild wirkt. »Ich habe für dich gebetet und ich glaube, du brauchst Befreiung. Der Herr, er will dich von diesem Dämon der Depression befreien! Ich möchte für dich beten und ihn austreiben!« Ich zucke zusammen und mache unwillkürlich einen Schritt zurück. »Ähm, nein, das ist schon okay, danke.« Ich fliehe aus dem Raum.

Auf meinem Nachhauseweg frage ich mich, ob ich tatsächlich von etwas befreit werden muss – abgesehen von übereifrigen Exorzisten. Das Buch *Die Finsternis dieser Welt* von Frank Peretti liegt auf meinem Nachtisch. Gerade bin ich ein paar Wochen lang in seine anschauliche Dramatisierung von epischen Schlachten zwischen Gut und Böse in der unsichtbaren Welt eingetaucht. Ich bin Presbyterianerin und wir wissen alle, dass Presbyterianer mit ihren schottischen Befindlichkeiten keine Dämonen haben. Doch nach der Lektüre dieses Buches komme ich ins Zweifeln.

In dieser Nacht habe ich einen lebhaften Traum. Ich stehe allein in einem dunklen Haus. Es ist stockfinster und die Luft ist schwer – lastet auf meinen Schultern und schnürt mir die Kehle zu. Ich höre Flügelschlagen und werde plötzlich im Sturzflug von allen Seiten von unsichtbaren, bösartigen Kreaturen angegriffen.

Ich erwache schweißnass und in meinem Bettbezug verheddert. Vielleicht ist an dieser Sache mit den Dämonen doch was dran? Ich beschließe, an mir selbst eine Austreibung zu versuchen. Was soll schon passieren? Im schlimmsten Fall komme ich mir einfach nur dumm vor. Deshalb befehle ich der Depression im autoritärsten Tonfall, den ich hinkriege, im Namen Jesu zu verschwinden.

Erstaunlicherweise tut sie es.

Der Effekt tritt sofort und auf dramatische Weise ein. Wie wenn eine Glückshaube vom Gesicht eines Säuglings abgezogen wird. Plötzlich wird alles, was verdeckt und im Dunkeln war, hell. Ich tauche neu ins Licht ein.

Die Depression tritt erst mehrere Jahre später erneut auf. Eines Tages finde ich mich an die Wand einer U-Bahn-Haltestelle in Toronto gepresst wieder. Atme, atme einfach nur. Ich kämpfe gegen den fast überwältigenden Impuls, vor den Zug zu springen. Bleib von der Bahnsteigkante zurück. O Herr, eile mir zu Hilfe …

Die Selbst-Austreibung funktioniert dieses Mal nicht, deshalb entscheide ich mich für Antidepressiva und Gruppentherapie. Mit der Zeit gehen die Wasserfluten zurück. Während der folgenden 25 Jahre strömt die Flut hin und wieder zurück, aber bewusste Ernährung, sportliche Aktivitäten und Erholung scheinen mir das zu geben, was ich brauche, und bewahren mich davor, mich von der Strömung wegtragen zu lassen.

Sue steht auf und zieht ein orangenes Buch aus ihrem Regal. »Hast du jemals *Acedia & Me*[31] (dt. ›Acedia & ich‹) von Kathleen Norris gelesen?«, fragt sie. Ich packe das Buch in meinen Rucksack und nehme es mit nach Hause. Es erweist sich als unverzichtbarer Begleiter auf meiner Reise, seelisch gesund zu werden. Ich versenke mich in Kathleens Buch und finde es spannend zu entdecken, dass Mönchen düstere Stimmungen nicht fremd waren. Ein Jahrtausend vor Freud und Jung hatten sie bereits einen Namen dafür – Mittagsdämon, *Acedia* oder geistige Trägheit.

Ein Leben des Gebets erfordert eine Reise nach innen, und bei uns allen gibt es namenlose Kreaturen, die um die dunklen Häuser unserer Seelen fliegen. Deshalb vermeiden wir Schweigen, Alleinsein und Stille. Wir wollen uns nicht in die tiefen Gewässer begeben, denn wir wissen, oder vermuten zumindest, was ganz unten liegt.

Die Wüstenväter gebrauchten die Sprache der geistlichen Kampfführung, um ihre inneren Kämpfe zu beschreiben, aber das letzte Wort ist noch nicht darüber gesprochen, ob es sich um reale Wesen oder psychische Kräfte handelte, mit denen sie kämpften. Ich denke, beides. So oder so ist der Kampf echt. Zumindest war und ist er das für mich, Gott sei Dank in immer selteneren Abständen.

Es gibt Zeiten (zum Glück sind sie schon länger her), in denen ich aufwache und mich der Tag wie mit dem weit aufgerissenen Maul irgendeines Monsters aus einem *Star-Wars*-Film begrüßt. Ich befürchte, verschlungen zu werden, sobald ich das Bett verlasse. Ich fühle mich leer, als hätte jemand meinen internen Speicher gelöscht. Es fällt mir schwer, mich zu konzentrieren. Meine Gedanken jagen durcheinander wie Kakerlaken, wenn man das Licht in der Küche anmacht. Ich fühle mich wie ein Aufziehspielzeug – an Ort und Stelle zusammengesackt, der Saft ist ihm ausgegangen.

Ein wichtiges Mittel der Wüstenväter gegen Depression? Körperliche Arbeit. Ich nenne es die geistliche Disziplin des Herumwerkelns. Es hat etwas sehr Hilfreiches, ruhig mit meinen Händen zu arbeiten. Es … »zentriert« mich irgendwie. Es verwurzelt mich im Moment und meinem Körper. Wenn ich im Haus herumwerkele, putze oder koche, kann ich mich in mich selbst fallen lassen und dort verweilen. Ich kann meine Seele in die Gegenwart Gottes halten und die Gnade empfangen, die im jeweiligen Moment verfügbar ist.

Ich ließ meine Seele still und ruhig werden …

Wenn ich mich wie der nach dem Regen eingerostete Blechmann im *Zauberer von Oz* fühle, ölt ein wenig bewusste Bewegung meine Glieder und ich fange wieder zu leben an.

EINLADUNG

Geistliche oder seelische Bedrückung. Depression. Trägheit. Unsere inneren Herzensregungen sind komplex und es kann schwierig sein, die Ursprünge unseres Unwohlseins zu benennen. Manchmal brauchen wir eine Therapie und Medikamente. Zu anderen Zeiten hilft uns geistlicher Kampf aus dem Sturzflug. Zu wieder anderen Zeiten können Ruhe, Alleinsein, Stille und einfache Arbeit mit unseren Händen unser Gleichgewicht wiederherstellen.

In ihrem Buch *Strengthening the Soul of Your Leadership* (dt. »Die Seele der Leiterschaft stärken«) führt Ruth Haley Barton ein paar Warnsignale auf dem Armaturenbrett unserer Seelen auf, die darauf hinweisen können, dass wir unserer inneren Welt Aufmerksamkeit schenken müssen:[32]

- **Gereiztheit oder Überempfindlichkeit:** Dinge, die uns normalerweise nichts ausmachen würden, geben uns den Rest.
- **Unruhe:** ein unbestimmtes Gefühl, dass irgendetwas nicht stimmt. Schlafstörungen oder die Unfähigkeit, zur Ruhe zu kommen.
- **Zwanghaftes ständiges Arbeiten:** die Unfähigkeit, Arbeitsgewohnheiten zu steuern oder auch ganz abzuschalten, wenn es dran ist.
- **Gefühllosigkeit:** Wir können nichts fühlen, weder Gutes noch Schlechtes.
- **Fluchtverhalten:** Wir verfallen in zwanghaftes Essen, Fernsehen, Internetsurfen etc. und haben keine Energie für lebensspendende Aktivitäten.
- **Distanz zur eigenen Identität und Berufung:** Wir tun die Dinge völlig mechanisch.
- **Unfähigkeit, sich um die normalen menschlichen Bedürfnisse zu kümmern:** Sport, gesundes Essen, Schlaf, Arztbesuche etc.
- **Kräftehorten:** Wir haben das Bedürfnis, uns übermäßig selbst zu schützen, und werden sogar äußerst unleidlich bei unseren Versuchen, die wenigen Ressourcen, die wir haben, zu hamstern.
- **Nachlässigkeit bei unseren geistlichen Übungen:** Übungen, die normalerweise lebensspendend sind, wie Alleinsein, Stille und Gebet, werden zur Last für uns und wir können keine Energie für sie aufbringen, obwohl wir wissen, dass sie uns guttun.

Erkennen Sie sich selbst in einem der oben erwähnten Symptome wieder?

Es kann verlockend sein, in den »Reparaturmodus« zu verfallen, was wieder eine andere Form von verzweifeltem Abmühen sein kann. Nehmen Sie sich ein wenig Zeit in der Gegenwart Gottes und benennen Sie Ihr Kampffeld. Fragen Sie: »Wie sollen wir das angehen?« Hören Sie auf seine Antwort.

Mit einem Pastor, geistlichen Begleiter oder Seelsorger zu sprechen, kann Ihnen dabei helfen, darauf zu schauen, was Ihre Seele und Ihr Leben Ihnen zu sagen versuchen und wie ein lebensspendender Weg nach vorn aussehen könnte.

Am Morgen

Dies ist ein neuer Tag, Herr.
Ich weiß nicht, was er bringen wird, aber mach mich bereit,
Herr, für was immer kommen mag.
Wenn ich aufstehen soll, hilf mir, mutig zu stehen.
Wenn ich still sitzen soll, hilf mir, ruhig zu sitzen.
Wenn ich abwarten soll, hilf mir, es geduldig zu tun.
Und wenn ich nichts tun soll, lass es mich tapfer tun.
Mach diese Worte zu mehr als Worten und schenk mir
den Geist Jesu.
Amen.[33]

30

LEUCHTEN

Die von ihm Hilfe erhoffen, werden vor Freude strahlen,
und sie werden nicht vor Scham erröten.
Psalm 34,6

Meine Reise führt manchmal dazu, dass ich in dunklen Ecken mit meinem Schatten kämpfe. Zu anderen Zeiten lässt mich jedoch eine unerwartete Wendung ins Licht blinzeln.

Was. Ist. Gerade. Passiert?

Ich befinde mich auf dem Nachhauseweg von einer internationalen 24/7-Konferenz. Wir sind zu sechst vom GOHOP dorthin gefahren und haben eine Pilgerreise zu verschiedenen klösterlichen Orten in England damit verbunden. Die Konferenz ist gut, doch vor allem der Schulungstag für Leiter wühlt mich auf. Ich kann mich an den Großteil der Inhalte, um die es ging, nicht erinnern, aber ich komme nicht über die Wirkung hinweg, die er auf mich hatte.

Ich fühle mich lebendig. Richtig, richtig lebendig. Aktiviert und sozusagen beschleunigt.

Es ist wie in einem dieser Autorennen-Filme, wenn zwei Autos gleichauf liegen und dann einer der Fahrer ganz plötzlich einen geheimen Knopf drückt und sein Fahrzeug einen Satz nach vorn macht. Auf einem ganz neuen Level fahrend, lässt er den anderen im Staub zurück.

Während ich das Gefühl habe zu rasen, betrachte ich mich selbst und frage mich: »Wer *bist* du und was ist mit Jill geschehen?« Es ist eine Einladung. Etwas wurde in meinem Inneren aktiviert und wartet auf eine Antwort.

Ich beginne mich nach Programmen für Leiterschaftsentwicklung umzuschauen. »Hey Kirk, was denkst du? Tyndale hat einen guten Master-Studiengang in Theologie. Oder wie wäre es damit? Ein Weiterbildungskurs für christliche Geschäftsführer?« Es gibt einen Haufen toller Optionen, ein verwirrendes Spektrum an Möglichkeiten. Wie soll ich mich entscheiden?

Dann wird es mir blitzartig klar.

Ich muss mit dem Ziel vor Augen anfangen. Welche Art von Leiterin möchte ich werden?

Welche Leiter inspirieren mich? Wer möchte ich sein, wenn ich groß bin?

Möchte ich ein C. S. Lewis sein, mit Logik, Intellekt und unglaublichen Erzählfähigkeiten? Ein Steve Jobs – kreatives und organisatorisches Genie? Eine Rosa Parks mit Mut und hartnäckiger Entschlossenheit?

Nachdem ich reiflich überlegt habe und in mich gegangen bin, treffe ich meine Entscheidung. Wenn ich groß bin, möchte ich Jean Vanier sein, Gründer von L'Arche (dt. »Die Arche«). Oder jemand, der ihm sehr ähnlich ist. Ich möchte eine Seele sein, die leuchtet. Wie Jean oder wie Catherine, eine Frau, die ich auf einer Gebetskonferenz kennenlerne. Sie besteht aus einer eigentümlichen Mischung von Verletzlichkeit und Stärke. Ihre Haut ist fast durchscheinend. Ihre Augen kennen Leid, aber sie strahlen auch Freude aus. Sie ist schlank, sogar ein wenig zerbrechlich. Aber irgendwie auch robust. Geerdet. Sie ist ruhig, beobachtend. Aufmerksam und präsent. Man merkt ihr an, dass sie sich des anderen, der am Tisch anwesend ist, genauso bewusst ist wie der übrigen von uns. Sie spricht nicht viel – sie wählt ihre Augenblicke mit Bedacht. Doch wenn sie sich ins Gespräch einschaltet, haben ihre Worte Gewicht und Substanz.

Ich kann meine Augen nicht von ihr lassen und hänge an ihren Lippen. Diese Frau hat Zeit mit Jesus verbracht. Sie hat »Gravität«.

Craig Barnes beschreibt es in seinem Buch *The Pastor as Minor Poet* (dt. »Der Pastor als kleiner Dichter«) folgendermaßen:

> Die alten Theologieprofessoren sprachen über eine wichtige Eigenschaft für den pastoralen Dienst, die sie Gravität nannten. Sie bezieht sich auf eine Seele, die genügend geistliches Gewicht entwickelt hat, um anziehend zu sein wie die Schwerkraft. Gravität lässt die Seele alt erscheinen, doch hat sie nichts mit dem Alter zu tun. Vielmehr steht sie im Zusammenhang mit Wunden, die gut verheilt sind, Fehlern, die verziehen wurden, Sünde, die vergeben ist, und Dornen, die in die Haut eingewachsen sind. Solche schweren Erfahrungen im Leben lassen die Seele wachsen, bis sie größer scheint als der Körper, der sie beherbergt. Dann ist sie groß genug, um die heilige Freude in sich zu tragen, die die Seele des Pastors so attraktiv macht. Die frühe Kirche bekam Gravität durch Verfolgung. Die Wüstenväter und Mönche bekamen sie, indem sie alle Bequemlichkeiten hinter sich ließen und sich der Berufung des Gebets für die Welt widmeten.[34]

Ich sehne mich nach Gravität, danach, jemand zu werden, der geistliches Gewicht und Substanz hat. Der die geistliche Atmosphäre verändert, wenn er einen Raum betritt. Meine Freundin Shira sagt: »Man erinnert sich nicht immer daran, was ein Leiter sagt, aber man erinnert sich daran, welches Gefühl er einem gegeben hat.« Ich möchte, dass Menschen sich geliebt fühlen – vollkommen und bedingungslos geliebt, von Gott wie von mir. Ich möchte lernen, wie man vollkommen präsent und vollkommen liebend ist. Wie ich meinen inneren Lärm zur Ruhe bringen kann, damit ich ein gastlicher Ort sein kann –

an dem sich Menschen zugehörig fühlen und sich ausruhen können. Ich möchte für sie ihr Sabbatort sein, ihre Sabbatperson.

Doch Leuchtkraft ist schwer zu bekommen – eine knifflige Angelegenheit. Die Reise in die Tiefe der Seele ist voller Gefahren. Diese Dinge haben ihren Preis. Und ich frage mich, ob ich statt einer Ausbildungsstätte nicht vielmehr einen Führer brauche. Jemanden, der das Gelände kennt, die Konturen der Seele und die tiefen Orte des Herzens.

Meine Suche führt mich zu einem Kloster etwas außerhalb von Chicago.

Es wirkt wie aus einem *Herr-der-Ringe*-Film. Der See liegt still da, vollkommen ruhig. Über die sich wölbende Wasserfläche hinweg kann ich das Bootshaus des Klosters daliegen sehen. Es erhebt sich aus dem Wasser wie ein Elbenpalast. Der Pfad führt mich durch den Wald, am See vorbei und über steinerne Bogenbrücken mit verzierten Säulen.

Ich laufe durch sonnengesprenkelte Wälder und halte jedes Mal an, wenn ich auf Rehe stoße. An Priester und Pilger gewöhnt, bleiben sie furchtlos und neugierig stehen. Sie beobachten mich mit ruhigen Augen, während sie kauen und mit ihren Schwänzchen wedeln.

Als ich beim Steinpavillon mit Blick auf den See sitze und den Sonnenaufgang beobachte, wimmelt es im Wasser zu meinen Füßen vor Karpfen. Sie planschen und zappeln am Rand des Stegs. Über mir schwatzen und schimpfen Spatzen, als sie über den Zugang zu den aus Ästen gemachten Vogelhäuschen verhandeln, die unter dem Dachvorsprung des Pavillons angebracht sind. Es ist ruhig und still. Niemand ist wach, abgesehen von mir und der Natur in ihren verschiedenen Formen sowie dem Wachmann, der auf dem Gelände seine Runden dreht und mir jedes Mal zuwinkt und mit mir plaudert, wenn sich unsere Wege kreuzen.

»Wohnen Sie im Stille-Zentrum?«, fragt er.

»Ja, ich bleibe noch bis Dienstag im Kloster.«

»Alles klar, wollte nur sichergehen.« Er winkt und fährt weiter.

Ich bin auf der Suche nach Tiefe, möchte unbedingt aus dem Bereich der Informationsaufnahme in die Bereiche des Wachstums und der Veränderung vorstoßen. Mein Lernstoff während der nächsten zwei Jahre, in denen ich alle drei Monate hier bin? Verschiedene geistliche Praktiken aus der ganzen Breite der christlichen Tradition kennenzulernen. Ich hoffe, durch Lesen, geistliche Begleitung und Unterricht weise Leiter zu finden, die die Topografie meiner Seele verstehen und mir die Richtung weisen, in der der Schatz liegt. Der Ort ist mit einem X markiert. Hier ist ein Spaten. Jetzt grabe.

»Gott möchte auf besondere Art und Weise Zeit mit dir verbringen«, meint ein Lehrer. »Wozu lädt er dich heute ein?« Paulus sagt:

> Von uns allen wurde der Schleier weggenommen, sodass wir die Herrlichkeit des Herrn wie in einem Spiegel sehen können. Und der Geist des Herrn wirkt in uns, sodass wir ihm immer ähnlicher werden und immer stärker seine Herrlichkeit widerspiegeln.
> *2. Korinther 3,18*

Der Weg zur Leuchtkraft? Paulus würde sagen: Betrachte Gottes Herrlichkeit. Der englische Dichter William Blake meint: »Wir werden, was wir anblicken.«[35] Was könnte passieren, wenn ich nach Gottes Herrlichkeit in all ihren mannigfaltigen Ausprägungen um mich herum suche? In der Bibel und beim Spaziergang um den See? In den Gesichtern und Leben derer, die ich liebe? Was, wenn ich mein Herz auf die Suche nach seiner Schönheit ausrichte und innehalte, wenn ich sie finde? Schaue. Höre. Alles in mich aufnehme. Sie in die inneren Kammern meines Herzens eindringen und sie mit Licht füllen lasse.

Könnte ich dann vielleicht leuchten?

EINLADUNG

Denken Sie über die Leiter auf Ihrem Weg nach, die Sie am meisten beeinflusst haben. Was genau hat sie so einflussreich gemacht?

Welche Art von Leiter möchten Sie werden? Wie könnte die Reise dorthin aussehen?

Lesen Sie dieses Gedicht langsam ein- oder zweimal laut. Welche Wörter oder Sätze sprechen Sie an? Wie reagiert Ihr Herz auf das, was Sie lesen? Was könnte Gott Ihnen sagen wollen?

Gemeinschaft
Ich falle in die Stille
wie auf den Grund eines Brunnens.
Sitze in der Dunkelheit,
an die sich meine Augen langsam gewöhnen.
Ich sehe das Gekratze,
das Geritze meiner Vorfahren.
Hieroglyphen schimmern,
Geschichten aus vergangener Zeit.
Meine Finger fahren die Furchen ihrer Erzählung nach.
Meine Handflächen spüren die Hitze,
die von ihnen ausstrahlt und pulsiert.
Ihre Geschichten gehen mir unter die Haut.

Unsere Herzen schlagen gemeinsam
den uralten Rhythmus
im Schatten der Erde.

Jesus,
ich bin dankbar, dass ich mich nicht selbst in Form bringen muss, sondern vielmehr von dir geformt werde.
Du bist nicht nur mein Führer, sondern auch mein Weg. Du bist der Schatz und du bist auch das Werkzeug, das mir dabei hilft, ihn auszugraben.
Führ mich tiefer hinab.

31

ICH SEHE DICH

Da nannte sie den Namen des HERRN, der zu ihr geredet hatte: Du bist ein Gott, der mich sieht! Denn sie sagte: Habe ich nicht auch hier hinter dem hergesehen, der mich angesehen hat?
1. Mose 16,13; ELB

Meine Weiterbildung im Bereich geistliches Wachstum beginnt. Ich befinde mich in einem Raum mit Pastoren und Leitern aus ganz Nordamerika. »Lassen Sie Ihre Titel beiseite, alles, worüber Sie sich sonst definieren«, sagt unsere Gastgeberin. »Können wir an diesem Ort einfach Menschen in der Gegenwart Gottes sein?«

Ich stehe am Rand der Gruppe und habe einen Kaffee in der Hand. Halte ihn direkt vor mich wie einen Schild. Ohne den Panzer meines Titels und meines Lebenslaufs fühle ich mich ziemlich verletzlich. Wenn die Tasse groß genug ist, kann ich mich vielleicht dahinter verstecken. Soll ich Blickkontakt herstellen? Lächeln? Ich fühle mich wie ein unbeholfener Teenager, der beim Abschlussball in der Ecke steht. Hm, vielleicht braucht das Serviceteam Hilfe beim Wegräumen von Kaffee und Snacks? Oder vielleicht gehe ich einfach an meinen Platz und sortiere meine Papiere und Notizbücher …

Ich bin schüchtern. Manchmal ganz extrem. Aber ich möchte auch gesehen werden. Ich möchte, dass jeder weiß, was für eine wunderbare, einzigartige Person ich bin. Ich bin besonders! Sogar entzückend! Ihr solltet mich kennenlernen! Wie Esel im Film *Shrek* hüpft mein Inneres auf und ab und plärrt: »Nimm mich! Nimm mich!«

Mit der Zeit sind mir die Ausformungen dieser speziellen Neurose bewusst geworden, deshalb bemerke ich sie schnell und widerstehe ihr. Aber sie ist hartnäckig und kommt immer wieder, so wie die kleinen Nager beim Hau-den-Maulwurf auf dem Jahrmarkt, die abwechselnd ihre Köpfe nach oben strecken und die man dann mit einem Hammer treffen muss. Während ich mich im Raum umblicke, rühren sich die Maulwürfe, werden unruhig. »Leiter. Viele Leiter. Vielleicht neue Freunde? Vielleicht wichtige Kontakte?«, flüstern sie.

Ich haue auf den Maulwurf. Warum macht mir das immer noch etwas aus? Ich bin erwachsen, zum Kuckuck! Doch diese Situation tut mir fast körperlich weh – ich fühle mich innerlich ausgelaugt. Dünnhäutig und verletzlich in meiner Einsamkeit und meinem Bedürfnis nach menschlicher Verbundenheit und Bestätigung. Meinem Bedürfnis, gesehen zu werden.

Mit einem Mal bricht eine klare und liebevolle Stimme in mein Bewusstsein. *Die* Stimme.

Ich sehe dich. Meine Augen ruhen auf dir.

Ein stilles, beruhigendes Wort. Frieden breitet sich in mir aus.

Ich sehe dich. Meine Augen ruhen auf dir.

Es ist ein heiliger Augenblick. Noch Jahre später spüre ich ihn körperlich mit der gleichen Stärke und Intensität. »Du bist ein Gott, der mich sieht«, sagt Hagar in der Wüste (1. Mose 16,13). Und Jill im Kloster.

Ein Wort von Gott verändert alles, und diese kurze Begegnung gestaltet mein Inneres um. Verändert radikal und dauerhaft, wie ich in dieser Art von sozialen Situationen reagiere. Wenn ich mich heute in einer Gruppe von Unbekannten befinde, bete ich: »Herr, verberge mich vor denen, vor denen ich verborgen sein soll. Zeige mich denen, mit denen ich in Kontakt treten soll.«

Verschwunden ist das verzweifelte Bemühen darum, unbedingt gesehen zu werden. Ich vertraue darauf, dass die Verbindungen, die entstehen, auch sein sollen. Und ich werde nicht nervös, wenn ich übersehen und ignoriert werde (so wie es etwas fülligeren mittelalten Frauen schon mal passieren kann).

Einige Jahre zuvor sitze ich einem meiner Mentoren in einem Restaurant in Kansas City gegenüber. Ich kämpfe gerade damit, wie genau sich meine Berufung gestalten soll. Eine Gemeinschaft von Betern vor Ort aufzubauen, ist ein Teil davon, aber mein Einflussbereich und meine Reichweite nehmen zu und ich bin nicht sicher, wie ich mit Gottes Einladung, den größeren Raum einzunehmen, umgehen soll. »Denk doch einfach mal so darüber«, sagt er. »Im Grunde fliegst du von einem Gebetshaus zum nächsten. Du schaust vorbei und sammelst Süße bei dem einen ein, um sie zu einem anderen zu bringen – Kreuzbestäubung! Du bist eine Honigbiene!«

Honigbiene.

Das Wort drückt ganz viel Zuneigung aus. Es ist einer dieser Momente, wo sich die Lippen von jemandem bewegen, aber eigentlich Gott spricht. Ich kann das Lächeln in seinen Augen sehen. Die Zärtlichkeit in seiner Stimme hören. Ich fühle mich, als wäre ich ungefähr fünf Jahre alt und er hätte mich gerade auf seinen Schoß gesetzt.

Das sind die zutiefst wegweisenden Momente, wo ich gesehen werde. Gesegnet. Geprägt und geformt von seinem Wort.

Am Anfang sagte Gott: »Es werde Jill«, und dann wurde Jill. Er spricht mich ins Leben.

Das Geschenk steckt in einem kleinen, festen, braunen Umschlag, eng umwickelt mit einer gelben, schimmernden Schnur. »Ich möchte dabei sein, wenn du es aufmachst«, sagt Hannah. »Aber lies zuerst die Karte.«

Sie ist selbst gemacht, so wie jedes Jahr. Ich habe sie alle aufgehoben und dort verstaut, wo ich meine Schätze verstecke. Vorne drauf befindet sich die detailreiche Zeichnung einer Honigbiene. »Ich finde, du bist köstlich süß«, steht da. »Denk immer daran, wer du in Gottes Augen bist.« Ich löse die Schnur und ziehe eine Kette hervor. Es ist ein Anhänger in Form einer Honigwabe, der an einem schwarzen Band hängt. In der Wabe befindet sich ein kleines, nur verschwommen sichtbares Insekt, das von Glas umschlossen ist.

»Eine Honigbiene!« Ich schließe meine Hand um den Anhänger und halte ihn fest. Bei der Berührung fühlt er sich warm an. Ich brumme und summe. Meine Augen werden feucht und ich schließe sie für einen Moment. Sie sieht mich.

Ich denke an eine Geschichte im ersten Kapitel des Lukasevangeliums – die von Maria und Elisabeth. Nachdem Maria Gott ein gefährliches »Ja« gegeben hat, wird sie schwanger und sucht Zuflucht und Unterstützung bei einer ihrer Verwandten (Lukas 1,39-45).

Ich stelle mir die Szene vor. Maria ist vorsichtig, zögerlich. Wird sie willkommen sein? Ihre Hand liegt schützend auf ihrer noch schlanken Taille, während sie vor dem Haus ihrer Cousine steht. Sie möchte sich verstecken und sie möchte gesehen werden. Wird sie hier sicher sein?

Der Moment, in dem sie sich begegnen, ist ein heiliger. Selbst hochschwanger, muss Elisabeth erst einmal tief Luft holen, als sie mit dem Heiligen Geist erfüllt wird. Das Baby hüpft ein akrobatisches Amen in ihr. Irgendwie erkennt Elisabeth, dass sie gerade Zeugin eines Wunders wird. Maria trägt einen verborgenen Schatz in sich.

»Du bist von Gott gesegnet!«, ruft Elisabeth aus. »Und gesegnet ist auch dein Kind!« (Lukas 1,42).

Ich sehe dich, Maria. Meine Augen ruhen auf dir.

Ihr verborgenes Ja und ihr geheimer Schatz werden gesehen, gesegnet und bestätigt.

Maria ist in Sicherheit. Gesehen und erkannt. Beim Namen genannt und gesegnet.

Doch dabei bleibt es nicht. Maria trägt nämlich nicht nur ein Kind in sich, sondern auch eine Melodie. Als sie in Sicherheit ist, als das verborgene Werk Gottes in ihr erkannt wird, als sie gesegnet und bestätigt wird – da, und erst da, bricht die Melodie ihres Herzens, das Lied ihres Lebens hervor (Lukas 1,46-55). Sie singt wie ein Spatz in Gottes Hand, und seit 2000 Jahren freuen wir uns an ihrem Lied.

EINLADUNG

Denken Sie an eine Zeit, als Sie sich sicher gefühlt haben. Als Gottes verborgenes Werk in Ihnen gesehen wurde. Als Sie gesegnet und bestätigt wurden. Geben Sie Gott diesen Augenblick und diese Situation mit Dank zurück.

Gott gibt in der Bibel Menschen häufig neue Namen, die im Kern ausdrücken, wer sie sind und wer sie werden sollen. Abram wird Abraham – Vater vieler Völker (1. Mose 17,5). Jakob wird Israel – einer, der mit Gott und Menschen gekämpft und gesiegt hat (1. Mose 32,28). Gideon wird »tapferer Held« genannt (Richter 6,12). Simon erhält den neuen Namen Petrus, der Fels (Matthäus 16,18). In Offenbarung 2,17 heißt es, dass manche einen neuen Namen erhalten werden, den nur der kennt, der ihn erhält.

Hat Gott Ihnen schon einmal einen ganz persönlichen Namen gegeben? Es kann sich um einen Spitznamen handeln, der Ausdruck seiner Zuneigung zu Ihnen und seinem Interesse an Ihnen ist (»Hab also keine Angst, kleine Herde. Denn es macht eurem Vater große Freude, euch das Reich Gottes zu schenken.« – Lukas 12,32). Vielleicht ist es ein Name, der Hinweise darauf enthält, wer Sie sind und zu wem Sie werden dürfen. (Wie Gideon, der »tapferer Held« genannt wird.)

Hier ist eine kreative Aufgabe für Sie: Legen Sie verschiedene Zeitschriften bereit. Fragen Sie Gott: »Wer sagst du, dass ich bin?« Blättern Sie dann durch die Zeitschriften und schneiden Sie Bilder aus, die die Antwort auf diese Frage ausdrücken. Denken Sie nicht zu angestrengt nach, schauen Sie einfach, welche Bilder Sie ansprechen. Machen Sie dann eine Collage daraus.

Jesus,
danke, dass du der Urheber und Vollender meines Glaubens bist.
Letztlich beginne und ende ich mit dir.
Du kennst mich. Du siehst mich. Du gibst mir einen Namen.
Ich empfange dein Wort für mich. Mir geschehe, wie du sagst.

32

IM BAUCH DES FISCHES

Ich versichere euch: Ein Weizenkorn muss in die Erde ausgesät werden. Wenn es dort nicht stirbt, wird es allein bleiben – ein einzelnes Samenkorn. Sein Tod aber wird viele neue Samenkörner hervorbringen – eine reiche Ernte neuen Lebens.

Johannes 12,24

Entäußerung

Ich dachte nicht, dass es sich wie Sterben anfühlen würde.
Das Blatt fällt auf die Erde,
zerknittert und verbraucht,
brüchig.
Adern platzen auf.
Der Same fällt in die Erde,
kalt und dunkel,
geborsten.
Das neue Leben, das aufbricht,
reißt mich auseinander.
Auferstehung stürzt nach oben,
lässt mich hinter sich zurück.
Eine aufgebrochene Schale,
vergessen und still.
Ich dachte nicht, dass es sich wie Sterben anfühlen würde.

Herbst 2014. Ich habe eine größere Operation. »Sie werden drei Tage im Krankenhaus sein«, sagt der Arzt, »drei Wochen im Bett und zwei Monate krankgeschrieben.«

Meine Tagebucheinträge vor der OP sind voller naiver Begeisterung. Ich werde Zeit haben! Viel Zeit! Ich möchte Bücher lesen! Viele Bücher! Mir eine längere geistliche Auszeit nehmen. Wieder regelmäßig schreiben und bloggen. Es wird eine kreative Zeit werden! Eine produktive Zeit! Eine äußerst geistliche Zeit! Bei all meinen optimistischen Vorhersagen habe ich irgendwie den Eindruck, die klitzekleine Ahnung, dass die Genesungszeit nach meiner Operation mir ein anderes Geschenk machen könnte. Einmal fühle ich mich dazu inspiriert, in mein Tagebuch zu schreiben: »Wahrlich, wahrlich, ich sage euch: Wenn das Weizenkorn nicht in die Erde fällt …« In meiner Naivität denke ich, ich wüsste, was das bedeutet.

Wahrscheinlich ist es gut, dass ich es nicht weiß.

Als ich aus dem Krankenhaus zurückkomme, bin ich ein Wrack. Die Schmerzen lassen sich leicht in den Griff bekommen, aber ich habe keine Energie, kann mich gedanklich nicht fokussieren oder konzentrieren. Ich schlafe und schlafe und schlafe. Meine kurzen Wachphasen widme ich dem Erlernen von neuen Trink- und Essgewohnheiten und der Behandlung von Sekundärinfektionen. Mit glasigen Augen scrolle ich mich stumpfsinnig stundenlang durch Social-Media-Feeds. Gebet erfordert mehr mentale und emotionale Energie, als ich aufbringen kann.

Ich will Gemeinschaft mit Gott, aber in der Dunkelheit dieser Phase ist er für mich überhaupt nicht wahrnehmbar. Schweigend starre ich Stunde um Stunde ausdruckslos an die Wand oder aus dem Fenster. Ich fühle mich leer. Ausgehöhlt. Die Lichter sind an, aber niemand ist zu Hause …

Meine Tochter Hannah sagt: »Alles in der Natur kennt Phasen der Untätigkeit. Warum sollten Menschen denken, dass sie davon ausgenommen sind?«

Nach zwei Monaten lichtet sich der Nebel und nach und nach kommt das Leben wieder. Meine Fähigkeiten kehren quälend langsam zurück. Die schlichte, alltägliche Selbstfürsorge nimmt nicht mehr so viel Gehirnkapazität in Anspruch und schließlich bin ich in der Lage, meine üblichen Gewohnheiten von geistlicher Lektüre, Gebet und Meditation wieder aufzunehmen. Die Phase der Untätigkeit war letztlich genau das – eine Phase. Ich bin erleichtert, dass sie vorbei ist, aber aufgewühlt und verwirrt. Ich wurde total heruntergefahren. Was war da eigentlich los?

Ich versuche, das zu verstehen, was sich wie eine dunkle Nacht angefühlt hat, und vergrabe mich in meine Bücher über geistliche Entwicklung, durchsuche sie nach Hinweisen. Ich finde ein paar interessante Sichtweisen. Die Autorin Catherine Doherty erforscht die russisch-orthodoxe Tradition. In ihrem Buch *Poustinia* sagt sie:

> Man kann nicht in das Geheimnis der Fleischwerdung eintauchen, wenn man sich nicht zuerst im Verborgenen selbst entäußert. Danach folgt lebenslange weitere Entäußerung, ein Sich-selbst-Entleeren …[36]

Sich entäußern – die Russisch-Orthodoxen nennen das *Kenosis*. Ich weiß, dass wir in Philipper 2 dazu eingeladen werden, dem sich selbst erniedrigenden Weg des Verzichtes Jesu zu folgen. Trotzdem frage ich mich, ob diese orthodoxe Sichtweise von *Kenosis* nicht ein bisschen extrem ist? Hat Gott mir nicht meinen Intellekt, meine Persönlichkeit, meine Gaben gegeben? Will er nicht, dass ich sie gehorsam seinem Willen gemäß einsetze? Doch was, wenn er mich andererseits so führt, dass ich sie von Zeit zu Zeit niederlege? Wenn ich Gott bitte, mich zu füllen, bin ich dann zuerst bereit und fähig, mich zu entleeren, Raum zu schaffen? Was, wenn er mich dann mit etwas viel Größerem als den mir angestammten Fähigkeiten füllt? Ich ringe mit diesem Gedanken, hinterfrage.

In seinem Buch *Wer loslässt, wird gehalten* fasst der Franziskanerpater Richard Rohr meine Erfahrung in Worte. Er nennt es, sich in den Bauch des Wals begeben.

> Wir Christen sprechen vom Ostergeheimnis, aber alle miteinander legen wir den Finger auf die Notwendigkeit von Abstieg und Aufstieg. Das österliche Geheimnis ist *das* Grundmuster der Verwandlung. Wir werden verwandelt durch Sterben und Auferstehen, und das wohl mehr als einmal. Es scheint keinen anderen Kessel zu geben, in dem Wachstum und Wandlung gebraut werden können. Wir begeben uns selten freiwillig in den Bauch der Bestie.[37]

Und er sagt weiter:

> Wir müssen lernen, dem Schmerz des Lebens nicht auszuweichen, ohne Antworten, ohne Ergebnisse und manchmal ohne Bedeutung zu bleiben. Das ist der Pfad, der dunkle Pfad wahren Gebets in dieser Zeit ... Wir weichen Gott aus, der in der Dunkelheit wirkt – wo wir keine Kontrolle haben.[38]

Der dunkle Pfad wahren Gebets. Der Pfad jenseits von Worten, sogar jenseits von Gefühlen. Der Ort, wo Gott unmerklich in der Dunkelheit wirkt.

Im Rückblick frage ich mich, ob Gott während dieser Phase in mir gewirkt hat. Schwer zu sagen. Ich finde es allerdings interessant, dass ich seit dieser Zeit beim Beten weniger Worte mache. Ich komme leichter in der Stille an. Weit entfernt vom eigentlichen »Gespräch« habe ich Gemeinschaft entdeckt.

EINLADUNG

> Die dunkle Nacht der Seele beschränkt sich nicht auf heilige Menschen. Sie kann jedem widerfahren. Ich glaube, dass sie in gewisser Weise jedem widerfährt. Doch bedeutet sie viel mehr als einfach Unglück. Sie ist eine tief gehende Veränderung, eine Bewegung hin zu unbeschreiblicher Freiheit und Freude. Und tatsächlich muss sie gar nicht immer unangenehm sein! … Die dunkle Nacht ist eine zutiefst gute Sache. Sie ist ein andauernder geistlicher Prozess, in dem wir von Bindungen und Zwängen befreit und befähigt zu werden, freier zu leben und zu lieben. Manchmal ist dieses Loslassen alter Gewohnheiten schmerzhaft, hin und wieder sogar niederschmetternd. Doch nicht deshalb wird die Nacht »dunkel« genannt. Die Dunkelheit der Nacht beinhaltet nichts Finsteres, sondern besagt nur, dass die Befreiung auf verborgene Weise geschieht, außerhalb unseres Wissens und Verstehens. Es passiert auf geheimnisvolle Weise, in aller Stille, und entzieht sich unserer bewussten Kontrolle. Aus diesem Grund kann sie verstörend oder sogar angsteinflößend sein, aber am Ende wirkt sie immer zu unserem Vorteil.[39]

Haben Sie schon einmal eine »dunkle Nacht« erlebt? In welcher Situation? Wie hat es sich angefühlt? Wie lange hat sie gedauert?

John Mark Comer, Pastor der *Bridgetown Church* in Portland, hat folgenden Rat, wie wir dunkle Nächte unserer Seele überstehen können:

- Mühen Sie sich nicht länger ab.
- Ruhen Sie sich aus.
- Warten Sie geduldig.
- Haben Sie Vertrauen.
- Entschleunigen Sie.
- Schenken Sie dem Schönen Aufmerksamkeit.
- Widerstehen Sie dem Zweifel.
- Machen Sie sich nicht länger vor, die Kontrolle zu haben.

Jesus,
hilf mir, dir auf dem verborgenen Pfad hin zu Sterben und Auferstehung zu folgen. Löse mich von den Dingen, an die ich mich klammere. Möge ich ohne Angst in der Dunkelheit stehen, weil ich weiß, dass du bei mir bist.
Amen.

33

ÄBTISSIN

Ich will die Versprechen, die ich vor dem Herrn ablegte, vor den Augen des ganzen Volkes erfüllen …
Psalm 116,18

El Escorial, Spanien
Es ist warm für Oktober, aber wir sind schließlich auch in Spanien. Wir sitzen im Kreis, mitten in den Gärten eines Klosters am Rand von Madrid. Vor allem die Engländer genießen es, draußen zu sein. Sie halten ihre Gesichter der Sonne entgegen und saugen die spanische Wärme in sich auf, bevor sie auf ihre nieselige Insel zurückkehren. Ich schaue mich um. Das sind Leute, die ich seit Jahren aus der Ferne bewundere. Gehöre ich hierher?

Das versuchen wir gerade herauszufinden. Ich wurde eingeladen, mich einer Gruppe von Leitern aus der 24/7-Gebetsbewegung anzuschließen. Sie unterstützen und helfen dabei, Struktur in die wachsende Zahl von Gemeinschaften zu bringen, die überall aus dem Boden schießen. Pete Greig, Mitgründer und Teamleiter von *24/7 Prayer*, hat mich gebeten, neu entstehende Gebetshäuser mit zu begleiten. Ich verspreche zu kommen, aber es ist ein bisschen wie ein erstes Date – wir fühlen uns alle unwohl und befangen, nehmen uns gegenseitig unter die Lupe, um herauszufinden, ob wir zueinander passen.

»Wenn wir uns die Kirchengeschichte über die Jahrtausende hinweg ansehen«, erzähle ich über Gebetshäuser, »sind es diese kleinen

Gruppen von Mönchen – diejenigen, die sich auf verschwenderische Weise ins Gebet und in die Nächstenliebe investiert haben –, die Denken und Kultur bewahrt, Europa evangelisiert und die Geschichte verändert haben!«

Während ich rede, lässt die vorsichtige Beobachtungshaltung der Gruppe nach und ich fühle mich willkommen. Am Ende des Treffens versammeln sie sich um mich, legen mir die Hände auf und beten für mich. Pete Greig proklamiert über mir mit seiner Benedict-Cumberbatch-Stimme (im Grunde kann man mehr oder weniger alles in einer Benedict-Cumberbatch-Stimme zu mir sagen und ich werde ihm Folge leisten). »Du wirst eine Äbtissin für viele sein«, erklärt er.

Herrnhut, Deutschland

Meine Tochter und ich, Shira, Sue und ein paar weitere Freunde spazieren über den »Gottesacker«, den berühmten Friedhof der Brüdergemeine in Herrnhut. Ich stehe an Zinzendorfs Grab, einer steinernen Grabstätte, auf der sein Name eingemeißelt ist.

Er ist kleiner, als ich dachte. Ich kalkuliere gedanklich die Körpergröße des Mannes. Ich habe Geschichten von Menschen gehört, die sich auf die Steinplatte legen und Gott um einen Anteil an seiner Salbung bitten. Hm, eher nicht. Ich streichle stattdessen kurz darüber. *Hi Nikolaus! Schön, dich kennenzulernen!*

Wir erklimmen den Altan, das Aussichtstürmchen am Rande des Friedhofs, und kommen oben zusammen. Hannah holt ihre Kamera hervor und macht Bilder von dem verschlafenen Dorf, das sich vor uns ausbreitet. Leuchtend rote und orange Blätter krönen das Dorf wie eine Mönchstonsur.

Es sieht … normal aus. Wie all die anderen verschlafenen kleinen Dörfer, die wir von unserem Aussichtspunkt sehen. »Könnte überall sein, oder?« Sue ist nachdenklich. »Ein ganz gewöhnlicher Ort, voller gewöhnlicher Menschen.« *Gewöhnliche Menschen mit einem außergewöhnlichen Einsatz für Gebet*, denke ich.

Nikolaus Ludwig Graf von Zinzendorf folgt Jesus sehr ernsthaft nach. Und weiß, dass er dabei Unterstützung braucht. Im Jahr 1715 ist er 15 Jahre alt, lebt in Halle und steht kurz vor dem Beginn seines Studiums an der Universität Wittenberg. Er sammelt ein paar Freunde um sich und sie verpflichten sich zu gemeinsamen Unternehmungen und geistlichen Übungen. Etwas später lassen sie sich Ringe anfertigen, die sie an ihr Gelübde erinnern sollen. In sie eingraviert ist der Vers »Unser keiner lebt ihm selber« (Römer 14,7). Der Senfkorn-Orden ist geboren.

Der Orden unterstützt Zinzendorf zeit seines Lebens mit dem, was er braucht, damit er sich ganz und gar dem Evangelium widmen kann. Das Gelübde? Christus treu, Menschen gegenüber freundlich zu sein und das Evangelium zu allen Völkern zu bringen.

Nach dem Tod Zinzendorfs gerät der Senfkorn-Orden in Vergessenheit. Er verschwindet unter der Erde. Fast vier Jahrhunderte später graben ihn ein paar Leiter von *24/7 Prayer* und JMEM wieder aus und holen ihn aus der Versenkung. Steckt im Senfkorn noch Leben?

Tatsächlich. Im Jahr 2005 versammeln sich an einem kalten Februarabend um die hundert Leute in der *Holy-Trinity-Clapham*-Kirche in London. Viele legen ein Gelübde ab und ihre Ringe an. Der Senfkorn-Orden ist wieder am Leben.

Daheim in meinem Haus in Hamilton habe ich einen wirklich wunderschönen Rosenstrauch. Die Erdschicht ist dünn und sandig, aber direkt vor meiner Veranda bekommt er viel Sonne ab. Im Juni explodiert er in einer Farbenpracht – eine Wand von purpurroten Blüten. Ich schneide ihn jedes Frühjahr zurück, aber kaum ist es Sommer, wächst und wächst er zu monströsen Ausmaßen heran. Irgendwann überwältigt ihn sein eigenes Gewicht und er fällt nach vorn auf unsere Einfahrt. Ich nenne die Rose liebevoll Audrey[40] und suche nach einer Lösung, wie ich sie davon abhalten kann, meine

Nachbarn und Mitbewohner anzugreifen, wenn sie ins Haus kommen.

»Du musst sie anbinden!«, sagt Kirk. »Schau, dass du sie unter Kontrolle kriegst.«

Mit ein bisschen Schnur und vielen zerstochenen Fingern gelingt es mir, Audrey am Verandageländer festzumachen. Sie wehrt sich gegen die Schnur, aber akzeptiert ihre Grenzen.

Mein geistliches Leben fühlt sich auch oft schlaff, wuchernd, ein wenig raubtierartig und hilfsbedürftig an. Als ich von Zinzendorf, seinem Gelübde und den geistlichen Übungen, die die Mitglieder des Ordens prägen, höre, frage ich mich, ob ich mich der Gemeinschaft des Rings anschließen soll.

Colorado, USA

Das Leitungsteam von 24/7 sitzt im Untergeschoss einer Blockhütte tief in den Colorado Rockies. Ein paar Leute haben sich auf Sitzsäcke gefläzt. Andere haben es sich auf den Sofas gemütlich gemacht. Ich sitze auf einem Holzstuhl hinten im Zimmer. Pete setzt uns über die neuesten Initiativen, die sich in der 24/7-Landschaft entfalten, ins Bild.

»Wie ihr wisst, haben viele von uns vor ungefähr zehn Jahren ein Gelübde im Senfkorn-Orden abgelegt«, sagt Pete. »Das Büro des Erzbischofs von Canterbury hat sich gerade mit uns in Verbindung gesetzt. Als Justin Welby ins Amt kam, hat er die Wiederbelebung des Gebets und des geistlichen Lebens zu seinen Top-Prioritäten gemacht. Wir sollen uns überlegen, ob wir den Orden offiziell machen und ausbauen wollen. Wir werden eine Art Novizenjahr entwickeln müssen – ein Jahr der Vorbereitung, bevor die Leute ihre Gelübde ablegen – und auch einige Strukturen aufbauen müssen.«

Hm, denke ich. *Dabei könnten wir wahrscheinlich helfen*. Seit vierzehn Jahren leite ich mittlerweile ein Gebetshaus, daher habe ich ein bisschen Erfahrung. Ich bin zuversichtlich, dass unser Team von mönchischen Theologen dabei helfen kann, einen Vorbereitungsprozess zu entwickeln.

Genf, Schweiz

> Narr, der ich bin, gelobe ich mit allem, was ich habe, und allem, was ich bin, Christus in der Gnade des Heiligen Geistes treu zu sein, an jedem Tag, den mir der Vater gewährt.
> Dabei helfe mir Gott.
> Schwach, wie ich bin, gelobe ich, Menschen gegenüber freundlich zu sein: Christus in anderen zu sehen, Christus in anderen zu dienen und Christus anderen zu zeigen, in der Freude des Heiligen Geistes zur Ehre unseres Vaters.
> Dabei helfe mir Gott.
> Klein, wie ich bin, und wo immer ich bin, gelobe ich, dem Evangelium Christi zu dienen.
> Heute drücken wir gemeinsam unsere Bereitschaft aus, uns für die Zerbrochenen und Armen in der Kraft des Geistes aufzuopfern und unser ganzes Leben zu geben, sodass Christus in jeder Sprache, jedem Stamm und jeder Nation unserer Generation geliebt werden kann, zur Ehre unseres Vaters.
> Wir leben nicht uns selbst.
> Dabei helfe uns Gott.

Ich schaue auf den Ring auf dem Tisch vor mir und sinke auf die Knie. Es ist ein heiliger Moment. Ich weiß nicht, warum es sich so bedeutsam anfühlt – eigentlich verspreche ich nur, Christ zu sein. Aber irgendwie ist es ein Ja auf einer höheren Ebene. Ein Erlaubnisgeben. Ich öffne mich für die Gnade, die mir entgegenkommt.

Es fühlt sich an, als träte ich über die Schwelle in etwas völlig Neues.

Ich streife meinen Ring über, hole tief Luft, räuspere mich und gehe an meinen Platz zurück, zu den anderen Mitgliedern des Ordens. Shira und Abraham, Peter, Doug und die meisten unserer Gruppe sind hier. Wir sind gemeinsam unterwegs. *Cymbrogi* – Herzensgefährten.

Surrey, England

Das Team, das dafür verantwortlich war, den Senfkorn-Orden in Gang zu bringen, befindet sich in einem Einkehrhaus neben den Ruinen eines alten Klosters. Pete sitzt mir gegenüber, lehnt sich nach vorne, Ellbogen auf den Knien. Er zieht seine eine Augenbraue nach oben, so wie er es immer tut, wenn er etwas im Schilde führt.

»Jill, wir möchten dich bitten, die erste weltweite Einberuferin des Senfkorn-Ordens zu werden.« Meine Augen weiten sich und ich werfe meinen Kollegen im Raum einen fragenden Blick zu. Sie lächeln, nicken, warten auf meine Antwort.

Wir haben uns heute bereits Gedanken darüber gemacht, wie wir den Leiter des Ordens nennen. Abt? Wächter? Hohes Tier? Zinzendorf glaubte an nicht hierarchische dienende Leiterschaft und wir möchten seinem Beispiel folgen. »Ich mag das Wort ›Einberufer‹«, meint Pete. »Jemand, der einberuft – der die Gemeinschaft versammelt. Eine weltweite Einberuferin!«

Der Senfkorn-Orden ist ein verstreuter Orden, das heißt, unsere Mitglieder sind über die ganze Welt verteilt, von Adelaide in Australien bis nach Kapstadt in Südafrika. Von Südostasien über Afghanistan und Europa bis nach Nordamerika.

Ich dachte, wir würden den Tag einfach damit verbringen, Leiterschaft und Führung zu regeln, Systeme und Strukturen aufzustellen, damit wir irgendwann in ein paar Jahren einen Leiter wählen können. Ich hatte schon jemanden im Kopf, den ich für einen guten Kandidaten hielt, daher war ich auf den Angriff nicht vorbereitet.

Vor meinem inneren Auge sehe ich blitzartig die Meilensteine, die zu diesem Moment geführt haben. Zunächst die Einladung Gottes, meine Führungskompetenz auszubauen – ihn zu erforschen. »Du musst in die Tiefe gehen, bevor du in die Weite gehst«, sagte er vor langer Zeit zu mir. Dann einige Jahre des Studierens, Pilgerns, des geistlichen Ausgrabens und Erforschens. Als Nächstes Petes Einladung, das internationale Leitungsteam zu unterstützen. Gefolgt von der, dem Orden beizutreten und bei seinem Aufbau zu helfen. Und nun, ja, sind wir hier.

Ich habe keine Ambitionen, meinen Einflussbereich zu erweitern – ich bin glücklich mit dem kleinen Stück Land, das Gott mir in Hamilton anvertraut hat. Das Leben in unserer Gemeinschaft ist erfüllend und macht mich zufrieden.

Ich frage mich jedoch, ob das Amt der Einberuferin so viel anders ist als das, was ich zu Hause mache. Ein etwas größerer Garten, in dem man herumwerkelt. Aber es geht immer noch ums Beten. Darum, Freundschaften zu schließen.

Während sie auf meine Antwort warten, deutet Pete zum Fenster hinter uns. »Schaut euch das mal an!« Wir drehen uns alle um. Genau in dem Moment fliegen drei Kanadagänse in perfekter Formation vorbei und landen dann auf der Wiese.

Ein 18 Jahre altes prophetisches Wort schwirrt mir durch den Kopf. »Normalerweise ist eine weise Mama-Gans vorne – ein erfahrenes Tier, das den Weg kennt.« Ich lächle meinen Freunden im Kreis zu und sage Ja.

EINLADUNG

Eine Lebensregel ist eine geistliche Praxis, die Menschen seit Jahrhunderten dabei hilft, Form und Halt in ihr geistliches Leben zu bringen. Im Senfkorn-Orden orientieren sich die Mitglieder an einer Lebensregel, die auf sechs geistliche Disziplinen ausgerichtet ist (Gebet, Kreativität, Lernen, Gastfreundschaft, Gnade und Gerechtigkeit, Mission) und ihnen dabei hilft, ihr Gelübde zu halten.

Ruth Haley Barton zeigt in ihrem Buch *Invitation to Retreat* (dt. »Einladung zur Einkehr«) einen hilfreichen Prozess auf, wie man eine Lebensregel entwickeln kann.

> Eine Lebensregel (ist) eine Praxis, die auf zwei Fragen antwortet: Wer will ich sein?, und: Wie will ich leben?
> Hoffentlich haben Sie in einem Prozess Ihre eigenen heiligen Rhythmen erarbeitet und versuchen, treu nach ihnen zu leben. Solch ein Prozess beinhaltet, dass Sie in Verbindung mit Ihren tiefsten geistlichen Sehnsüchten treten. Dabei entwickeln Sie geistliche Übungen … die zu diesen Sehnsüchten passen, und bitten dann Gott darum, dass er Sie dabei leitet, sie in einem funktionierenden Rhythmus zusammenzuführen …[41]

Halten Sie eine Einkehrzeit oder begeben Sie sich für eine Weile in die Einsamkeit. Es kann eine Stunde sein, in der Sie sich im Bad einschließen, ein halbtägiger (oder mehrtägiger) Besuch in einem Kloster in der Nähe oder eine Wanderung im Grünen. Fragen Sie sich: »Wer will ich sein?« und: »Wie will ich leben?«. Es kann eine hilfreiche Übung sein, in die Zukunft zu schauen und darüber nachzudenken, welche Art von Vermächtnis Sie hinterlassen wollen. Welche Art von Grabreden sollen an Ihrer Beerdigung gehalten werden?

Barton definiert heilige Rhythmen als »Muster von Einstellungen, Gewohnheiten und Verhaltensweisen, die für den heiligen Zweck bestimmt sind, uns der verändernden Gegenwart Christi gegenüber offen und zugänglich zu halten«[42].

Ich mag den Begriff »formende Übungen«, den ich von Marc Gauvreau gelernt habe, einem meiner Lehrer für geistliche Entwicklung. Das Wort »formend« bedeutet, dass ich Dinge tue, die mich persönlich tatsächlich prägen und formen, genau wie meine innere und äußere Welt. Das Wort »Übungen« bedeutet, dass ich Dinge übe, erforsche, lerne und mit ihnen experimentiere.

Machen Sie eine Bestandsaufnahme. Welche heiligen Rhythmen oder formenden Übungen haben Sie bereits in Ihrem Leben etabliert?

Nehmen Sie sich Zeit, um Gott zu fragen, inwieweit er Sie dazu einlädt, Ihre heiligen Rhythmen oder formenden Übungen anzupassen oder auszuweiten.

Jesus,
danke, dass du uns dazu einlädst, frei und leicht in den ungezwungenen Rhythmen deiner Gnade zu leben.
Danke für die verschiedenen geistlichen Rhythmen und formenden Übungen, die wir als ein Weg zur Gnade erforschen können, als Weg, um Raum zu schaffen, damit wir dir auf eine Weise begegnen, die verändert.
Wie soll ich leben?
Ich lade dich ein, mir die Wege zum Leben zu zeigen.

34

BARTON STREET

Denn der Herr ist gut. Seine Gnade hört niemals auf, und seine Treue gilt für immer.
Psalm 100,5

Das Schöne am Gebet ist, dass es tragbar ist. Gebet kann an jedem Ort stattfinden, auf jede Art, zu jeder Zeit.

Über die Jahre sagen mir mehrfach glaubensvolle Freunde: »Ich bete für ein Gebäude für das GOHOP!«

»Du kannst dafür beten, wenn du willst«, antworte ich, »aber es ist nicht sehr wahrscheinlich, dass das passiert, solange ich es leite.«

Ich habe nicht so viel für Gebäude übrig. Man muss viel Zeit, Geld und Energie in Stein und Mörtel investieren – alles Dinge, die ich viel lieber in die Entwicklung von Menschen und regelmäßiges Gebet stecken würde. Außerdem sind wir professionelle betende Hausbesetzer. Von Beginn an haben wir niemals Miete für unseren Gebetsraum gezahlt.

Nachdem wir ein paar Monate in der ehemaligen Bücherei im Norden der Stadt gebetet haben, ziehen wir direkt ins Stadtzentrum. Zwei Jahre lang schlagen wir unsere Zelte im *Vine* auf, einem Gebäude direkt neben dem Haupteinkaufszentrum und Bauernmarkt in der Innenstadt, umgeben von Obdachlosenunterkünften. Unser Team betet dort an den meisten Tagen von 9 bis 17 Uhr und lädt manchmal die Stadt dazu ein, sich uns für 24/7-Gebetswochen anzuschließen. Von dort ziehen wir nach Osten in das Untergeschoss eines gemeinnützigen Cafés in der Barton Street.

Die Straße ist berüchtigt. Früher war sie ein blühendes Wirtschaftszentrum in der Nähe der aufstrebenden, äußerst produktiven Stahlwerke. Doch als die Fertigungsindustrie zusammenbricht und die Werke schließen, rutscht das Viertel erst in einen Zustand der Verwahrlosung und dann der Verzweiflung. Die Straße wird von vielen heruntergekommenen Ladenfronten und zahlreichen illegalen Wohnungen gesäumt. Zu bestimmten Zeiten des Tages gehen Frauen auf den Strich.

Die Barton Street wird seit vielen Jahren umbetet. Vor zehn Jahren verpflichtet sich eine Fürbitterin mit ihrem Team, für jedes Geschäft in der Straße zu beten. Wirklich jedes, der Stripklub und die Massagesalons eingeschlossen. Diane geht von Laden zu Laden und sammelt Gebetsanliegen. »Ich habe ein Gebetsteam in der Gemeinde, das für euch beten wird«, sagt sie.

Eines Tages schaut sie bei einem der Massagesalons vorbei. »Können wir für euch für irgendwas beten?«, fragt Diane.

Die junge Frau am Tresen hält einen Moment inne. »Na ja, Joe da drüben hat Probleme mit seinem Auge.«

Diane wendet sich an Joe, einen großen, bulligen, breitschultrigen Kerl. Joes Augenlid hängt über sein gerötetes Auge. »Darf ich für dich beten?« Diane ist unerschrocken und mutig, sie hat kein Problem damit, für Türsteher in Bordellen zu beten. Joe nickt schließlich widerwillig. Sie spricht ein einfaches Gebet und dreht dann weiter ihre Runde.

Das nächste Mal, als sie im Massagesalon vorbeischaut, kriegt sich das Mädchen am Tresen vor Begeisterung über ihr Kommen kaum noch ein. »Sein Auge wurde besser! Sofort! Sie haben ihn geheilt!«, quietscht sie.

»Na ja, eigentlich hat Jesus ihn geheilt«, antwortet Diane.

Diane und ihr Team hüllen Barton ein paar Jahre lang in Gebet und geben dann den Stab an einen jungen Mann namens Thomas weiter. Während der nächsten zwei Jahre leitet er jede Woche von Donnerstag bis Sonntag zwischen 11 und 15 Uhr einen Gebetsspaziergang auf der Straße. In dieser Zeit gibt es dort auch erste christliche Einsätze, die sich an Prostituierte richten. Verschiedene Organisationen beginnen, Toilettenartikel, Süßigkeiten (gegen das Zittern bis zum nächsten Schuss) und Kleider zu verteilen. Nach und nach ziehen Menschen mit missionaler Absicht ins Viertel.

Und dann, nachdem verschiedene Teams die Barton Street jahrelang in Gebet getränkt und Gott um eine Veränderung des Viertels gebeten haben, verankert Gott dort einen Brückenkopf.

»Hey Jill! Wie geht's?«

»Ziemlich gut, Ellis! Machst du im Moment noch Musik auf der Straße?«

»Nee, ist zu kalt. Vielleicht wieder, wenn der Frühling kommt.«

»Jill! Alles klar bei dir!« Fred spricht immer mit Ausrufezeichen. »Haste heute schon deinen Spaziergang gemacht? Ich hab meinen Lauf schon hinter mir! Über 14 km!«

Wir stehen frühmorgens mit den ersten Gästen vor dem Café. Um ungefähr Viertel vor sieben stellen sie sich an. Wir stampfen mit den Füßen, halten die Arme eng am Körper und sind umgeben von unseren Atemwölkchen. Ziemlich kalt heute.

7 Uhr morgens ist meine Lieblingszeit im Café. Da kommen die Stammgäste zusammen, unsere Freunde aus der Nachbarschaft. Viele von ihnen haben keinen Herd in ihren Wohnheimunterkünften, deshalb begeben sie sich schnurstracks ins *541* für 'ne Tasse Morgenkaffee und ein kostenloses Frühstück.

Um Punkt sieben öffnet Jenn die Tür. Sie ist winzig, elfenhaft. Hat kurze Locken und gerötete Wangen. Ihre Liebe zu gutem Essen, exzellentem Kaffee und ihre Leidenschaft für dieses Viertel – all das führt dazu, dass sie bei der Gründung des *541 Eatery and Exchange* mitmischt – eines gemeinnützigen Cafés mitten in dem, was ich eine »gefährdete, aber widerstandsfähige« Nachbarschaft nenne.

Die Mannschaft strömt herein und stellt sich an. Vorne angekommen, schnappt sich jeder eine Handvoll Knöpfe aus dem Glas am Tresen. Das Café verwendet Knöpfe als Währung. Man kann für einen Dollar einen Knopf kaufen. Dieser kommt dann für jemand anderen ins Glas, der ihn bei Bedarf nutzen kann. Das letzte Mal, als ich es nachgeprüft habe, haben sich die Nachbarn gegenseitig mit bis zu 10 000 Knöpfen pro Monat versorgt.

Ich bin vorne angelangt.

»Wie geht es dir, Jenn? Irgendwelche Katastrophen gestern?«

»Abgesehen vom Zustand der Toiletten und dem Geschirrspüler, der zum x-ten Mal den Geist aufgegeben hat, lief alles ganz okay.« Sie grinst. »Möchtest du eine Soja-Latte?«

»Ja, danke.«

Während Jenn meinen Kaffee macht, schaue ich mich im Café um. Manche Besucher sind still, sehen müde aus von ihren Eskapaden der letzten Nacht. Sie halten ihren Kaffee eng an die Brust gedrückt. Charlotte sitzt an einem Tisch über ihre Hausaufgaben gebeugt. Sie sieht wie ungefähr 50 aus – es ist wirklich schwer einzuschätzen, wie alt sie ist. »Muss doch endlich dieses Abschlusszeugnis bekommen, vielleicht noch dieses Jahr«, sagt sie. Arthur mit seinem wilden Bart schaut zu mir auf und begrüßt mich mit einem schüchternen Lächeln. Ich lächle zurück. Ellis hat sich eine Schürze umgebunden und schafft bereits emsig Tassen nach hinten. Das Café hält die Preise niedrig, indem es Hunderte von Freiwilligen beschäftigt.

»Hey Jill! Komm her!« Ich zahle meinen Kaffee und begebe mich an Freds Tisch. »Jill, du musst für mich beten! Meine Unterkunft grade bringt mich um! Ich musste letzte Nacht die Polizei rufen – meine Mitbewohner haben sich alle wie wild angebrüllt! Ich fühle mich dort einfach nicht sicher! Bete dafür, dass ich was Neues finde, okay?«

»Ja, Fred, kann ich machen.« Ich zähle in Gedanken zusammen, wie viele neue Bleiben für Fred ich schon erbetet habe.

Ich plaudere mit ein paar anderen Stammgästen und gehe dann auf etwas zu, das wie die Tür eines Vorratsschranks aussieht. In Wahrheit ist es der Eingang zu unserem Gebetsraum im Untergeschoss. Beim Runtergehen schalte ich das Licht an. Der Raum ist klein und gemütlich. Nahe dem Eingang befindet sich eine Reihe kreativer Gebetsstationen und -aktivitäten. Eine Anschlagtafel mit Fotos von all unseren Praktikanten. Wir haben ein Regal voller Bücher zum Thema Gebet und einen Haufen Bastelmaterialien. An einer Wand hängt ein Whiteboard, auf das Gebetsanliegen für das Café gekritzelt sind. Ich schreibe »ein Zuhause für Fred« darauf. Im hinteren Bereich stehen in einem kleinen Kreis ein Keyboard, zwei Gitarren und ein paar Handtrommeln für den Lobpreis bereit. Ich schalte den falschen Kamin an (im Untergeschoss wird es im Winter kühl) und mache es mir gemütlich. Ich bin nicht lange allein. Bald kommen andere Mitglieder unserer Gemeinschaft dazu.

Heute ist es ziemlich voll – wir müssen ein paar Klappstühle von hinten holen und sie in den Kreis quetschen. Sandy lässt sich am Keyboard nieder. »Haben alle Liederbücher?«, fragt sie. Ihr Mann Peter teilt sie aus. »Schlagt Nr. 47 auf, *Da Pacem Domine.*«

Es ist Mittwochmorgen – Zeit für unsere Gebetsliturgie aus Taizé. Vor vielen Jahren hatten wir den Eindruck, dass Gott uns durch die Ermahnung von Paulus in Epheser 6,18 dazu herausfordert, viele verschiedene Arten von Gebet zu praktizieren. Deshalb beginnen wir, auszuprobieren und zu experimentieren. Manchmal folgen wir dem Modell »Harfe und Schale« – eine Mischung aus Lobpreis und Gebet, die wir von unseren Freunden im IHOP gelernt haben. Dann wieder Gebetskunst – illustrieren schweigend Bibelverse mit den verschiedensten Materialien. Shira holt oft die Gebetsbücher für liturgische Morgen- und Nachmittagsgebete hervor. Einer unserer Lobpreisleiter ist ein echter Heiliger-Geist-Typ. Er kommt mit seiner Gitarre rein und findet schnuppernd heraus, in welche Richtung der Heilige Geist weht. Dann legt er los und macht ein paar Stunden lang freifließenden, spontanen Lobpreis.

Wir widmen uns allen möglichen Themen. Beten für Pastoren und Leiter, Bewahrung der Schöpfung und Umweltschutz, für die verfolgte Kirche und für unsere Nachbarschaft. Freitags leitet Shira das Gebet dafür an, dass ein JMEM-Zentrum in der Stadt entsteht. Kleine Mini-Gebetsgruppen bilden sich um verschiedene Gebetsformate und bestimmte Anliegen. Ein Gebetsofen im Untergrund – ein Heizungskeller.

»Es verändert die geistliche Atmosphäre«, sagt Sue, die auch das Café mit am Laufen hält. »Menschen kommen hierher und sagen, dass sie etwas Besonderes spüren können. Das Gebet im Untergeschoss bewirkt einen echten Unterschied.«

In der Übertragung von Johannes 1,14 in *The Message* heißt es, dass das Wort Fleisch wurde und in die Nachbarschaft zog. Ich finde es wunderbar, dass unser kleines Gebetshaus nicht irgendwo in seinem eigenen Gebäude abgeschottet ist, fern von allem anderen. Wie schön, dass wir in dieses wuselige Café eingebettet sind, mitten im Herzen unseres Viertels.

541-Gebete

Diese Gebete wurden von Ehrenamtlichen und Mitgliedern der *541*-Gemeinschaft gesammelt und jeden Tag als Morgenliturgie im Café gebetet.

Herr Jesus,
du lädst alle Menschen dazu ein, an deinem Tisch zu essen.

Danke, dass du das *541* in die Barton Street gebracht hast, sodass es seine Arme des Lichts und der Liebe für alle öffnen kann, die hereinkommen.
Lynda

Danke, dass die, die hierherkommen, es als ein »super Angebot, das großzügig und persönlich ist«, erleben. Und dass es ein Vorrecht ist, »jeden Tag ein Teil davon zu sein«.
Laurie

Segne die Familie im *541* und segne alle außerhalb vom *541*.
John

Segne das Essen, das hier verzehrt wird.
Segne diejenigen, die es anbauen und zubereiten.
Grant

Mögen alle glücklich und gesund bleiben.
Maurice

Wir beten für alle, die durch unsere Türen kommen, dass sie an diesem Ort Liebe finden.
Wir beten für Menschen mit psychischen Erkrankungen, dass sie hier Frieden und Hilfe finden.
Sarah

Hilf uns, nicht müde zu werden, Gutes zu tun.
Todd

Danke, dass die Jungfrau Maria deinen Sohn Jesus Christus geboren hat.
Kim

Hilf uns, daran zu denken, dass wir an diesem Tag nicht in unserer eigenen Kraft, sondern in deiner dienen.
Wirke heute durch uns und in uns und stelle das ursprünglich Göttliche in uns wieder her.
Karen

Dein Reich komme heute im *541* und mögen wir noch viele weitere Tage geöffnet haben.
Frank

Amen.

EINLADUNG

Die Veränderung von Stadtvierteln lässt sich nicht innerhalb von Monaten oder selbst Jahren messen, sondern von Jahrzehnten. Wir alle sind Teil eines Staffellaufs. Manchmal schauen wir dankbar auf jene zurück, die uns bis hierher gebracht haben. Dann wieder feuern wir die Nächsten an, die eine Runde laufen. Immer richten wir dabei unsere Augen auf Jesus.

Es hilft, hin und wieder einen Schritt zurückzutreten und in die Ferne zu blicken.
Das Reich Gottes liegt nicht nur jenseits unserer Anstrengungen, sondern auch jenseits unserer Sichtweite.
Zu unseren Lebzeiten schaffen wir nur einen winzigen Bruchteil der überwältigenden Unternehmung, die das Wirken Gottes ist.

Nichts, was wir tun, ist vollständig, woraus folgt, dass das Reich Gottes immer über uns hinausgeht.
Keine Aussage beinhaltet alles, was es zu sagen gäbe.
Kein Gebet drückt unseren Glauben vollkommen aus.
Keine Konfession ist perfekt.
Kein Seelsorgebesuch bringt vollständige Heilung.
Kein Programm vollendet die Aufgabe der Kirche.
Keine Aufstellung von Zielen und Anliegen umfasst alles.
Deshalb gibt es uns. Wir pflanzen einen Samen, der eines Tages wachsen wird.
Wir bewässern Samen, die bereits gesät wurden, in dem Wissen, dass ihre Zukunft vielversprechend ist.
Wir legen Fundamente, an denen weitergearbeitet werden muss.
Wir stellen Hefe bereit, die Auswirkungen hat, die weit über unsere Fähigkeiten hinausgehen.
Wir können nicht alles tun und ein Gefühl von Freiheit stellt sich ein, wenn uns das bewusst wird.
Das befähigt uns dazu, etwas zu tun und es sehr gut zu tun.
Vielleicht ist es unvollständig, aber es ist ein Anfang, ein Schritt auf dem Weg, eine Gelegenheit für Gottes Gnade, hineinzukommen und den Rest zu tun.
Vielleicht sehen wir niemals das Endergebnis, aber das ist der Unterschied zwischen dem Baumeister und dem Arbeiter.
Wir sind Arbeiter, nicht Baumeister, Pastoren, nicht Messiasse.
Wir sind Propheten einer Zukunft, die nicht die unsere ist.[43]

Lesen: Lesen Sie das Gebet langsam laut vor. Welche Worte oder Sätze sprechen Sie an?
Reflektieren: Denken Sie über diese Worte oder Sätze nach. Warum haben Sie sie angesprochen? Womit identifizieren Sie sich? Was bedeuten sie für Sie ganz persönlich?

Reagieren: Welche Reaktion könnte Gott sich auf das, was er hervorhebt, von Ihnen wünschen? Wozu lädt er Sie ein? Antworten Sie ihm darauf im Gebet.

Jesus,
ich danke dir, dass ich Teil der größeren Geschichte deiner Treue gegenüber vielen, vielen Generationen bin. Ich ehre diejenigen, die vor mir gegangen sind.
Ich schaue erwartungsvoll auf die, die ich auf dem nächsten Abschnitt der Reise ermutigen kann.
Wir halten gemeinsam nach einer Stadt Ausschau, deren Erbauer und Architekt Gott ist.

35

TROSTLOSIGKEIT

Denn wir kämpfen nicht gegen Menschen aus Fleisch und Blut, sondern gegen die bösen Mächte und Gewalten der unsichtbaren Welt, gegen jene Mächte der Finsternis, die diese Welt beherrschen, und gegen die bösen Geister in der Himmelswelt … Wenn es dann so weit ist, werdet ihr … noch aufrecht stehen, wenn ihr den Kampf gewonnen habt.

Epheser 6,12-13

Ich liebe es, wenn ich es nicht gerade hasse.

Meistens geht es mir ganz gut, aber hin und wieder bricht alles über mir zusammen und ich verzage. Heute will ich einfach nur noch weg. Ich setze mich ins Auto und fahre los. Egal wohin, nur weg. Ich lenke den Wagen in Richtung des schönen Städtchens ganz in der Nähe und schaue mir dabei in den blitzblanken Seitenstraßen Bäume mit kathedralenartigem Blätterdach an.

Als ich heute Morgen aufwachte, fühlte ich mich, als hätte ich einen Schlag in die Magengrube bekommen. Als wäre ich ein Ballon ohne Luft, der schlaff am Boden liegt.

Gestern Abend habe ich erfahren, dass eine meiner lieben Freundinnen tiefer in die Sucht abgerutscht ist und bedenkliche Entscheidungen getroffen hat. Ich habe ihre Reise beobachtet und mich über jeden Schritt in Richtung Gesundung und Stabilisierung gefreut. Es ist so entmutigend, den negativen Verlauf, den Zusammenbruch mitzubekommen. Ich weiß, dass ich keine Expertin für seelische Gesundheit bin. Ich bin keine Sozialarbeiterin. Ich bin nicht ihre Pastorin, nicht ihre Therapeutin. Nicht ihre Mutter. Ich bin ihre betende Freundin. Die Begleitung und ein offenes Haus anbietet – und vielleicht ein Alternativbeispiel dafür, wie ein Leben auch aussehen kann.

Manchmal wünschte ich, ich wäre die Art von Gebetsmissionarin, die irgendwo versteckt in einem Kloster lebt. Sicher hinter Mauern. Aber wir sind mittendrin, so wie Journalisten an der Frontlinie einer Kampfzone. Wenn ich durch mein Viertel gehe, sehe ich stumpfe Augen, ausgehöhlte Wangen, Knöchel voller Wanzenbisse und sich wegduckende Rottweiler an Würgehalsbändern.

Wenn ich ehrlich bin, habe ich manchmal das Gefühl, dass ich in einem alten, angelaufenen Spiegel verzerrte Reflexionen meines eigenen inneren Abgrunds erblicke. Meiner eigenen Zwänge, meines eigenen unstillbaren Hungers. Meiner eigenen kleinen Grausamkeiten und halb verheilten Wunden.

Mir gehen die Worte aus. Die Gebete.

Herr, erbarme dich.

Christus, erbarme dich.

Herr, erbarme dich.

Ich fühle mich hilflos, ausgehöhlt, als hätte jemand mein Innenleben herausgeholt. Bin ich sonst voller Tatendrang, Elan und Entschlossenheit, löst sich das alles nun in Luft auf.

Man betet anders, wenn man direkt an der Front steht. Wenn Menschenhandel ein Gesicht, einen Namen hat. Wenn man sie jeden Tag ins Café kommen sieht, an diesem Morgen mit blauen Flecken am Hals.

Man betet anders in Bezug auf Obdachlosigkeit, wenn liebe Freunde von einem mit wildem Blick, unrasiert und ungepflegt zum Gottesdienst kommen und ihnen Ungeziefer hinten über die Jacke huscht.

Man betet anders, wenn eine Freundin einem die Blutergüsse ihrer letzten Vergewaltigung zeigt und erzählt, dass der Richter den Fall abgewiesen hat, weil sie keine verlässliche Zeugin ist.

Man betet nicht aus dem Kopf, der eigenen Theologie und nicht einmal aus der Bibel, sondern seufzend aus dem Bauch. Irgendwo sitzt man einer gequälten Seele gegenüber. Man schaut sie an und sie schaut zurück und hinter ihren Augen kann man eine namenlose, bösartige Kraft sehen, die einen spottend anblickt.

Du starrst sie zornig an.

Der Herr strafe dich.

Man betet anders, wenn man mittendrin betet. Manchmal fühlt es sich an, als hätte sich eine Python um einen geschlungen, der das Leben aus einem herauspresst, und alles, was man tun kann, ist, um Befreiung zu flehen.

Und ich denke oft an das Lied von Kevin Prosch: »Ich habe den Eindruck zu versagen. In meinem Trampolin ist ein Loch und ich falle nach unten.«[44]

Ich weiß: Wenn der Herr nicht das Haus baut, baue ich umsonst, und wenn er nicht die Stadt behütet und über ihr wacht, beten wir umsonst.

Ich weiß, dass das alles zu groß für mich ist.

Zu dunkel für mich.

Zu komplex für mich.

Zu herzzerreißend für mich.

Das Einzige, das ich tun kann, ist, die Stellung zu halten und zu seufzen, nachdem ich alles getan habe, und weiter standzuhalten. Aber manchmal schaffe ich es nicht einmal, die Stellung zu halten. Ich muss aus der Stadt raus und andere Luft atmen.

Ich halte am Ufer an. Steige aus und setze mich auf eine Bank. Ich strecke mein Gesicht der Herbstsonne entgegen, die noch immer wärmt, und lasse mich von einem lauen Lüftchen umarmen, das mir durch die Haare fährt und meine Wange sanft berührt.

Wie der Psalmist möchte ich zu mir sagen: »Warum bin ich so mutlos? Warum so traurig? Auf Gott will ich hoffen« (Psalm 43,5). Doch Hoffnung scheint wie ein Luftballon, den ich aus Versehen losgelassen habe und der schnell aus meiner Reichweite entschwindet. Ich kann nur dabei zusehen, wie er wegschwebt.

Und deshalb behalte ich die Last in mir drin. Sie tritt und dreht sich in meinem Leib wie ein Kind kurz vor der Geburt. Ich behalte sie und ich gebe ihr einen Namen. Versuche, den Mut aufzubringen, mich ganz in meine Traurigkeit hineinzubegeben, in das Chaos, das sich so heftig in mir windet. Beschwöre die Gegenwart des Einen in mein winziges Seelenboot hinein, das im Sturm hin- und hergeworfen wird.

EINLADUNG

Jesus sah sich die Welt nicht vom Rand aus an, wo er dann für sie betete. Nein, er kam mitten in unser Chaos hinein. Er kam zu uns in unserem Leiden.

> Solange Jesus hier auf der Erde lebte, hat er mit lautem Schreien und unter Tränen seine Gebete und Bitten an den einen gerichtet, der ihn aus dem Tod befreien konnte. Und weil er große Ehrfurcht hatte vor Gott, wurde er erhört. Obwohl Jesus der Sohn Gottes war, lernte er doch durch sein Leiden, gehorsam zu sein. Auf diese Weise machte Gott ihn vollkommen, und er wurde der Retter für alle, die ihm gehorchen.
> *Hebräer 5,7-9*

Sein Gebetskampf für uns war von Unterordnung und Widerstand gekennzeichnet. Unterordnung und Gehorsam dem Vater gegenüber und Widerstand gegenüber den Mächten des Bösen. Jakobus schreibt entsprechend in seinem Brief: »Deshalb ordnet euren Willen Gott unter! Widersteht dem Teufel, und er wird euch verlassen« (Jakobus 4,7).

Gehen Sie im Gebet auf Nummer sicher? Wie könnte es aussehen, wenn Sie Galater 6,2 leben: »Helft euch gegenseitig bei euren Schwierigkeiten und Problemen, so erfüllt ihr das Gesetz, das wir von Christus haben.«? Sich mitten ins Getümmel begeben? Mit jemandem mitleiden? Von der Frontlinie aus beten statt leidenschaftslos aus der Distanz?

Wie lädt Gott Sie dazu ein, sich ihm heute unterzuordnen? Gibt es etwas, was er Sie bittet zu tun oder mit dem Sie aufhören sollten?

Wie lädt Gott Sie dazu ein, den Mächten des Bösen in Ihnen und um Sie herum zu widerstehen? Sehen Sie sich in der Lage, im »entgegengesetzten Geist« zu handeln und Böses mit Gutem zu vergelten, auf eine Beschimpfung mit Freundlichkeit zu reagieren? Gibt es systematische Formen des Bösen in Kultur und Wirtschaft, von denen Sie sich fernhalten und denen Sie widerstehen können?

Jesus,
ich bin zutiefst dankbar dafür, dass du gesehen hast, dass ich wie ein Schaf ohne Hirte war, und du Mitleid mit mir hattest.
Du bist mir nahegekommen, mitten hinein in mein Chaos, und hast die Last meines Leidens getragen. Du hast mich getragen, mich nah an deinem Herzen gehalten, und tust es bis heute.
Gib mir den Mut, die Widerstandsfähigkeit und die Ausdauer, die es braucht, um mit anderen mitzuleiden.
Gott aller Hoffnung, füll mich mit Freude und Frieden im Glauben, sodass die Hoffnung in mir durch die Kraft deines Heiligen Geistes groß wird.

36

DAS LEBEN IST KEIN NOTFALL

Zuerst kam ein heftiger Sturm, der die Berge teilte und die Felsen zerschlug, vor dem Herrn her. Doch der Herr war nicht im Sturm. Nach dem Sturm bebte die Erde, doch der Herr war nicht im Erdbeben.

1. Könige 19,11b

»Das ist ja wohl ein Witz!« Mein Kopf dröhnt – ein Feueralarmkonzert schrillt durch mein Hirn. Folienwickel schweben mir ums Gesicht und der penetrante Geruch von Haarfärbemittel steigt mir in die Nase. Ich bin beim Friseur im örtlichen Einkaufszentrum und will mein alterndes Haar unter blonden Strähnchen verstecken. Kirk und ich haben regelmäßig Diskussionen zum Thema Haarfarbe. Er hätte gern, dass ich mit Haltung ergraue und *au naturel* herumlaufe.

»Bei *mir* schaut es doch auch gut aus!«, sagt er stolz. Und das tut es. Er hat eine weiße Superman-Tolle und einen grau melierten Stoppelbart. Ich kann mich bislang durchsetzen. Mit Falten habe ich kein Problem. »Du hast lächelnde Augen, Mama!«, sagt meine Tochter. Mit Altersflecken und grauem Haar bin ich jedoch noch nicht durch. Deshalb der Ausflug zum Friseur.

Ich schaue zur Friseurin hoch, die ihre Lippen zusammenpresst und schneller macht. Ihre Finger wirbeln umher. »Denken Sie, wir sollten aufhören?«, frage ich.

»Ich mache gern weiter, wenn das für Sie okay ist.«

Ich habe Horrorvisionen von halb gesträhntem, oder noch schlimmer, überbehandeltem Haar, das sich kräuselt und jede Form verliert, während ich fröstelnd draußen stehe und auf Entwarnung warte. »Alles gut«, sagt sie und schaut zur Inhaberin hoch. »Ich mache weiter, bis sie sagt, dass ich aufhören soll.«

»Es ist das Restaurant am anderen Ende des Einkaufszentrums!« Eine der Friseurinnen ist auf Erkundungstour gegangen. »In der Richtung raucht es ein bisschen und alle möglichen Löschfahrzeuge stehen davor.« Läden schließen nach und nach und Gruppen von enttäuschten Samstags-Einkäufern begeben sich schnurstracks zu den Ausgängen. Die Finger meiner Friseurin verschwimmen vor meinen Augen, während sie den Wettlauf gegen die Zeit und eine mögliche Evakuierung antritt. Sie berät sich mit ihrer Chefin und die beiden schmieden einen Plan. Sie schließen den Salon, und alle Friseurinnen, ich und eine Frau, die gerade mitten in ihrer Maniküre ist, ducken sich hinter einem Tresen, sodass wir vom Gang aus nicht gesehen werden können. Vielleicht bemerken uns die Feuerwehrleute nicht. Die ganze Zeit über heulen und jaulen die Alarme.

»Wir hören auf, wenn wir Rauch riechen«, sagt die Inhaberin.

In dem Buch *Alles kein Problem* von Richard Carlson ist ein Kapitel mit »Das Leben ist kein Notfall« überschrieben.[45] Dieser Satz ist zu einem meiner liebsten Mottos geworden und ein Schlüssel dafür, wie man Widerstandsfähigkeit entwickeln kann. In unserem intensiven und herausfordernden stadtmissionarischen Kontext kommt es wöchentlich, manchmal sogar täglich zu Situationen, die bei mir Adrenalin ausschütten und meine Kampf-oder-Flucht-Reaktion auslösen. Ob es sich nun um eine nationale Angelegenheit handelt, für die wir leidenschaftlich beten müssen, Rechnungen, die fällig werden, oder eine Freundin aus der Nachbarschaft, die eine Gesundheits- oder Bettwanzenbefallkrise hat – meine inneren Alarme können andere Geräusche verdrängen.

»Im Himmel gibt es keine Panik, nur Pläne«, sagt meine Freundin Denni. Ich lerne, nicht zu schnell zu reagieren, mich hinzusetzen und den geheimen Ort aufzusuchen. Den Kurs zu halten, dabei ein Auge auf den Boss zu richten und auf weitere Anweisungen zu warten. Im Salon schrillen die Sirenen laut, aber die Gefahr ist nicht unmittelbar. Wir sind wachsam, machen aber erst mal weiter. Die Pläne des Feindes, meinen Tag und mein Haar zu ruinieren, werden ver-eitel-t. (Ha, das konnte ich mir jetzt nicht verkneifen!)

Das Leben ist kein Notfall.

»Wir sind nicht das größte Gebetshaus in Kanada.« Ich leite einen Workshop für Gebetshausleiter und erzähle von unserer Arbeit in Hamilton. »Und wir sind auch nicht das erfolgreichste. Ich würde jedoch sagen, dass wir das sturste sind!«

Die Zuhörer kichern. Es ist ein Witz und normalerweise habe ich die Lacher auf meiner Seite, wenn ich ihn mache. Aber es ist mir auch todernst. Wir kämpfen um die Leben und Seelen unserer Freunde und Nachbarschaften. Um ehrlich zu sein, habe ich oft das Gefühl, dass ich schon genug damit zu tun habe, mich mit meinen eigenen Haltungen und Gewohnheiten abzumühen. Es steht viel auf dem Spiel, und es kostet auch viel. Bei dieser Art von Dienst tragen viele von uns, selbst wenn wir nur kurz dabei sind, Kriegsverletzungen davon, die immer noch wehtun. Aber wir sind zäh und bleiben nicht bei Panik und bloßem Reagieren stehen, denn wir wollen die Pläne des Himmels empfangen.

Als Vorbereitung auf das Verfassen dieses Buches fahre ich zu einem Schreibworkshop für geistliche Biografien. »Schreibt bitte ein Gedicht über eure geistliche Reise«, sagt die Lehrerin. »Benutzt dabei eine Metapher aus der Natur. Den Wind. Einen Berg. Was euch eben einfällt.«

Ich öffne meine Schreibkladde, klopfe mit meinem Stift ein paar Mal auf den Tisch und kritzele die Eröffnungsworte hin, die ich von einem anderen Lehrer gelernt habe und die ich oft über meine Schreibprojekte setze.

Schreibe auf, was du weißt.
Schreibe auf, was du nicht weißt.
Finde deine Stimme.

Hm, mein Leben als Fluss? Nee, das hat man ja schon tausendmal gehört. Als Ozean? Hm. Auch nicht.

Ein kleines gelbes Unkraut schießt aus meinem Unterbewusstsein hervor. Als Löwenzahn?

Hey, warum nicht?

Mein Leben als Löwenzahn
Unkrautig und samenreich bin ich. Kein Material für einen Hochzeitsstrauß.
Aber ich ziere die Köpfe von Kindern, die mich mit milchigen Fingern zu einer Krone knüpfen und hoheitsvoll Passanten zuwinken.
Der Name meines Mannes lautet William (engl. Bezeichnung für Seifenkraut), »Will-helm« ausgesprochen, wären wir echte Deutsche – was wir nicht sind!
»Will-helm« bedeutet Helm der Entschlossenheit. »Du bist stur!«, schelte ich ihn.
»Nicht stur! Entschlossen!« Er grinst.
Entschlossen. Stur. Wie die Löwenzähne, die sich in unserem Garten ausbreiten.
Mäh sie ab, sie kommen wieder.
Mäh sie ab, sie kommen wieder.

Wie der alte Mann in dem Monty-Python-Film: »Aber ich bin noch nicht tot! Wirklich, mir geht es ganz gut!«
Oder der Soldat, dessen Gegner systematisch all seine Glieder abhackt. »Es ist nur eine Fleischwunde!«, schreie ich.
Es ist nur eine Fleischwunde.
Unkrautig und samenreich.

Wie viele meiner Gefährten halten mich in ihrem Griff umklammert?
Schwachen Atems, aber dennoch ihre Wünsche verblasend, ihre Träume und Enttäuschungen.
Die Spur verschnörkelt während des Flugs.
Sie zucken und drehen, bohren und winden sich ihren Weg in die aufnahmebereite Erde.
Weine nicht.
Er ist nicht tot.
Er ist ein Same.
Halte Ausschau und warte, bis es enthüllt wird.
Er wird wieder hervorsprießen.

EINLADUNG

Die Fähigkeit, einen Impuls einem Wert unterzuordnen, zeichnet proaktive Menschen aus. Sie werden durch ihre Werte geleitet. Diese Werte haben sie sorgfältig überdacht, gewissenhaft ausgewählt und stark verinnerlicht. Natürlich werden auch proaktive Menschen von äußeren Reizen beeinflusst. Doch

ihre Reaktion auf diese bewussten oder unbewussten Reize basiert nicht auf Gefühlen, sondern auf Werten.
Stephen R. Covey[46]

Sind wir reaktiv oder proaktiv? Haben wir uns angewöhnt, zwischen Reiz und Reaktion ein wenig abzuwarten? Wie macht man das überhaupt? Ich glaube, dass die geistlichen Übungen des Alleinseins, der Stille, des Rückzugs und des Tagebuchschreibens hilfreich sein können. Ebenso, sich regelmäßig mit einem geistlichen Begleiter zu treffen. Sich Zeit zu nehmen, über die eigenen Werte nachzudenken, und sich die Mühe zu machen, das eigene Leben auf sie auszurichten.

Gibt es in Ihrem Leben gerade eine Situation, die sich wie ein Notfall anfühlt? Wie können Sie sich angewöhnen, zwischen Reiz und Reaktion ein wenig abzuwarten?

Haben Sie sich schon einmal dafür Zeit genommen, über die Werte und Prinzipien, die Ihr Leben prägen und ihm eine Richtung geben, nachzudenken und sie zu formulieren? Vielleicht ist es hilfreich, wenn Sie sich für einen halben oder ganzen Tag zurückziehen und überlegen, was Ihnen am wichtigsten ist. Und wie diese Werte Ihre Reaktion auf dringende oder schwierige Situationen beeinflussen können.

Jesus,
hilf mir, einen Schritt zurückzutreten, Raum zu schaffen und eine Bestandsaufnahme zu machen, wenn das Leben sich wie ein Durcheinander anfühlt.
Schenk mir deine Perspektive.
Ich danke dir, dass mir alle Mittel des Himmels zur Verfügung stehen und dass du mich innerlich durch die Kraft deines Geistes stark machst.

37

EIN ENGLISCHER GARTEN

Wiederum fragte mich der Herr: »Was siehst du?«
Jeremia 1,13

»Kannst du uns erzählen, was Gott deiner Wahrnehmung nach gerade in der Gebetsbewegung tut?«

Diese Frage wird mir oft gestellt. Vermutlich wegen meiner vielen Jahre im Gebetshaus und auch, weil ich so viele Gemeinschaften des Gebets an entlegenen Orten besuche. Die Leute gehen davon aus, dass ich einen Eindruck von dem habe, was gerade abgeht, und zwar von einer Gottesperspektive aus. Fragt man mich, nicke ich mit dem Kopf und versuche, weise auszusehen. Aber innerlich kriege ich ein bisschen Panik und bete fieberhaft: »Okay, Gott, sag mir, was ich erzählen soll!«

Die Frage kommt so oft auf, dass ich beschlossen habe, mir Zeit zum Nachdenken zu nehmen, wie es um die Gebetsbewegung meiner Meinung nach gerade bestellt ist.

Sie sieht wie ein englischer Garten aus – in meinen Augen zumindest.

Nicht wie ein französischer – nicht wie diejenigen, die ich vor dem Palast von Versailles oder dem Louvre in Paris gesehen habe. Dort ist alles geordnet. Symmetrisch. Von Gartenarchitekten angelegt und sorgfältig gepflegt.

Ein englischer Garten allerdings … Sie haben sicher schon mal einen gesehen. Wild und chaotisch – Blumen und Gräser explodieren in alle Richtungen – verschiedene Ebenen von Farbe und Struktur. Es scheint keine erkennbare Ordnung zu geben – ein Garten, der (zu Recht!) ungezähmt und weniger attraktiv aussieht. Doch was wie ein Missklang wirkt, ist für den dankbaren Beobachter in Wahrheit eine Symphonie.

So ist die Gebetsbewegung meiner Meinung nach.

Zu Beginn des Gebetshauses warnte mich einer meiner Mentoren davor, die Gebetsbewegung irgendwie »machen« zu wollen und *die* »Gebetsfrau« in unserer Stadt zu werden. Von Anfang an lernte ich, dass man die Gebetsbewegung nicht an einem Ort baut. Stattdessen nimmt man sie wahr. Es ist ungefähr so, als bezöge man mitten im Winter ein neues Haus mit einem großen Garten. Wenn alles brachzuliegen scheint, ist es verlockend, alles umzugraben, bei null zu beginnen und zu versuchen, ihn nach den eigenen Vorlieben und Vorstellungen anzulegen und zu gestalten. Doch wie viel wunderbarer ist es, eine oder zwei Jahreszeiten abzuwarten, um zu sehen, was aus dem Boden hervorsprießt! In Hamilton haben wir alle möglichen Arten von kreativen, interessanten und wunderschönen Ausdrucksformen erlebt, die wir uns niemals hätten selbst ausdenken können: Gebetsspaziergänge auf der Barton Street, Gebetsfahrradtouren um den Hafen von Hamilton, Gebetsautofahrten um die Stadtgrenzen. Ausgedehnte Zeiten des Lobpreises (manchmal bis zu 45 Stunden am Stück!). Selbst entwickelte Liturgien von unseren Stammgästen im *541*. Ökumenisches Gebet für die Randgruppen in unserer Stadt – auf einer Parkbank, die man mit einer Bronzestatue von Jesus als Obdachlosem teilt.

Ganz am Anfang des GOHOP treffen wir eine Entscheidung: Werden wir alle unsere Energie dafür aufwenden, unsere eigene kleine Organisation aufzubauen, oder möchten wir stattdessen die Kultur um uns herum prägen? Möchten wir wie Landschaftsgärtner versuchen, alle Blumen, auch die kleinsten, in geraden Reihen zu pflanzen, oder nehmen wir Hände voll Samen und verstreuen sie, wohin wir auch gehen – in dem Wissen, dass manche weggeweht werden, aber andere Wurzeln schlagen und wachsen werden, manchmal wie Kraut und Rüben? Gründen wir eine Institution oder geht es uns stattdessen darum, ansteckend zu sein? Wir entscheiden uns für Letzteres.

Im Lauf der Jahre spazieren wir von Beet zu Beet, säen Samen, wässern und ermutigen (Pflanzen mögen es, wenn man mit ihnen spricht!). Mein Mentor warnt mich sogar davor, Unkraut zu jäten, denn manche dieser Unkräuter sind genauso hübsch wie Pflanzen – und wer entscheidet eigentlich darüber, was ein Unkraut und was eine Pflanze ist? Ich finde auch, dass die Unterscheidung etwas willkürlich ist. Kinder wissen, dass ein Löwenzahn eine Blume ist. Sie pflücken Sträuße und machen Kränze daraus.

Im Moment nehme ich gerade wahr, dass das Gebet überall in der westlichen Welt aufblüht, und das ist sehr spannend! Es gibt viele und sehr unterschiedliche 24/7-Gebetsbewegungen, die Ortsgemeinden, ganzen Denominationen und nationalen Gebetsinitiativen Ressourcen zur Verfügung stellen. Gebetshäuser und experimentelle neue klösterliche Gemeinschaften entstehen überall in Nordamerika, Europa, dem Vereinigten Königreich und darüber hinaus. Am Pfingstsonntag kommen im Salzburger Dom Tausende junge charismatische Katholiken zusammen, um Gott durch seinen Heiligen Geist zu begegnen.

Am gleichen Tag sind Tausende anglikanische Kirchen auf verschiedenen Kontinenten voller Beter, die dafür einstehen, dass das Reich Gottes kommt. Evangelikale und Charismatiker erkunden alte christliche Traditionen und entdecken Schätze wieder, die während der Reformation verloren gegangen sind. Gebetstrucks, Pop-up-Gebetsräume, Gebetsbusse und Gebetswohnwagen rollen heran und parken bei Universitäten, Festivals und in städtischen Gassen. Es entstehen Gebetsräume an Schulen überall in England – und nun auch zunehmend auf dem europäischen Festland –, in denen bereits über eine Million Kinder Gott durch kreative Gebetsangebote in der Umgebung ihres Klassenzimmers begegnet sind.

Die Gebetsbewegung wuchert wild und breitet sich immer mehr aus. Die Kirche und die Erde werden verschönert, während wir die Gegenwart Gottes und das Gedeihen unserer Städte durch das Gebet fördern.

EINLADUNG

Was sehen wir? Wie ist der Ausblick von dort, wo wir stehen? Wenn Gott uns einen Traum ins Herz legt, passiert es schnell, dass wir direkt zupacken und uns an die Arbeit machen. Was könnte geschehen, wenn wir uns Zeit nehmen, um innezuhalten, zu beobachten und zuzuhören, um zu sehen, wo Gott um uns herum schon am Wirken ist? Um zu erkennen, wie unser einzigartiger Beitrag der Ergänzung und Unterstützung aussieht?

Haben Sie den Eindruck, dass Gott Sie um etwas ganz Bestimmtes bittet? Vielleicht ist es etwas in Ihrer Gemeinde, zum Beispiel alleinerziehende Mütter stärker zu unterstützen. Vielleicht ist es irgendein Beitrag in Ihrer Stadt, wie Flüchtlingen oder Neuzugezogenen zu helfen. Vielleicht geht es darum, sich an der Schule Ihrer Kinder zu engagieren.

Bevor Sie irgendetwas anfangen, nehmen Sie sich Zeit, um herauszufinden, was in diesem Bereich bereits läuft. Recherchieren Sie im Internet. Finden Sie heraus, wer Schlüsselpersonen in Ihrer Umgebung sind, welche Initiativen es schon gibt und wie genau die Bedürfnisse aussehen. Bauen Sie Beziehungen zu anderen mit der gleichen Leidenschaft und Vision auf. Und fragen Sie Gott dann, wie Sie das, was schon geschieht, ergänzen und unterstützen können.

Jesus,
du sagst, dass der Vater immer dabei ist zu wirken. Hilf mir, das Haus, das du baust, zu erkennen, sodass ich nicht umsonst arbeite.
Schenk mir Demut und umgib mich mit deiner Gunst.
Hilf mir, Reisegefährten und Mitverschwörer zu finden, mit denen ich dir gemeinsam nachfolgen kann.
Amen.

38

KLEINES BOOT

Denn es hat dem Heiligen Geist und uns gut geschienen …

Apostelgeschichte 15,28; ELB

Ich bin von den beleuchteten Säulen des Gotischen Saals bei der Bürgerspitalkirche St. Blasius in Salzburg umgeben. Gerade besuche ich meine Freunde aus der Loretto-Bewegung, der charismatischen katholischen Cousine von 24/7. Das ist der »Honigbienen«-Teil meiner Arbeit für 24/7: andere Gebetshäuser zu besuchen. Vorbeizuschauen und Süße zu sammeln, damit ich kreuzbestäuben kann.

Musik wirbelt um uns herum und hüllt uns ein, doch plötzlich wird es ganz still im Saal. Es ist einer jener Momente, in denen sich die Atmosphäre gewichtig, bedeutungsschwanger und erwartungsvoll anfühlt.

Einer nach dem anderen und dann alle zusammen knien sie sich nieder. Warten in stiller Anbetung.

Gott ist hier.

Ich knie auch, meine Stirn auf dem Boden.

Ich begebe mich gern nach unten. Ich denke, der Körper ist wichtig. Die Haltung ist wichtig. Es geschieht etwas in uns, wenn wir uns hinknien, wenn wir uns vor Gott flach auf den Boden legen.

Mit meinem Körper bete ich dich an …

Ich schrecke auf, als plötzlich etwas in und an meinem anbetenden Körper geschieht.

Und jetzt fällt es schwer, die richtigen Worte zu finden.

Mystische Erfahrungen erzählt man lieber nicht weiter. Ich habe Angst, dass ich als komische Fanatikerin abgestempelt und in die »Nicht-mehr-ganz-dicht«-Kategorie abgelegt werde. Doch es ist tatsächlich so, dass manchmal ungewöhnliche Dinge beim Beten passieren. Wenn niemand darüber spricht, dann weiß auch keiner, wie er seine eigenen abgefahrenen Gottesmomente verarbeiten soll. Wir müssen das Mystische entmystifizieren und verstehen, dass außergewöhnliche Dinge ein ganz gewöhnlicher Teil unseres Lebens mit Gott sein können.

Während ich dort knie, habe ich das Gefühl, dass sich die Moleküle meines Körpers verschieben und neu anordnen. Ich fühle mich hohl – wie entleert. Ich habe den Eindruck, mich zu bewegen, als würde ich auf unsichtbaren Gewässern hin- und herschaukeln. Ich bin ein … Boot? Ein kleines Boot! Das Wort »Coracle« schwebt aus meinem gedanklichen Nebel hervor und bewegt sich auf dem Wasser meines Bewusstseins auf und ab.

Ich stelle mir vor, wie mein Kollege Peter witzelt: »Kein Dingi ist mir unmöglich.« Und die Titelmelodie einer der liebsten Zeichentrickserien der Samstage meiner Kindheit geht mir durch den Kopf: »Transformers sind mehr als man kapiert …« Ich weiß aus Erfahrung, dass es in diesen Momenten gut ist, einfach Ja zu Gott zu sagen und es nicht zu verstehen zu versuchen.

Der Augenblick geht vorüber und ich stehe auf – verwundert, doch mit einem Gefühl tiefen Friedens.

Auf dem Flug nach Hause hole ich mein neues Gebetsbuch hervor – ein Geschenk von einer Freundin. Ich schlage es zufällig irgendwo auf und beginne zu lesen. Der Autor spricht von keltischem Mönchstum. Sofort fällt mir das Wort »Coracle« ins Auge.

> Die Betonung der Zelle (der kontemplative Ort des Suchens, des Rückzugs und des Alleinseins vor Gott) und das Bild des Coracles, eines kleinen Bootes in Form einer Walnussschale

(mit seiner Betonung des Apostolischen, des Missionalen, des Hinausgehens, um mit der Welt in Verbindung zu treten und ihr zu dienen), sind Schlüsselelemente …[47]

Coracle. Missional. Rausgehen, um mit der Welt in Verbindung zu treten. Früher war es so, dass die keltischen Mönche in kleine Boote sprangen und sich ohne Segel oder Ruder von der Küste abstießen, wenn es an der Zeit war, eine neue Gemeinschaft des Gebets zu gründen. Dort, wohin der Wind sie trug, entstand dann ihr neues Gebetshaus.

Als ich wieder zu Hause bin, erzähle ich die Geschichte ein paar Freunden. Der Art von Freunden, die mich nicht als Verrückte abstempeln oder die mich zumindest trotz meiner Verrücktheit lieben. Ich berichte auch Sue, meiner geistlichen Begleiterin, davon. Sue hat eine hohe Toleranzschwelle für komische geistliche Dinge, die mir passiert sind, und ist die Königin der Killerfragen. Sie weiß, wie man an den Kern einer Sache herankommt.

»Zu was, meinst du, lädt Gott dich in dieser Begegnung ein?«

»Nun …«, ich halte inne. Zwei Dinge fallen mir ein.

Ich erinnere mich daran, dass ich oft gesagt habe, dass Gott sich das Recht herausnimmt, unser Leben zu unterbrechen und die Richtung zu jeder beliebigen Zeit zu verändern. Und meine Gedanken wandern zurück zu einem Gespräch, das ich kürzlich mit Pete Greig geführt habe. Ich besuchte ihn in England und wir spazierten zusammen über eine Wiese in der Nähe eines Waldes – einem Ort, den wir für eine neue klösterliche Gemeinschaft in Betracht ziehen. Ein Mutterhaus für den Senfkornorden und auch die 24/7-Bewegung.

»Die Wohneinheiten werden da oben im Wald sein. Da drüben könnte dein Speisesaal sein, wo wir zusammen die Mahlzeiten einnehmen.« Er deutet mit seinem Arm nach rechts. »Und dort könnten wir deine Kapelle bauen!« Er geht federnden Schrittes, ist voller

Schwung und Elan, erfüllt von dieser Vision. Und er lädt mich sehr herzlich dazu ein, den Traum zu meinem zu machen.

Mein Speisesaal, meine Kapelle. Ich lächle in mich hinein. Ha. *Gute Verkaufstechnik, Pete.* »Sue, du weißt, dass Pete mich gebeten hat, nach England zu ziehen und für *24/7 Prayer* zu arbeiten. Dabei zu helfen, neue Gemeinschaften des Gebets zu gründen. Ich habe sofort Nein gesagt … Ich meine, ich rackere mich seit sechzehn Jahren im Gebet für Hamilton ab – da stecken große Anstrengung und all mein Herzblut drin. Und jetzt beginnen die Dinge endlich, in Bewegung zu kommen.«

Es hat sich tatsächlich etwas dramatisch verändert. Das Hamilton, in dem ich vor sechzehn Jahren zu arbeiten begonnen habe, ist nicht dieselbe Stadt wie die, in der wir heute leben. Wir haben bedeutsame Entwicklungen erlebt. Gemeinden, die seit eineinhalb Jahrzehnten zusammenarbeiten und sich für verschiedene Einsätze und Jüngerschaftsinitiativen zusammentun. Die sich durch die komplexen Herausforderungen kämpfen, Möglichkeiten der Zusammenarbeit trotz abweichender theologischer Sichtweisen zu finden. Stabile Freundschaften zwischen Pastoren, die die Spannungen aushalten und den Impuls für Kooperation und Wachstum setzen.

Die Kultur- und Musikszene in der Stadt blüht auf, christliche Künstler sind zentral daran beteiligt und schaffen alle Arten von fantastischer Kunst und Musik. Unternehmergeist greift um sich, und auch dabei übernehmen christliche Geschäftsleute die Führung bei genossenschaftlichen Lebensmittelläden, in Bezug auf Architektur und kreative Gründungen.

Die Generation Y und Z tauscht den amerikanischen (kanadischen) Traum gegen einen Lebensstil, der viel Raum für kreative Reich-Gottes-Erkundungen schafft. Christen leben geplant und ungeplant in Gemeinschaften zusammen. Allein in den drei Straßenzügen direkt um uns herum könnte ich sechs Häuser nennen, in denen Freunde zusammenleben, beten und Spaß haben.

Eine Gemeindegründung siedelt sich an unserem Ende der Stadt an und die Mitglieder der Gemeinde kaufen Häuser in der Gegend, um dort bewusst missional zu leben. Missionale Gemeinschaften schießen überall wie Unkraut aus dem Boden und ihre Mitglieder begeben sich in die chaotische und komplexe Realität in unserem heruntergekommenen Viertel hinein, um ihre Nachbarn, ihre Nächsten, zu lieben. Sie bringen sich in Initiativen zur Entwicklung der Gegend ein, in Politik, Stadtentwicklung und, natürlich, das Café, das zu einem Zentrum von Königreich-Gottes-Aktivität wird.

Die Leute entscheiden sich bewusst dafür, ins Stadtzentrum zu ziehen, in der Hoffnung, es geistlich, kulturell und wirtschaftlich verändert zu sehen. Eineinhalb Jahrzehnte des Gebets werden erhört.

Die geistliche Atmosphäre verändert sich. Selbst meine nicht charismatischen Freunde spüren es. Es ist, als wäre Hamilton ein Topf auf dem Herd, auf dessen Boden sich Blasen bilden. Jeden Moment kann er sprudelnd aufkochen! Überall um uns herum schießt Leben und Hoffnung aus der Erde.

Gerade wird alles so gut! Und es gibt noch so viel mehr Arbeit, die getan werden muss. Wir können jetzt nicht gehen – oder?

Oder vielleicht doch?

»Wenn es an der Zeit ist, eine neue Gemeinschaft des Gebets zu gründen, steigen die Mönche in Coracle und stoßen sich von der Küste ab.« Ich kriege es nicht aus dem Kopf. Kirk und ich beginnen, über einen potenziellen Umzug zu sprechen. Ich verbringe Stunden damit, die Idee bei Treffen mit meinen Mentoren und den Vorständen des GOHOP zu diskutieren. Wir schicken E-Mails an alle meine prophetisch begabten Freunde.

»Könnt ihr für Kirk und mich beten und hören, was Gott zu uns sagen will?«

»Worum geht es denn?«

»Verraten wir nicht. Hört einfach hin und lasst uns wissen, was er zu sagen hat.«

Nach und nach erreichen uns prophetische Worte. Erstaunlich in ihrer Klarheit. Bestätigung.

Meine Freundin Sara schreibt mir aus British Columbia. »Ich muss lachen, denn nachdem ich euch gemailt hatte, habe ich den Abwasch von unserem Sonntagabend-Gemeinschaftsessen gemacht, und Gott gab mir ins Herz: ›*Jill wurde gebeten, nach Europa zu ziehen, und ihr wurde eine Stelle bei 24/7 angeboten.*‹ Das war alles, was er gesagt hat, aber gleichzeitig bekam ich das starke Gefühl, dass es gut ist und zeitlich zu der massiven Veränderung passt, die wir gerade weltweit beobachten. Ich hoffe, das hilft. Es ist das, was ich gehört und wahrgenommen habe.«

Eines Tages sitzen Kirk und ich vor dem Bildschirm und schauen auf Google Maps. Wir zoomen auf *Surrey Hills – Naturregion mit Wanderwegen & Aussicht* und sehen uns unser potenzielles neues britisches Zuhause von oben an. Aus dem Nichts beginnt Kirk zu lachen.

»Worüber lachst du?« Ich schaue ihn an.

»Ach, nichts.« Er weicht mir aus und hört nicht auf zu schmunzeln.

Eine Woche später macht er reinen Tisch.

»Als wir uns die Karte angesehen haben, habe ich Gott ganz plötzlich sagen gehört: ›*Du weißt, dass ihr gehen werdet, oder?*‹ Ich wollte es dir nicht direkt sagen, aber mir ist klar, dass es für dich wichtig ist, das zu wissen.«

Nach ungefähr einem Jahr, in dem wir die Sache mit unseren Mentoren, unserer Familie und Gemeinschaft geprüft haben, sitze ich Pete gegenüber, dieses Mal, um zuzusagen. »Mit Verlaub, Pete, wir kommen nicht, weil du uns gebeten hast. Wir kommen, weil Jesus uns bittet.« Das reicht ihm.

Später, als ich mich mit Pete und ein paar anderen Freunden auf einem Einkehrtag befinde, beschließe ich, die ganze »Jill-verwandelt-sich-in-ein-Coracle«-Geschichte zu erzählen. Das sind solche risikoreichen, verletzlichen Momente – Momente, in denen man sich auf den Präsentierteller begibt und sich dann in seinem Stuhl zurücklehnt, den angehaltenen Atmen langsam entweichen lässt und auf die Reaktion wartet. Werden sie mich für eine Irre halten und es bereuen, mich angestellt zu haben?

Pete holt sein iPad hervor und beginnt zu scrollen.

Nicht die Reaktion, die ich erwartet habe. »Schau mal her«, sagt er, »ich bin auf Wikipedia. Coracle – in Irland nennen sie es *curragh*. Es ist ein gälisches Wort. Weißt du, was es bedeutet?«

Er schaut zu mir hoch.

»Kleine Heilige.«

Es ist einer dieser Augenblicke, in denen Gott durch jemand anderen spricht. Ich bin geborgen und werde gesehen. Erkannt, beim Namen genannt und gesegnet. Das Seelenboot ist getauft und stößt sich von der Küste ab.

EINLADUNG

Mit den Jahren haben mein Mann und ich gelernt, wie wir als Paar zusammen etwas prüfen können. Wir lernen immer mehr, gemeinsam die Gegenwart und das Wirken Gottes wahrzunehmen – nicht nur in unserem ganz normalen Alltag, sondern auch in Bezug auf seine Einladungen innerhalb unserer größeren, wichtigen Entscheidungen.

Ruth Haley Barton stellt in ihrem Buch *Invitation to Retreat* (dt. »Einladung zur Einkehr«) einige hilfreiche Kriterien der Prüfung vor, für Einzelne wie für Paare:[48]

- **Richtung und Berufung**: Wie passt diese Entscheidung zur Gesamtrichtung und Berufung Gottes für unser Leben?
- **Trost und Trostlosigkeit**: Welche Alternative führt zu dem stärksten Gefühl von Leben, innerem Frieden und Freiheit zu lieben? Verwirrt uns diese Entscheidung (oder ein Aspekt davon), entzieht sie uns Leben oder entfernt sie uns von Gott, von der Liebe, von unserem echten Selbst?
- **Sehnsucht**: Stünde Jesus vor uns und fragte: »Was willst du, dass ich dir tun soll?«, wie würden wir reagieren?
- **Bibel**: Gibt es einen bestimmten Bibelvers, den Gott uns im Zusammenhang mit dieser Entscheidung wichtig werden lässt – insbesondere, wenn sie überraschend oder ungeplant ist?
- **Das Leben Christi**: Passt die Entscheidung zu dem, was wir über die Gedanken und das Herz Jesu und seine Erlösungsziele mit dieser Welt wissen?
- **Charakterliche und geistliche Entwicklung**: Wo wirkt Gott am deutlichsten an unserem Charakter und verändert uns am meisten geistlich? Welche Entscheidung würde Gott am meisten Gelegenheit dazu geben, dieses Wachstum weiter zu fördern?
- **Liebe**: Wozu ruft uns die Liebe? Wie sähe die liebevollste Entscheidung für uns selbst und unsere Nächsten aus?

Gibt es Entscheidungen, die in dieser Phase Ihres Lebens gerade anstehen? Formulieren Sie eine Frage, die Sie klären wollen. Nehmen Sie sich dann Zeit dafür, die oben genannten Kriterien an sie anzulegen. Wird der weitere Weg deutlicher?

In unserer westlichen, individuellen Kultur ist uns unsere Unabhängigkeit, unser »Recht«, unsere eigenen Entscheidungen zu treffen, sehr wichtig. Wie könnte es aussehen, wenn Sie angesichts einer größeren Lebensentscheidung andere um sich sammeln, die mit Ihnen gemeinsam prüfen, was Gott im Hinblick auf diese Entscheidung vorhat?

Jesus,
ich bin dankbar, dass ich das Leben und all seine Entscheidungen nicht allein meistern muss.
Ich habe deinen Geist, dein Wort, dein Vorbild, um mich zu leiten, und die Gemeinschaft derer, die du mir geschenkt hast, um mich zu begleiten.
Zeig mir deine Wege. Lehr mich deine Wege. Gib mir den Mut, Ja zu sagen.

39

SELBST DER SPATZ

Nicht einmal ein Spatz, der doch kaum etwas wert ist, kann tot zu Boden fallen, ohne dass euer Vater es weiß.
Matthäus 10,29

Von all den Dingen, die ich in Hamilton vermissen werde, ist der Gebetstruck das, was mir am meisten fehlen wird. Im Truck fühle ich mich am stärksten wie ein Ordensmitglied. Still. Empfangsbereit. Schaffe Raum für Gott und für andere. Erwarte das Unerwartete und bin (meist) erfreut, wenn es geschieht. Im Truck findet das Wesentliche, der eigentlich Kern meines Lebens und Arbeitens statt. Ich bete und schließe Freundschaften.

Ich liebe die kleinen Vögel, die auf dem Bürgersteig vor uns herumhüpfen und -picken. Wir haben eine Tüte Vogelfutter an Bord und ich werfe oft eine Handvoll davon auf die Straße, nur um die sich daraufhin einstellende aufgeregte, fedrige Geschäftigkeit zu sehen. Besonders mag ich die Vogelbabys. Sie fliegen schon, sind aber noch ziemlich klein, graubraun und flauschig, mit winzigen Federn, die ihnen schief vom Kopf abstehen. Sie piepsen ihrer Mutter zu, schimpfen und betteln mit offenen Schnäbeln und flatternden Flügeln, bis sie ein paar Samen aufpickt und sie füttert.

Ich betrachte die Vögel und auch die anderen »Spatzen«, die um den Gebetstruck irrlichtern und für eine Weile darin nisten. Da ist Aaron, der ihn als sein Wohnzimmer nutzt. Oft streckt er sich nachmittags auf den Kissen aus und liest. Den englischen Evangelisten

Leonhard Ravenhill mag er besonders. »Ein Pastor, der nicht betet, spielt bloß« – die Worte haben einen besonderen Klang und Aaron rezitiert sie aus dem Gedächtnis. »Menschen, die nicht beten, gehen in die Irre. Die Kanzel kann ein Schaufenster für die eigenen Talente sein; das Gebetskämmerlein erlaubt keine Selbstdarstellung … Geld, Organisation, Mode, Spiel, Gesang, Gerede, auch Ängste finden wir reichlich in unseren Gemeinden, aber wenig leidenschaftlichen, beharrlichen Gebetskampf.«[49]

Und da ist Mike. Er späht keck lächelnd unter der Kapuze seines Pullis hervor. Früh am Morgen stellt er seine Sporttasche am Truck ab, bevor er seine Streifzüge durchs Viertel unternimmt. Wenn er zum Relaxen zurückkommt, flirtet er mit den hübschen Mädchen, beatboxt und improvisiert zu Rhythmen, die sich unter seinen Kopfhörern verstecken.

Frank ist mein persönlicher Bodyguard. Kräftig, bärtig – eine Naturgewalt –, hockt er in der Hitze auf der hinteren Stoßstange des Trucks und verteilt vergnügt Eis am Stiel. Er hat ein blaues Auge. »Ich stecke in lauter Schwierigkeiten«, sagt er grinsend. »Ich kann mich einfach nicht aus ihnen raushalten – jeder will sich mit mir anlegen!«

»Frank, dir gefällt das doch eigentlich ganz gut«, rüge ich ihn. »Warum fängst du nicht einfach mit Boxen an?«

Viele, die psychische Probleme haben, halten sich gern in unserer Nähe auf. Manche brauchen einfach nur Gesellschaft. Andere wollen reden. Viele bitten um Gebet. Oft beruhigen sich die Aufgewühlten direkt und weinen sogar leise, wenn wir uns um sie zum Beten versammeln. Manche sitzen still im Truck, mit geschlossenen Augen, und atmen tief ein und aus, als hätten sie zu wenig Sauerstoff. In einem Sommer schläft ein junger Mann nachts unter dem Truck auf einem Karton – ich höre morgens sein leises Kichern, wenn ich aufschließe. Die Umherstreunenden kommen. Die Verfolgten und Einsamen. Der Truck ist ein heiliger Zufluchtsort im wahrsten Sinne des Wortes.

Ich fühle mich mitten unter den Spatzen zu Hause, weil ich selbst einer bin. Da ist etwas in mir – etwas Instinktives tief in mir –, das klein sein muss, selbst in Anbetracht von wachsendem Einfluss und wachsender Verantwortung. »Hab also keine Angst, kleine Herde. Denn es macht eurem Vater große Freude, euch das Reich Gottes zu schenken« (Lukas 12,32).

Ein Spatz in Gottes Hand – das bin ich. Oft verborgen und in seine Handfläche geschmiegt. Ich genieße die Dunkelheit. Die Geborgenheit. »Du bist vor mir und hinter mir und legst deine schützende Hand auf mich« (Psalm 139,5).

Als Hannah ein Baby ist, pucken wir sie – legen ihre kleinen Arme um sie, wenn sie zappelt und jammert. Packen sie eng ein. Wir nennen sie den Baby-Wrap. Es lässt ihre Seele ruhig und still werden.

Manchmal bin ich ruhig und schweige, in seiner Hand verborgen. Dann wieder hält er mich in die Höhe und ich piepse und flattere ein bisschen. Ich weiß, dass er mein kleines Lied mag. Das hat er im Hohelied gesagt: »Lass mich dich sehen; lass mich deine Stimme hören! Denn deine Stimme ist wundervoll und du siehst so schön aus« (Hohelied 2,14).

Ein verschlafener Tag im Truck. Ich habe es mir hinten bequem gemacht und bete. Die Hitze hat eine einschläfernde Wirkung und ich merke, dass mein Gebet zum Schläfchen mutiert (und möglicherweise zum Gesabbere). Um mich wachzuhalten, schnappe ich mir meine Gitarre und hocke mich an den Rand des Trucks. Ich zupfe herum. Summe ein wenig. Dann beginne ich zu schreiben.

Oft wabern undeutliche Gebete in meinem Inneren umher und kleiden sich nur langsam – manchmal sehr langsam – in Worte. Ich spüre ihr Gewicht und trage sie, schwerfällig und wacklig, tage-, manchmal wochenlang in mir herum, bevor ich sie zur Welt bringe. Dieses ist schon eine Weile unterwegs und es ist überfällig.

Selbst die Schwalben finden einen Platz nah an deinen Altären.
Selbst die Streuner, die umherstreifen.
Selbst die Vaterlosen werden vom Vater umarmt.
Wir kommen heim, kommen heim.
Der Tisch ist gedeckt.
Wir setzen uns hin,
umgeben von Freunden,
und genießen ein Festmahl …

Am nächsten Tag kommt einer unserer Freunde aus dem Viertel auf einen Plausch vorbei. Wir kennen ihn, weil er nachts auf einem Pappkarton auf dem Bürgersteig gegenüber schläft.

»Schau mal!«, sagt er und hebt seine Baseballkappe hoch. Darunter, auf seinem Kopf, hockt ein Federbüschel mit ruhigen, blinzelnden Augen. »Ich habe einen Babyvogel gezähmt! Ist er nicht süß?« Er greift nach oben und der Vogel klettert ruhig auf seine Finger.

Bei den Anonymen Alkoholikern heißt es, dass der Zufall Gottes Art ist, anonym zu bleiben. Ich glaube, er hat sich dieses Mal selbst enttarnt.

Selbst die Spatzen finden ein Heim, einen Ort nahe bei deinen Altären.

Es ist Herbst. Wir spazieren durch deutschen Wald in der Nähe des Dorfes. Die Pracht ist am Vergehen und am Boden liegt ein wunderbarer Teppich aus sterbenden Blättern. »Da ist es, oder vielleicht doch eher da, glaube ich.«

Ein paar Freunde und ich haben einen erneuten Erkundungstrip nach Herrnhut unternommen – wir suchen nach geeigneten Räumlichkeiten, da wir mit Mitgliedern des Senfkornordens eine Pilgerreise unternehmen wollen. Gott arrangiert für uns ein Treffen mit einem begeisterten jungen Kirchengeschichtsfreak. Er hat ein enzyklopädisches Wissen in Bezug auf alles, was Zinzendorf und die Böhmischen Brüder betrifft. Wir wandern den ganzen Nachmittag, da er uns zu verschiedenen versteckten Talsenken und Winkeln im Wald führt, wo sich die Brüder vor Hunderten von Jahren zum Gebet und Studium versammelten. Wir sind in Richtung unseres letzten Ziels unterwegs, einer Gedenktafel tief im Wald.

»Die Böhmischen Brüder sind wortwörtlich Generationen lang verfolgt worden«, sagt unser Führer. »Hunderte von Jahren. Sie streiften umher, suchten nach einem Zuhause. In Herrnhut gestattete Zinzendorf Religionsfreiheit. Die Brüder wussten, dass sie sich zum ersten Mal seit Jahrhunderten endlich niederlassen und in Freiheit ihren Glauben ausleben konnten. Deshalb haben sie diese Gedenktafel errichtet. Ah, hier ist sie.«

Wir biegen nach links ab, und tatsächlich wird durch die Bäume hindurch langsam ein großer Steinquader sichtbar. Darauf stehen die Worte:

Am 17. Juni 1722
wurde
an dieser Stelle
zum Anbau
von Herrnhut
der erste Baum
gefället.
Ps. 84,4

Dort steht folgender Vers:

> Selbst der Spatz hat ein Zuhause gefunden, die Schwalbe ein Nest für sich, wo sie ihre Jungen versteckt hat – nämlich bei deinen Altären, du allmächtiger Herr, mein König und mein Gott.
> *Psalm 84,4; NGÜ*

Selbst der Spatz … Man hätte mich sogar mit einer Feder umhauen können! Meine Begleiter schauen mich an und grinsen und ich versuche, nicht laut loszulachen, als mich tiefe Freude wie ein plötzlicher Wolkenbruch überrascht.

Der Gebetstruck, ja, eigentlich all die unzähligen Ausdrucksformen unseres Gebetshauses, von Gemeinschaftsessen und -häusern über Praktika bei verschiedenen Denominationen und gemeinnützigen Cafés bis hin zu Gebetsräumen im Untergeschoss, sind das Nest. Ein Ort bei seinen Altären. Ein Heiligtum. Es ist unser Vorrecht, es zu bauen.

DIE EINLADUNG

> Die Gottesfürchtigen werden gedeihen wie Palmen und wachsen und stark werden wie die Zedern auf dem Libanon. Denn sie sind im Hause des Herrn gepflanzt und blühen in den Vorhöfen unseres Gottes.
> *Psalm 92,13-14*

Ein Gebetshaus ist ein Volk. Eine Gemeinschaft, die sich um Jesus versammelt und sich ihm bereitwillig durch Gebet, Mission und soziale Gerechtigkeit hingibt.

Ein Gebetshaus ist ein Labor. Ein Ort des Erforschens und Experimentierens. Mike Bickle sagt, dass »der Gebetsraum ein Klassenzimmer« ist.

Ein Gebetshaus ist ein Gewächshaus. Es ist ein geschützter Ort, der die optimalen Bedingungen für geistliches Wachstum und Entwicklung bietet.

Ein Gebetshaus ist eine Brutstätte. Wo Gottes Träume bebrütet und gehegt werden. Wo wir im Warten wachsen. Wo wir uns abmühen, in den Wehen liegen und Gottes Ziele zur Welt bringen.

Ein Gebetshaus ist ein Nest. Wo Spatzen hinkommen können und beschützt, gefüttert und gehegt werden. Wo sie lernen zu singen und zu fliegen.

Welche dieser Metaphern beschreibt am besten, wo und wie Gott gerade in Ihrem Leben wirkt? Auf welche Weise hat Gott Ihr Leben, Ihre Seele zu einem Haus des Gebets gemacht? Inwiefern passen diese Metaphern zu Ihrer geistlichen Gemeinschaft und beschreiben diese? Wie baut Gott Sie gemeinsam zu einem Haus des Gebets?

Jesus,
ich komme zu dir, dem lebendigen Stein.
Ich freue mich an der Tatsache, dass wir wie lebendige Steine in ein geistliches Haus eingebaut werden, um eine heilige Priesterschaft zu sein und geistliche Opfer zu bringen, die Gott durch Jesus Christus wohlgefällig sind.
Komm und bau dein Haus.

40

SICH SELBST IN DER GESCHICHTE WIEDERFINDEN

Siehe, ich bin die Magd des Herrn; es geschehe mir nach deinem Wort!
Lukas 1,38; ELB

Ich denke über Maria nach. Häufig. Von allen Figuren im biblischen Drama ist sie diejenige, mit der ich mich am meisten identifizieren kann. Ich finde mich in ihrer Geschichte wieder und ich versuche, in ihre Haut zu schlüpfen.

Ich kann mir die Szene vorstellen. Es ist dunkel, sie ist im mittleren Teenageralter. Wach im Stall hört sie inmitten der nach Moschus riechenden Stille dem Schnauben und Atmen ihrer felligen Zimmergenossen zu. Sie kann nur ihre Silhouetten erkennen – stille Wächter in der Dämmerung. Erschöpft ist sie. Spürt die Schmerzen und die Empfindlichkeit nach den Anstrengungen der Geburt. Sie hat es sich in einer Ecke neben dem Trog mit seinem kostbaren Inhalt gemütlich gemacht. Sie ist abgesondert an einem geheimen Ort. Der Öffentlichkeit verborgen.

Nur, dass sie die Hirten irgendwie gefunden haben. Ihre zerzausten Gäste sind gerade gegangen. Eine merkwürdige Schar zerlumpter und wild dreinblickender Anbeter. Sie wuselten an der Krippe umher, wollten unbedingt sehen, berühren. Sie erzählten begeistert etwas von Engeln, die prophetische Verkündigungen brachten. Diese finden auf eigenartige Weise einen Widerhall in der Botschaft, die sie in ihrem Herzen bewegt.

Sie blickt sich in ihrer unpassenden Herberge um und lächelt schief. Nicht das, was sie erwartet hat. Aber die ganze Reise ist unerwartet, oder?

Es begann mit einer göttlichen Unterbrechung. Einer risikoreichen Einladung.

Sagst du Ja? Keine falschen Versprechungen – es wird dich etwas kosten. Sowohl dich als auch deine Familie. Wirst du den Traum Gottes austragen?

Sie ist der Spatz und ihr Körper ist Gastgeber und Nest und Altar.

Neun Monate später schaut sie staunend auf Gottes fleischgewordenes Wort zu ihr – wie seine kleine Brust sich unter dem Wickeltuch hebt und senkt. Schau dir das mal an. Ein Baby. Ein echtes, lebendiges Baby aus Fleisch und Blut. Sie beugt sich hinunter, um das verstrubbelte Haar auf seiner Stirn zu glätten.

In jeder Hinsicht perfekt.

Ich kann Marias Entsetzen verstehen, als sie zwölf Jahre später auf ihrer Reise von Jerusalem nach Hause bemerkt, dass sie Jesus vor drei Tagen zurückgelassen und es nicht einmal bemerkt hat! Jep. Ist mir auch schon passiert. Fröhlich drauflos marschiert auf meinen alten Wegen, ohne zu merken, dass ich Gott abgehängt habe. Dann der Moment der Erkenntnis, das schnelle »Los, zurück!« und die verzweifelte Suche, um ihn wiederzufinden.

Ich kenne Marias Hoffen und Bangen, als sie sich dem Zuhause von Elisabeth und Zacharias nähert und in einer Zeit der Verletzlichkeit Unterstützung in der Gemeinschaft mit anderen sucht. Und kann ihre Überraschung und Freude nachempfinden, als sie in diese Gemeinschaft aufgenommen wird. Gesehen. Beim Namen genannt und gesegnet. Ich stimme in den Lobpreis ein, der aus ihr herausströmt wie sprudelnder Champagner. *Meine Seele erhebt den Herrn …* (Lukas 1,46; ELB).

Und ich fühle mich wie Maria bei der Hochzeit zu Kana. Meiner Meinung nach kommt sie ja in dieser Geschichte ein wenig herrisch rüber.

»Sie haben keinen Wein mehr«, sagt sie zu ihrem Sohn. Es ist ihr erster überlieferter Fürbitteakt, als sie Jesus bittet, seine Macht für andere auszuüben. Zuerst scheint er nicht reagieren zu wollen, aber sie bleibt hartnäckig und sagt den Dienern: »Tut, was immer er euch befiehlt« (Johannes 2,5).

Was immer er euch befiehlt …

Maria hört und erkennt die Stimme Gottes. In seinem Wort, durch den Besuch von Engeln. Im Heiligtum ihrer eigenen Seele. Im Alltag mit ihm. Mitten in Gemeinschaft.

Die Botschaft meines Lebens – hätte ich eine – wäre Marias Ermahnung: »Tut, was immer er euch befiehlt.«

Diese Worte werden nicht leichtfertig ausgesprochen, sondern mit Autorität, die von mühsam erworbener Erfahrung herrührt. Sie weiß, dass Gehorsam etwas kostet. Auf ihren Körper sind Schwangerschaftsstreifen eingraviert und in ihre Seele die Narben des ägyptischen Exils. Und sie trägt in sich die Prophetie, dass sie noch weitere Wunden erwarten: »Doch auch durch deine Seele wird ein Schwert dringen …« (Lukas 2,35).

Ich klopfe an die Hintertür des Mutterhauses. Schwester Ann wartet bereits, strahlt zur Begrüßung und schlurft zur Tür, um mich hereinzulassen.

Ich verbringe schon seit ein paar Jahren regelmäßig Zeit mit den Schwestern. Sue, meine geistliche Begleiterin, nennt sie liebevoll

»die Pistolen« und wollte unbedingt, dass wir uns kennenlernen. Es gibt zwei Arten von Nonnen. Zurückgezogen lebende Nonnen, die sich hinter geschlossenen Mauern absondern und vor allem einen hingegebenen Lebensstil des Gebets leben. Und dann gibt es diejenigen, die auch apostolische Nonnen heißen. Ich nenne sie die »Etwas-gewuppt-kriegen«-Nonnen. Sie sind ebenfalls in einem festen Gebetsrhythmus verankert, dienen aber auch in anderen Funktionen: als Krankenschwestern, Lehrerinnen, Missionarinnen und Ähnliches. Schwester Ann ist eine »Etwas-gewuppt-kriegen«-Nonne und mit 85 immer noch in ihrer Umgebung aktiv. Sie unterrichtet kontemplatives Gebet in 35 katholischen Schulen in Hamilton und arbeitet mit Flüchtlingen.

Ann hängt sich bei mir ein und tätschelt meine Hand. »Ich liebe es, wenn junge Leute zu Besuch kommen«, sagt sie lächelnd. Ich muss schmunzeln. Mit 47 Jahren gehöre ich zu den »jungen Leuten«. Hängt wohl alles von der Perspektive ab, was?

Ann und die Mitglieder ihrer Kommunität haben mir schon viele Perspektiven geschenkt. Manche von ihnen sind im vollzeitlichen Dienst, seit sie dem Orden in ihren späten Teenagerjahren beigetreten sind – das sind also 70 Jahre. Sie haben ein Leben lang Jesus treu gehorcht. Haben Karriere gemacht – manche von ihnen als Verwaltungsleiterinnen von Krankenhäusern, Schulrektorinnen und Mutter Oberinnen für ihre Kommunität – und haben dann, mit fortschreitendem Alter, wieder »niedrigere« Positionen eingenommen. Ihre Berufung ist nicht ihr Beruf. Ihre Berufung ist Jesus. Und die unterschiedlichen Arbeitsstellen und Funktionen auf dem Weg sind schlicht Aufträge, von denen einer nicht unbedingt wichtiger ist als der andere. Jeder von ihnen ist für sie lediglich eine Gelegenheit, Ja zu ihm zu sagen.

Es ist unwahrscheinlich, dass ich die Auswirkungen all meiner Jas noch in diesem Leben erkennen werde. Aber ich habe genug miterlebt, um unveränderlich davon überzeugt zu sein, wie gut es ist – wie zutiefst gut es ist –, wenn man versucht, am Ort der Begegnung zu leben und auf Offenbarung hin zu handeln. Raum für Gott zu schaffen. Ihn einzuladen, diesen Raum zu füllen, wie auch immer es ihm gefällt. Auf ihn zu hören in der Absicht, gehorsam zu sein – mit einem Herzen, das auf Ja voreingestellt ist. Die göttliche Gegenwart und Initiative wahrzunehmen und auf sie zu reagieren, auch wenn sie vielleicht manchmal wie eine unerklärliche Unterbrechung wirkt!

»Tut, was immer er euch befiehlt.«

Sagen Sie einfach Ja. Öffnen Sie sich für die Gnade, die Ihnen entgegenkommt. Und erwarten Sie das Unerwartete, wenn Sie es tun!

DIE EINLADUNG

Während der letzten dreißig Jahre beinhaltete mein Lebensstil, so viel wie möglich Raum für Gott zu schaffen. Ihn zu bitten, diesen Raum auf eine Art und Weise zu füllen, die ihm gefällt. Auf ihn zu hören mit dem Wunsch, zu gehorchen und dabei auf seine gute Führung zu vertrauen. Auf göttliche Einladungen und Unterbrechungen zu reagieren.

Wie können Sie Raum in Ihrem Leben schaffen? Vielleicht indem Sie wöchentlich Sabbat halten, also feste Zeiten mit Gott verbringen, oder regelmäßige Einkehrtage planen. Vielleicht indem Sie Freiräume in Ihrem Alltag freischaufeln. Oder indem Sie bestimmte Apps deinstallieren, damit Sie Abstand von der Flut elektronischer Informationen bekommen.

Was hält Sie davon ab, Gott zu bitten, diesen Raum auf eine Art und Weise zu füllen, die ihm gefällt? Manchmal vertrauen wir seiner Güte oder Führung nicht. Dann wieder halten wir auf ungesunde Weise an unseren eigenen Plänen, Zielen und Idealen für unser Leben fest. Oft wissen wir nicht, wie wir auf ihn hören können, und sind nicht sicher, ob wir auch wirklich seine Stimme wahrnehmen. Seien Sie ehrlich zu Gott in Bezug auf das, was Sie daran hindert, auf ihn hören zu können und ihm dann auch gehorchen zu wollen. Und was Sie davon abhält, im Vertrauen seiner guten Führung zu folgen.

Ein großer Anteil vom Dienst Jesu bestand darin, auf Unterbrechungen seines Terminplans zu reagieren. Wie offen sind Sie für Unterbrechungen? Was könnte geschehen, wenn Sie neugierig auf Unterbrechungen reagierten? Wenn Sie Ausschau danach hielten, welche göttliche Einladung in ihnen verborgen sein könnte?

Wo finden Sie sich selbst in der biblischen Geschichte wieder? Gibt es jemanden im Wort Gottes, dessen übergreifenden Themen, dessen Geschichte oder Reise mit Gott Ihrem Leben entspricht? Versuchen Sie nicht, darüber zu krampfhaft nachzudenken. Nehmen Sie sich einfach etwas Zeit, die Frage zu bewegen, und bitten Sie Gott, dass er es Ihnen offenbart. Vielleicht spricht Sie eine bestimmte Geschichte oder Situation in Bezug auf eine besondere Erfahrung oder Phase in Ihrem Leben an. Oder es gibt eine biblische Person, deren Geschichte zu Ihrer eigenen passt.

Ja, Herr!

Ja, Herr, ich glaube.
Ja, Herr, ich empfange alles, was du versprochen hast.
Dein Geist schwebt über meinem Chaos, meiner Unsicherheit und meinen Fragen.
Licht strahlt in die Tiefe.
Ein Geschenk wird übergeben.
Schwanger mit göttlicher Absicht.
Ich trage es aus.
Ich trage dich.
Die Sinne geschärft, um es zu hören.
Ich höre dich.

Mein Körper atemlos, bereit und wartend, um deine Bewegung in mir zu spüren.
Innerer, ewiger Tanz.
Du drehst dich wie die Galaxis.
Ich werde schwer vor Erwartung.
Das Gewicht der Herrlichkeit lässt mich langsamer werden.
Zeig mir alles, was du versprochen hast.

LITERATUR UND LESETIPPS

Mir ist nur allzu bewusst, dass wir in diesem Buch viel Verschiedenes behandelt haben. Ich habe eigentlich nur eine Kostprobe gegeben, einen Appetithappen. Für diejenigen, die Hunger auf mehr bekommen haben, habe ich hier weiterführende Literatur zusammengestellt, die ich empfehle:

Ignatianische Spiritualität

- Thomas H. Green, S. J.: *A Vacation with the Lord* (Ave Maria Press 1986)
- Margaret Silf: *Inner Compass. An Invitation to Ignatian Spirituality* (Loyola Press 1999)

Bewusste Gemeinschaft

- Dietrich Bonhoeffer: *Gemeinsames Leben* (Gütersloher Verlagshaus 2006)
- David Janzen: *The Intentional Christian Community Handbook. For Idealists, Hypocrites, and Wannabe Disciples of Jesus* (Paraclete Press 2012)
- Jean Vanier: *In Gemeinschaft leben* (SCM R.Brockhaus 2006)

Leiterschaft

- Robert Clinton: *Der Werdegang eines Leiters. Lektionen und Stufen in der Entwicklung zur Leiterschaft* (profibooks 2006)
- Ruth Haley Barton: *Pursuing God's Will Together. A Discernment Practice for Leadership Groups* (InterVarsity Press 2012)

- Ruth Haley Barton: *Strengthening the Soul of Your Leadership. Strengthening the Souls of Your Leadership* (InterVarsity Press 2008)

Neues klösterliches Leben

- Andy Freeman and Pete Greig: *Punk Monk: New Monasticism and the Ancient Art of Breathing* (Regal Books 2007)
- Ian Mobsby and Mark Berry: *A New Monastic Handbook. From Vision to Practice* (Canterbury Press 2014)
- Jonathan Wilson-Hartgrove: *New Monasticism. What it Has to Say to Today's Church* (Brazos Press 2008)

Senfkornorden und 24/7-Gebet

- Phil Anderson: *The Lord of the Ring. Uncovering the Secret Origins of Praying 24/7* (Regal Books 2007)
- Pete Greig: *Dirty Glory. Red Moon Rising – Wie es weiterging* (Asaph 2017)
- Pete Greig: *Red Moon Rising. Wenn Freunde anfangen zu träumen und zu beten. Die Geschichte von 24/7 Prayer* (SCM R.Brockhaus 2015)
- Pete Greig: *The Vision. Der Herzschlag der Gnade – engagiert leben für die Welt* (Brunnen 2008)

Gebet

- Catherine Doherty: *Poustinia. Eine christliche Spiritualität des Ostens für den Westen* (Herold Verlag 1979)
- Richard Foster: *Gottes Herz steht allen offen. Eine Einladung zum Gebet* (Oncken 2001)
- Pete Greig: *Kraftvoll beten* (Asaph 2020)
- Thomas Merton: *Christliche Kontemplation. Ein radikaler Weg der Gottessuche* (Claudius 2020)

Einkehr und Sabbat

- Ruth Haley Barton: *Invitation to Retreat* (InterVarsity Press 2018)
- Ruth Haley Barton: *Invitation to Solitude and Silence* (InterVarsity Press 2011)
- John Mark Comer: *Das Ende der Rastlosigkeit* (SCM R.Brockhaus 2022)
- Wayne Muller: *Sabbath. Finding Rest, Renewal, and Delight in Our Busy Lives* (Bantam 2000)

Geistliche Übungen

- Richard Foster: *Nachfolge feiern. Geistliche Übungen neu entdeckt* (SCM R.Brockhaus 2017)
- Eugene Peterson: *»Nimm und iss …«. Die Bibel als Lebensmittel* (Neufeld Verlag 2014)
- Christine Pohl: *Making Room. Recovering Hospitality as a Christian Tradition* (Willian B. Eerdmans Publishing 1999)
- Michael Yankoski: *The Sacred Year. Mapping the Soulscape of Spiritual Practice – How Contemplating Apples, Living in a Cave and Befriending a Dying Woman Revived My Life* (Thomas Nelson 2014)

Geistliche Begleitung

- David G. Benner: *Sacred Companions. The Gift of Spiritual Friendship and Direction* (InterVarsity Press 2002)
- Rose Mary Dougherty, S. S. N.D: *Group Spiritual Direction. Community for Discernment* (Paulist Press 1995)
- Margaret Guenther: *Holy Listening. The Art of Spiritual Direction* (Darton, Longman & Todd Ltd 1992)

Geistliches Wachstum

- Ruth Haley Barton: *Sacred Rhythms. Arranging Our Lives for Spiritual Transformation* (InterVarsity Press 2006)

- David G. Benner: *Surrender to Love. Discovering the Heart of Christian Spirituality* (InterVarsity Press 2015)
- Robert M. Mulholland: *Werden, wie du mich meinst. Ganzheitlich glauben lernen* (Brunnen Verlag 1995)
- Dallas Willard: *Das Geheimnis geistlichen Wachstums* (Gerth 2011)

Die dunkle Nacht der Seele

- Thomas H. Green, S. J.: *When the Well Runs Dry. Prayer Beyond the Beginnings* (Ave Maria Press 2007)
- Kathleen Norris: Acedia & Me. *A Marriage, Monks, and a Writer's Life* (Riverhead Books 2010)
- Gerald May: *Die Nacht der Seele. Mit Mystikern aus der Depression* (Sankt Ulrich Verlag 2008)
- Mark Scandrette: *Practicing the Way of Jesus. Life Together in the Kingdom of Love* (InterVarsity Press 2011)
- Alain Emerson: *Luminous Dark* (Muddy Pearl 2017)

DANK

Es ist unmöglich, jeden zu nennen, der zu dieser Geschichte und ihrer Verschriftlichung beigetragen hat, deshalb bitte ich um Nachsicht für die sehr grobe Auflistung.

Danke an all meine Mitpilger – meine Gefährten auf dieser epischen Reise –, sowohl an diejenigen, die in diesem Buch erwähnt werden, als auch alle anderen (tut mir leid, ich habe euch nicht alle untergebracht!). Ihr habt mich ermutigt und gestützt, habt mir den Weg gezeigt und mich manchmal aus dem Graben gezogen, mir den Staub abgeklopft und mich wieder auf die Füße gestellt, sodass ich weitergehen konnte.

Meine Familie im *Greater Ontario House of Prayer*, heute wie damals: Ihr habt auf unglaubliche Weise mein Herz und mein Leben, unsere kleine Gebetsgemeinschaft, geprägt. Aber auch unsere Stadt und die umliegenden Regionen, und zwar mit eurer Großzügigkeit gegenüber Jesus und einander in unserem gemeinsamen Leben des Gebets, der Mission und der Gerechtigkeit. Die Menschensuppe schmeckt soooo gut!

Meine Leiter und Mentoren – Dale und Linda Bolton, Richard Long, Andy Freeman, Pete Greig, Kirk Bennett, Sandra Broadus, Dave Witt und die beiden Sues, neben vielen weiteren. Ihr habt mich gesehen, habt mir Raum gegeben, mir einen Namen gegeben und mein Leben geprägt. Ich danke Gott für euch.

Beth, der mein Schreibstil nicht gefiel und die mich ermutigte, mehr Risiken einzugehen – ich habe versucht, mutig zu sein, und es ist mir, denke ich, teilweise auch gelungen –, du bist eine viel bessere Schreiblehrerin, als es dieses Manuskript zeigt. Stephanie und dem Team von Muddy Pearl: Danke, dass ihr mir die Möglichkeit gegeben habt, meine Geschichte zu erzählen, und bei ihrer Geburt geholfen habt.

Meine Mum und mein Dad, die mich beständig unterstützt haben, sowohl in den stürmischen als auch in den guten Abschnitten. Ich habe das Gefühl, eine Mischung von dem Besten aus euch zweien geworden zu sein – dem Leiter und der Mystikerin – und bin so dankbar für das Erbe, das ihr an mich weitergegeben habt.

Und natürlich Jesus. Ich habe kein Lied, wenn du es nicht zuerst singst. Ich habe keine Geschichte, wenn du sie nicht in mir schreibst. Danke, dass du mir den Stift in die Hand gedrückt hast.

Jill Weber
www.JillWeber.com

ANMERKUNGEN

1 Die Transaktionsanalyse ist eine psychoanalytische Theorie und Therapiemethode, die in den späten 1950er-Jahren von Eric Berne entwickelt und einem breiten Publikum durch sein Buch »Spiele der Erwachsenen« aus dem Jahr 1964 bekannt wurde.

2 Übersetzt nach: Parker J. Palmer: Let Your Life Speak. Listening for the Voice of Vocation (Jossey-Bass 2000), S. 4.

3 Übersetzt nach: Frederick Buechner: Wishful Thinking (Harper Collins 1993), S. 118–119. Auf Deutsch erschienen unter: Wunschdenken. Ein religiöses ABC (TVZ 2007).

4 Übersetzt nach: The Merton Prayer, https://reflections.yale.edu/article/seize-day-vocation-calling-work/merton-prayer (zuletzt aufgerufen am 4.11.2020).

5 Übersetzt nach: Stephen R. Covey: The 7 Habits of Highly Effective People. Powerful Lessons in Personal Change (Simon and Schuster UK Ltd 1989), S. 9. Auf Deutsch erschienen unter: Die 7 Wege zur Effektivität. Prinzipien für persönlichen und beruflichen Erfolg (Gabal 2005).

6 Ruth Haley Barton: Pursuing God's Will Together. A Discernment Practice for Leadership Groups (InterVarsity Press 2012), S. 68–69.

7 Übersetzt nach dem Gebet zum dritten Schritt der Anonymen Alkoholiker: Inc, A.A. World Services, Alcoholics Anonymous (Alcoholics Anonymous World Services, Inc. 2001), S. 63.

8 Aus der Liturgie des Bundeserneuerungsgottesdienstes in: Gesangbuch der Evangelisch-methodistischen Kirche (Medienwerk der Evangelisch-methodistischen Kirche 2002), S. 1363–1367.

9 Ignatius von Loyola: Geistliche Übungen (Echter Verlag 2008).

10 Margaret Silf: Inner Compass. An Invitation to Ignatian Spirituality (Loyola Press 1999), S. 84–85.

11 Ebd.

12 Autumn Mann: Unlocking Your Dreams, S. 19, www.unlockingyourdreams.org (zuletzt aufgerufen am 11.08.2020).

13 Henri J.M. Nouwen: Leben hier und jetzt (Herder 2005).

14 Übersetzt nach: Mark A. Dupont: The Elijah Years (Mantle of Praise Ministries 1995), S. 83. Auf Deutsch erschienen unter: Die Elia-Jahre (Aufbruch Verlag 1998).

15 Dietrich Bonhoeffer an Reinhold Niebuhr, Ende Juni 1939, zitiert in: Illegale Theologenausbildung. Sammelvikariate 1937–1940, hg. von Dirk Schulz 1998, in: Dietrich Bonhoeffer, Werke, hg. von Eberhard Bethge, Ernst Feil, Christian Gremmels, Wolfgang Huber, Hans Pfeifer, Albrecht Schönherr und Heinz Eduard Tödt, Bd. 15 (Christian Kaiser Verlag 1986–1998), S. 210 (hiesige Übersetzung angelehnt an die dortige Übersetzung auf S. 644).

16 Dietrich Bonhoeffer: Nachfolge. Kart. Ausgabe der Bonhoeffer-Werke, Band 4 (Gütersloher Verlagshaus 1989), S. 31.

17 Pete Greig: Red Moon Rising. Die Geschichte von 24/7 Prayer (SCM R.Brockhaus 2013), S. 126.

18 Übersetzt nach: Richard Foster: Streams of Living Water: Celebrating the Great Traditions of Christian Faith (Hodder & Stoughton 2017), S. 273. Auf Deutsch erschienen unter: Viele Quellen hat der Strom (SCM R.Brockhaus 2000). Das Zitat stammt aus dem Nachwort der amerikanischen Ausgabe, ist jedoch in der deutschen Übersetzung nicht enthalten.

19 Peter Jackson: Der Herr der Ringe: Die Gefährten (New Line Cinema and WingNut Films 2001).

20 David Janzen: The Intentional Christian Community Handbook. For Idealists, Hypocrites and Wannabe Disciples of Jesus (Zondervan 2013).

21 Übersetzt nach: Lucy Maud Montgomery: Anne's House of Dreams (McClelland und Stewart 1922), S. 26–38. Auf Deutsch erschienen unter: Anne in Four Winds (Loewe 1995).

22 Übersetzt nach: »The Grail Translation«. Die Grail-Psalmen wurden erstmals 1963 veröffentlicht. Ursprünglich wurden sie für die täglichen Gebete der Grail-Bewegung aus dem Hebräischen übersetzt. Seither erschienen sie weltweit in mehreren Auflagen. Sie werden auch in der römisch-katholischen Liturgie im englischsprachigen Raum verwendet. The Grail Psalms. A New Translation (Collins 1085).

23 Übersetzt nach: Arthur Boers: The Way is Made By Walking. A Pilgrimage Along the Camino the Santiago (IVP 2007), S. 41–42.

24 Übersetzt nach: John Favreau: Buddy – Der Weihnachtself (New Line Cinema 2003).

25 Christine D. Pohl: Making Room. Recovering Hospitality as a Christian Tradition (William B. Eerdmans 1999), S. 31.

26 Ebd.

27 John Pollock: John Wesley und die Große Erweckung in England (CLV 2017), S. 133.

28 https://de.wikipedia.org/wiki/M%C3 %A9morial_(Blaise_Pascal) – zuletzt abgerufen am 12. 9. 2020.

29 Werbespot von John Lewis & Partners zu Weihnachten 2018.

30 David G. Benner: Sacred Companions. The Gift of Spiritual Friendship & Direction (InterVarsity Press 2002), S. 17.

31 Kathleen Norris: Acedia & Me. A Marriage, Monks, and a Writer's Life (Riverhead Books 2008).

32 Ruth Haley Barton: Strengthening the Soul of Your Leadership. Seeking God in the Crucible of Ministry (IVP 2008), S. 103–105.

33 Übersetzt nach: »In the Morning« in: The Book of Common Prayer and Administration of the Sacraments and Other Rites and Ceremonies of the Church (Church Publishing Incorporated 2007), S. 461.

34 Craig Barnes: The Pastor as Minor Poet. Texts and Subtexts in the Ministerial Life (William B. Eerdmans 2009), S. 49.

35 Übersetzt nach: William Blake: Jerusalem. The Emanation of the Giant Albion (Kessinger Publishing 2010), S. 57.

36 Übersetzt nach: Catherine Doherty: Poustinia. Encountering God in Silence, Solitude and Prayer (Madonna House 1993), S. 121. Auf Deutsch erschienen unter Poustinia. Eine christliche Spiritualität des Ostens für den Westen (Herold Verlag 1979).

37 Richard Rohr: Wer loslässt, wird gehalten. Das Geschenk des kontemplativen Gebets (Claudius 2019), S. 41.

38 Ebd., S. 42.

39 Übersetzt nach: Gerald G. May: The Dark Night of the Soul. A Psychiatrist Explores the Connection Between Darkness and Spiritual Growth (HarperCollins 2009), S. 4–5. Auf Deutsch erschienen unter: Die Nacht der Seele. Mit Mystikern aus der Depression (Sankt Ulrich Verlag 2008).

40 Die fleischfressende Pflanze aus »Der kleine Horrorladen«.

41 Übersetzt nach: Ruth Haley Barton: Invitation to Retreat. The Gift and Necessity of Time Away with God (InterVarsity Press 2018), S. 98.

42 Ebd.

43 Dieses Gebet stammt von Bishop Ken Untener von Saginaw, verfasst für eine Predigt von Kardinal John Dearden im November 1979 zum Gedenken an heimgegangene Priester.

44 Übersetzt nach: The Black Peppercorns: »Tumbling Ground« (7th Time Music 1995).

45 Richard Carlson: Alles kein Problem (Knaur 1998).

46 Stephen R. Covey: Die 7 Wege zur Effektivität. Prinzipien für persönlichen und beruflichen Erfolg (Gabal 2005), S. 87.

47 Übersetzt nach: The Northumbria Community: Celtic Daily Prayer. Book Two: Further Up and Further In (William Collins 2015), S. 853.

48 Barton: Invitation to Retreat, S. 90–91.

49 Leonard Ravenhill: Immer noch ein Tal voller Knochen (Asaph 2000), S. 16.